논문 쓸 때
알았더라면
좋았을 것들

논문 쓸 때 알았더라면 좋았을 것들

막막한 학술논문 즐겁게 쓰는 법

박용근 지음

사랑하는 세은, 서준, 이준에게

추천사

논리적 사고의 미로에서 길 찾는 법 안내

정재승, 카이스트 뇌인지과학과 교수·학과장·융합인재학부 학부장

    이 책은 글쓰기를 논문을 '완성'하는 기술로 접근하기보다는 연구자의 사유를 확장하는 생생한 '인지 과정'으로 새롭게 정의합니다. '논문이란 독백이 아니라 대화이며 자기 안의 생각을 다듬어 타인의 지적 세계로 건너는 다리'라는 통찰은 책 전반을 관통하는 핵심 철학입니다. 학술적 글쓰기를 연구 결과를 정리하는 데 그치지 않고 기억을 재구성하고 개념을 유기적으로 연결하며 새로운 의미를 만들어내는 수단으로 보고 있습니다. 즉 사고를 확장하고 정제하는 '성찰의 훈련장'으로 기능하게 합니다.

    초심자에게는 무엇을 언제, 왜 써야 하는지를 차근차근 짚어주는 친절한 안내서가 되고 숙련자에게는 자신의 글쓰기와 연구 과정을 되돌아보게 만드는 메타적 거울이 됩니다. 특히 2장에서 제시되는 연구자 유형별 전략, 3장의 문제의식 탐색, 4~5장에서 다루는 구조 설계와 문장 구성은 실용성과 통찰이 절묘하게 교차하는 것이 백미입니다. 책상 위 초안 앞에서 막막함을 느끼는 모든 분에게 이 책을 권합니다. 이 책은 글쓰기를 두려워하던 당신에게 사고하게 만들고 마침내 그 과정을 사랑하게 만들 것입니다.

추천사

강력 추천! 대학원생을 위한 논문 작성의 필독서
최형진, 서울대학교 의과대학 교수

논문은 소설이 아닙니다. 논문은 단순한 글쓰기를 넘어 과학적 설득을 위한 기술 문서입니다. 이러한 논문의 특성을 이해하는 것은 대학원생이 진정한 과학자로 성장하는 데 필수적인 첫걸음이죠. 하지만 이 중요한 개념을 초심자가 명확하지 이해하고 실제 논문 작성에 적용하기란 여간 어려운 일이 아닙니다. 저 또한 지도교수로서 매번 이 점을 설명하는 데 많은 어려움을 겪어왔습니다. 이런 고민을 하고 계신 대학원생분들과 저와 같은 지도교수님들께 이 책을 강력히 추천합니다.

이 책 한 권으로 논문 작성의 모든 것을 알 수 있습니다. 이 책은 과학자로서 갖춰야 할 철학적 마음가짐부터 실제 논문 작성에 필요한 구체적인 실무 팁까지 그야말로 '종합 선물 세트'와 같습니다. 특히 다음과 같은 점들이 인상 깊었습니다.

- 과학자의 솔직한 내면 다루기: 원칙, 두려움, 탐욕, 몰입, 최선, 자기 주도적 문제 해결 태도, 우선순위, 남과의 비교 등 과학자가 흔히 마주하는 심리적 문제들을 진솔하게 다루며 올바른 마음가짐을 가질 수 있도록 돕습니다.
- 실용적인 논문 작성 가이드: 결론, 제목, 구조, 그림 작성 순서부터 서론과 초록에 이르기까지 각 부분의 구체적인 예시를 들어 논문 초심자가 바로 적용할 수 있도록 실질적인 작성 방법을 제시합니다. 이는 논문 작성에 막막함을 느끼는 이들에

게 가뭄의 단비와 같은 역할을 할 것입니다.
- 심사위원 반박 자료 작성법: 논문 제출 후 저널 심사위원들의 반박 자료를 작성하는 구체적인 방법까지 알려줍니다. 이는 실제 연구 활동에 매우 유용한 정보입니다.

수십 편의 논문을 출판한 저에게도 여전히 큰 도움이 되는 책입니다. 특히 논문 작성이 낯설고 막막하게 느껴지는 초심자들에게는 주저 없이 가장 먼저 정독해야 할 필독서로 추천하고 싶습니다.

이 책과 함께 여러분의 논문 작성 여정이 한결 수월해지기를 바랍니다!

추천사

논문 고수를 따라 최고의 과학자 되기

구본경, 기초과학연구원IBS 단장

이 책의 저자 박용근 교수는 200여 편의 논문을 출간하고 2만 번의 인용수를 가진 40대 젊은 과학자입니다. 국내외를 살펴보아도 이만한 과학자가 없습니다. 거기다 그는 홀로토모그래피 분야를 개척하여 '토모큐브'라는 코스닥 상장사 대표도 겸하고 있습니다. 이렇게 바쁜 그가 후학들을 위해 '막막한 학술 논문 즐겁게 쓰는 법'을 다룬 책을 출간했습니다. 후배들을 사랑하는 마음이 크지 않으면 하기 어려운 일이었을 텐데 읽는 족족 여기저기서 즐거움이 묻어나오는 느낌이 들었습니다. 논문 쓰기는 연구에서 가장 어려운 부분입니다. 하지만 그의 책을 읽는다면 즐거운 과학자이자 최고의 과학자가 될 수 있을 것입니다.

서문

논문 작성은 즐거운 지적 창조의 과정이 될 수 있다

현대 사회는 발전을 가속하고 있습니다. 이해하고 전달해야 하는 지식의 양과 깊이 역시 점점 더 빠르게 증가합니다. 어제의 새로운 지식이 오늘의 혁신 기반으로 축적되는 시대입니다. 18세기만 해도 학술 논문을 작성하고 이해할 수 있는 사람은 극소수에 불과했습니다. 하지만 21세기를 살아가는 우리는 대학교, 대학원, 그리고 연구소와 회사에서도 논문을 읽고 쓰는 경험이 점점 더 보편화되고 있습니다. 고등교육을 받은 인구가 증가함에 따라 새로운 정보가 실시간 논문 형태로 발표됩니다. 산업이 고도화하면서 최신 연구 결과를 산업 현장에서 활용하는 일도 빈번해지고 있습니다. 앞으로 더 많은 사람이 논문을 읽고 쓰는 시대가 올 것입니다.

대학원에 입학하면 논문 작성은 곧바로 중요한 과제가 됩니다. 학위 과정과 졸업 후에 연구자로서 업적은 논문으로 평가받기 때문입니다. 최근에는 우수한 고등학생과 학부생들도 논문을 쓰는 경우가 많아졌죠. 하지만 우리는 논문 작성법을 체계적으로 배운 적이 없습니다. 저 역시 대학원 시절 처음 논문을 작성할 때 어떻게 시작해야 할지, 어떤 내용을 강조하고 어떻게 표현해야 할지 혼란스러웠던 기억이 납니다. 많은 연구자가 연구 결과를 얻고도 논문 작성의 첫 단추를 끼우지 못해 답답했던 경험에 공감할 것입니다.

15년 넘게 학생들을 지도하며 느낀 점은 많은 학생이 논문 쓰기를 연구 자체만큼이나 어려워한다는 사실이었습니다. 특히 연구를 시작하는 젊은 연구자들이 느끼는 답답함은 매우 큽니다. 2022년 카이스트에서 학생들이 상담 센터에서 학업과 관련해 어떤 애로사항을 상담했는지 조사했습니다. 그 결과 2,031건의 상담 중 가장 많은 33%에 해당하는 유형이 연구와 논문 작성과 관련이 있었습니다. 많은 학생이 논문 작성의 어려움을 혼자 해결하지 못하고 큰 스트레스를 받아 상담 센터를 찾아가 토로하고 있는 안타까운 상황입니다.

저 역시 대학원 시절에 논문 작성이 매우 어려웠던 기억이 있습니다. 누군가 옆에서 논문 작성법을 가르쳐주면 좋겠다고 생각했지만 거의 없었습니다. 연구실 선배들과 지도교수님의 피드백이 있긴 했지만 대체 어떻게 구조를 잡아야 하는지, 왜 이 부분에 빨간 펜 수정을 하신 건지 이해하기가 어려웠습니다. 논문 작성과 관련한 책과 자료도 영어 문법이나 편집 기술을 알려주는 것들이 대부분이었습니다.

지난 20여 년간 논문을 쓰면서 또 많은 학생의 논문 작성을 지도하면서 시행착오를 거듭했습니다. 그때마다 공부하고 기록하고 더 잘 쓸 방법이 없는지 고민하면서 논문 작성 기술을 다듬어 왔습니다. 그 내용들을 바탕으로 200편이 넘는 논문을 게재했고 『네이처 리뷰Nature Review』『네이처 포토닉스Nature Photonics』『네이처 머티리얼스Nature Materials』『네이처 메소드Nature Methods』『네이처 셀바이올로지Nature Cell Biology』등 유수의 학술지에 많은 논문을 발표할 수 있었습니다. 주요 학술지에서 편집위원과 심사위원 역할도 수행하며 얻은 경험을 바탕으로 논문 작성에 대한 더 깊은 통찰을 얻기도 했습니다. 물론 이 성과는 훌륭한 학생들과 동료 연구자들과 함께 이룬 것입니다. 그러나 누군가 나에게 그 긴 시간 동안 시행착오를 거치며 배운 것들을 체계적으로 가르쳐주었다면 논문 작성 과정이 덜 답답하고 더 즐거웠을 것이라는 아쉬움이 남습니다. 이것이 이 책을 집필하게 된 이유입니다.

책을 집필하기 전에 대학원 시절의 경험부터 교수로서 학생들을 지도하며 겪은 시행착오를 모두 정리했습니다. 여러분이 저와 앞선 연구자들이 논문을 작성하고 수정하는 과정에서 겪었던 시행착오를 미리 알고 논문을 쓰기 시작한다면 막막했던 작업을 훨씬 더 효과적으로 그리고 즐겁게 해낼 수 있을 것으로 생각했기 때문입니다. 카이스트의 가상 3차원 생물학 센터Virtual 3D Biology Center에서 신입생 교육을 위해 만든 자료, 온라인 공개 강좌인 '학술논문작성법'에서 다룬 내용, 그리고 수많은 학생의 논문 작성을 지도하며 느낀 점을 바탕으로 더 효과적인 논문 작성 방법을 담았습니다.

제가 20년 넘게 고민하며 터득해온 논문 작성의 노하우가 여러분의 연구와 글쓰기에 작게나마 기여할 수 있고 그래서 여러분이 연구에 더 몰입할 수 있다면 더할 나위 없이 기쁘겠습니다. 여러분

의 논문 작성이 더 이상 막연하고 답답한 일이 아니라 즐거운 지적 창조의 과정이 되기를 바랍니다.

목차

추천사

논리적 사고의 미로에서 길 찾는 법 안내 • 6
정재승, 카이스트 뇌인지과학과 교수·학과장·융합인재학부 학부장

강력 추천! 대학원생을 위한 논문 작성의 필독서 • 7
최형진, 서울대학교 의과대학 교수

논문 고수를 따라 최고의 과학자 되기 • 9
구본경, 기초과학연구원IBS 단장

서문 논문 작성은 즐거운 지적 창조의 과정이 될 수 있다 • 10

1부 논문 쓰기 전 알았더라면 좋았을 것들 • 25

1장 연구자들을 위한 10가지 팁 • 27
: 연구 여정을 단단히 만들어줄 실전 지침들

1. 태도가 가장 중요하다 • 29
컨트롤할 수 없는 일과 컨트롤할 수 있는 일 • 30 | 에픽테토스부터 스티븐 코비까지 • 31 | 논문이 거절되어도, 결과가 안 나와도 • 33 | 장기적 시야와 꾸준한 태도 • 34

2. 재미있어 보이는 연구 주제는 하지 않는다 · 37

완성된 분야의 매력과 함정 · 37 | '아무도 주목하지 않는' 주제를 선택하는 용기 · 38 | 연구 주제 선택이 미치는 영향 · 39 | 본인만의 원칙과 가치판단 · 39

3. 판단의 원칙: 조건인가, 나만의 기준인가 · 41

장단점 비교에만 의존할 때의 문제 · 42 | '나만의 가치판단 기준'을 먼저 세우기 · 42 | 가치판단 기준이 있으면 힘든 시기를 버틸 수 있다 · 43 | 예시: 진학을 할까? 취직을 할까? · 43 | 일론 머스크와 레이 달리오의 사례 · 44 | 외부 기준코다 '내 원칙'이 먼저 · 45 | 두려움과 탐욕: 판단을 흐리게 만드는 감정들 · 46

4. 신뢰를 쌓는 법: 손해 보는 것을 두려워하지 않는다 · 48

손해를 두려워하지 않는 자세 · 49 | 지도교수와 학생 관계에도 적용되는 원리 · 49 | 공동 연구에서 기여도 나누기 · 50 | 상대방에 대한 진심과 신뢰 · 52 | 함께 성장하기 우한 선택 · 53

5. 압도적인 노력
: 남들보다 3배 더 열심히 하면 적어도 2배 실적은 나온다 · 54

더 많은 시간, 더 많은 고민, 그리고 효율 · 56 | MIT에서의 충격적인 경험 · 57 | 최선을 다했다는 말을 함부로 하지 말라 · 58

6. 더 나은 방법을 찾는다 · 60

브라우저 선택과 직원 생산성의 상관관계 · 60 | 도요타의 카이젠 문화 · 61 | 3M의 '15% 타임 룰'과 혁신 사례 · 61 | 기본 옵션에서 벗어나기 · 61

7. 최우선 순위에만 집중하고 멀티태스킹하지 않는다 · 63

8. 남과 비교하지 않고 어제의 나보다만 잘하면 된다 · 67

9. 스트레스 관리: 운동해야 하는 이유 · 71

스트레스 호르몬과 근육 운동 · 71 | 운동과 뇌과학 · 72

10. 내 연구를 진심으로 사랑한다 • 75

2장 연구자들이 하는 10가지 실수 • 77
: 누구나 빠지기 쉬운 함정을 방지하는 실마리

1. "인과관계인가 상관관계인가"
   : 원인과 결과 혼동하지 않는다 • 79
2. "내가 얼마나 똑똑한지 보여주마"
   : 쉬운 내용을 복잡하게 설명한다 • 82
3. "내가 얼마나 고생했는지 보여주마"
   : 논문 흐름과 무관한 데이터를 나열한다 • 84
4. "설명 안 해도 알겠지?"
   : 독자의 배경지식과 이해를 고려하지 않는다 • 86
5. "대충 설명해도 알아듣겠지?"
   : 논리적 연결과 체계적 구성을 무시한다 • 88
6. "내가 하고 싶은 이야기만 한다"
   : 연구자만의 관심사에 치중한다 • 90
7. "내 연구는 완벽하다"
   : 연구의 한계를 솔직히 인정하지 않는다 • 92
8. "이전 연구들은 모두 별로다"
   : 선행 연구의 가치를 폄훼한다 • 94
9. "대충 마무리하면 남이 수정해주겠지"
   : 책임감 없이 초안을 작성한다 • 96
10. "나 혼자서 다 했어"
    : 공동연구자의 기여를 무시한다 • 98

3장   연구자들이 논문을 써야 하는 이유 • 101
  : '왜'에서 시작해서 '어떻게'로 나아가는 출발점

  1. 논문을 쓰는 이유와 목적 • 103
  2. 초창기 학술 논문의 형태 • 105
  3. 현대 과학 학술지의 진화 • 109
  4. 새로운 시도들, 부작용들, 그리고 대안들 • 113
  5. 학술지 홍수 시대: 영향력 평가의 필요성과 미래 전망 • 115
  6. 과학 학술지의 미래: 온라인 플랫폼과 인공지능 • 118
  7. 논문의 종류 • 120
  원저 논문 • 120 | 리뷰 논문 • 121 | 사례 보고 • 122 | 방법론 논문 • 123 | 데이터 논문 • 123 | 사설과 논평 • 123
  8. 논문의 구조 • 125
  제목 • 125 | 초록 • 126 | 서론 • 126 | 방법론 • 127 | 결과 • 128 | 논의 • 129 | 결론 • 129 | 참고문헌 • 130 | 기타: 사사, 이해 상충, 보조 자료 • 130
  9. 논문의 구조: 사례 • 133

2부   논문 쓸 때 알았더라면 좋았을 것들 • 143

4장   논문 구조 짜기 • 145
  : 쓰기 전에 반드시 점검해야 할 스토리보드

  1. 좋은 논문 = 좋은 스토리텔링 • 147

2. 논문 작성의 시작: 한 줄 요약으로 결론을 먼저 써라　• 149

왜 결론부터 써야 하는가? • 149 | 왜 결론을 한 줄로 정리하기가 어려운가? • 150 | 왜 '독자 중심' 스토리텔링이어야 하는가 • 151 | 논문 작성의 핵심은 설득력과 논리다 • 152

3. 결론을 한 문장으로　• 154

한 줄 요약 결론을 명확히 제시하라 • 157 | 임팩트 강한 결론을 미리 정리해두자 • 158

4. 결론에서 제목으로: 키워드를 활용한 제목 구성　• 160

5. 논문의 구조 짜기: 결론을 중심으로 한 스토리 설계　• 162

6. 그림을 중심으로: 논문 구성의 설계　• 165

7. 논문의 구조 짜기: 사례　• 168

5장　AI 활용하기　• 177
: 정확성을 높여주는 스마트한 조력자 사용법

1. 인공지능을 활용한 학술 논문 작성의 장점　• 179

2. 인공지능 도구의 윤리적 사용을 위한 가이드라인　• 181

3. 인공지능과 인간의 협업 모델　• 182

4. 실전 가이드라인
: 대규모 언어 모델을 이용한 논문 작성 프롬프트　• 184

브레인스토밍을 위한 프롬프트 예시 • 184 | 결론 작성을 위한 프롬프트 예시 • 185 | 논문의 구조 짜기를 위한 프롬프트 예시 • 186 | 본문 쓰기를 위한 프롬프트 예시 • 186 | 편집을 위한 프롬프트 예시 • 189 | 검토를 위한 프롬프트 예시 • 191

6장　서론과 초록 쓰기　　　　　　　　　　• **195**
: 독자의 관심과 마음을 사로잡는 첫인상

1. 서론은 논문의 예고편이다　　　　　　　　• 197

2. 1단계(What): 연구 주제를 강렬하게 제시한다　• 199
강렬하고 짧은 한 문장의 힘 • 199

3. 2단계(Why): 연구의 중요성을 설명한다　　• 201
신중한 강조: 연구의 독창성을 표현하는 방법 • 203 | 기존 연구를 언급하는 방법: 중요도 vs 시간 • 204 | 논문은 교과서가 아니다 • 205 | 중요성을 다시 한번 환기한다 • 206

4. 3단계(How): 연구 방법과 주요 결과를 소개한다　• 208
한 줄 요약 결론으로 시작한다 • 208 | 실험과 결과를 요약한다 • 209 | 서론 마무리: 연구의 중요성을 재강조한다 • 211

5. 서론 쓰기: 예시　　　　　　　　　　　　• 212

6. 초록 쓰기: 서론의 간결한 요약　　　　　　• 217
초록 작성의 기본 원칙 • 217 | 독립된 글로 작성한다 • 218

7장　결과와 논의 쓰기　　　　　　　　　　• **221**
: 단순 데이터 나열을 넘어선 스토리 완성하기

1. 결과: 그림의 모든 결과를 차근차근, 빠짐없이, 논리적으로 • 223
결과를 차근차근 쉽게 설명하기 • 223 | 실수 1: "내가 얼마나 똑똑한지 보여주마." • 224 | 실수 2: "내가 얼마나 고생했는지 보여주마." • 224 | 그림의 모든 결과를 빠짐없이 설명하기 • 225

2. 결과 섹션에서의 문단 구성하기　　　　　　• 227
한 문단에 하나의 내용만 담는다 • 227 | 각 문단은 항상 두괄식으로 • 229

3. 결과를 설명하는 논리 전개 • 231
문단 내 논리 흐름 • 231

4. 결과 섹션 쓰기: 예시 1 • 235
핵심 요약으로 시작하기 • 236 | 그림과 데이터를 차근차근 설명하기 • 237 | 독자 입장에서 생각하고 대화하듯이 설명하기 • 239

5. 결과 섹션 쓰기: 예시 2 • 240
문단 간 자연스러운 흐름 만들기 • 242 | 결과를 넘어 깊이 있는 분석으로 • 243

6. 결과 섹션의 문단 구성하기 • 246
결과 섹션의 문장 시제 • 247

7. 논의 쓰기: 연구의 가치를 명확히 전달하기 • 249
이 연구가 왜 중요한가를 강조한다 • 250 | 새로운 발견과 장점을 반복적으로 강조한다 • 251 | 기존 연구들을 소개하면서 이 논문의 장점을 강조한다 • 252 | 연구의 한계를 솔직히 서술한다 • 254 | 솔직한 서술의 효과 • 255 | 미래의 가능성과 의미를 다룬다 • 256

8. 논의: 놓치지 말아야 할 점들 • 257
연구실의 지속적 연구 결과들에 대한 차이점을 강조한다 • 257 | 논문의 마무리: 후속 연구와 전망을 제시한다 • 259 | 독자에게 아이디어를 제안한다 • 261

9. 결과와 논의 작성법: 논문을 쉽게 그러나 깊이 있게 • 263
두괄식으로 작성하고 독자 입장에서 쓴다 • 263 | 결론을 중심으로 결과를 취사선택한다 • 264 | 쉬운 단어로 깊은 내용을 전달한다 • 264 | 연구 과정을 드러내지 말고 결과에 집중한다 • 264 | 중요한 부분은 반복해서 강조한다 • 265 | 독자와 대화한다고 가정하며 논문을 작성한다 • 265

8장   그림 그리기 • 267
: 복잡한 내용을 한눈에 보여주는 시각적 설득 전략

1. 논문에서 그림의 중요성
: 연구의 신뢰성을 높이는 시각적 전달 • 269

데이터 정리와 소프트웨어 활용하기 • 270 | 파워포인트를 활용하여 그림 설계하기 • 270 | 최종 그림 제작하고 파일 관리하기 • 271 | 논문 그림 제작 시 흔히 하는 실수들 • 271

2. 논문 그림 그리기
: 벡터 포맷으로 효과적으로 깔끔하게 • 273

3. 간결함과 정확성: 논문 그림 제작의 원칙과 팁 • 277

종횡비는 지키되 스케일은 명확하게 • 277 | 정보의 간소화 • 279 | 정렬, 간격, 그리고 통일 • 280

4. 중요한 결과는 먼저 그리고 크게 • 281

5. 어떤 도구로 그림을 그릴 것인가 • 284

파워포인트의 숨은 가능성 • 284 | 파워포인트로 제작한 고품질 그림 • 285 | 3D 소프트웨어의 활용 • 286 | 컬러와 해상도: 기본 용어와 기준 • 287 | 칼럼 폭에 맞춘 그림 제작 • 288

6. 출판 과정에서 그림 교정하기 • 290

파워포인트에서 그린 PPT를 TIFF로 변환하기 • 290 | 이미지의 해상도와 크기 조정하기 • 292 | 그림의 빈 공간 제거하기 • 293 | 그림 저장하기 • 294 | 멋진 논문 그림을 그리기 위한 팁 • 294 | 기관 라이선스, 무료 라이선스 활용하기 • 295

3부   논문 쓴 후 알았더라면 좋았을 것들
· 299

9장   교정하기   · 301
: 좋은 논문에서 완벽한 논문을 위한 최종 점검

1. 논문 교정: 작은 차이가 큰 결과를 만든다   · 303
교정 단계를 효과적으로 진행하는 팁 · 304

2. 체크리스트: 완성도를 높이는 세부 점검 사항   · 306
그림 점검 사항 · 306 | 결과 섹션 점검 사항 · 308 | 텍스트와 문법 점검 사항 · 309 | 참고문헌 점검 사항 · 311 | 표현의 정확성과 객관성 점검 사항 · 312 | 영문법 점검 사항 · 314

10장 참고문헌 정리하기   · 319
: 연구를 학문적 세계와 연결하면서 끝내기

1. 왜 문헌 검색을 해야 하는가   · 321

2. 문헌 검색의 흐름: 질문에서 검색으로   · 323
질문-검색-질문의 피드백 · 323 | 주요 문헌 검색 도구 · 324 | 검색 결과 화면 읽는 법 · 325 | 인용 횟수로 논문 평가하기 · 326 | 유용한 기능들 · 326

3. 문헌 검색의 혁신: 인용 맵핑 도구와 인공지능 기반 접근법 · 328
인용 맵핑이란? · 328 | 주요 인용 맵핑 도구 · 329 | 리뷰 논문: 새로운 분야를 탐구하는 효율적인 길잡이 · 331

4. 서지 관리 소프트웨어의 활용
: 엔드노트로 쉽게 논문 작성하기   · 333

왜 서지 관리 소프트웨어를 써야 할까? • 333 | 논문 검색하고 가져오기 • 335 | 워드와 엔드노트 연동하기 • 335 | 참고문헌 형식 변경하기 • 336

11장 투고와 심사 결과 대응하기 • 339
: 논문의 가치와 정확성을 높이는 시스템 이해

1. 동료 평가 시스템의 이해 • 341
블라인드 리뷰 시스템 • 344 | 편집자의 역할 • 344

2. 논문 투고 전 준비할 것들 • 346
저자 결정하기 • 346 | 공저자 선정의 기본 원칙 • 346 | 공저자 선정 시 고려할 사항 • 347 | 커버 레터 작성하기 • 348

3. 동료 평가 심사 후 대응하기 • 352
심사 결과의 유형 • 352 | 수정하고 반박자료 작성하기 • 353 | 심사위원 코멘트에 응답하는 요령 • 354 | 수정한 커버 레터 예시 • 356 | 반박자료 예시 • 357 | 논문 게재 거절 시 연구자가 갖춰야 할 바람직한 태도 • 361

부록 • 364
부록 A. 미국식 영어와 영국식 영어 표현의 차이 • 364
부록 B. 이 책에서 언급한 추천 도서와 자료 • 366

참고문헌 • 368

1부
논문 쓰기 전 알았더라면 좋았을 것들

1장
연구자들을 위한 10가지 팁
: 연구 여정을 단단히 만들어줄 실전 지침들

이번 장에서는 연구자로서 커리어를 시작하는 젊은 연구자들을 위해서 제가 그동안 시행착오를 통해 얻은 팁을 알려주고자 합니다. 제 스스로도 제가 성공한 사람이라고 생각하지 않고 아직도 가야 할 길이 많이 남아 있다고 생각합니다. 부족한 제가 주제넘게도 남에게 훈계 같은 이야기를 하는 것이 부담스럽습니다. 제 이야기 중에 여러분의 삶에서 한 번 시도할 만한 가치가 있다고 생각되는 부분들은 적용해보길 바랍니다. 반대로 읽기 거북한 내용이나 본인의 삶에 맞지 않다고 생각되는 부분들은 넘어가며 적절히 취사선택하면 됩니다. 제가 연구를 커리어로 시작한 20년 전으로 돌아갈 수 있다면 그때의 나에게 해주고 싶은 이야기이니 편하게 들어주었으면 합니다.

1
태도가 가장 중요하다

'왜 어떤 사람은 잘되고 어떤 사람은 그렇지 않을까? 저 사람은 타고난 천재라서 모든 일이 쉽고 운이 좋아서 좋은 결과가 나오는 걸까? 아니면 어린 시절 특별한 양육과 지도를 받아서 저런 능력을 키울 수 있었을까?'

대학원 시절 내내 제가 품었던 질문입니다. 이 궁금증을 해결하기 위해 많은 선후배, 동료 과학자, 지도교수님을 유심히 지켜보고 많은 사례를 보고 배우려고 노력했습니다. 그리고 대학원을 마쳐 지금은 교수로서 그리고 회사의 대표이사로서 여러 사람을 만나봤습니다. 결국 타고난 환경이나 운보다 태도가 가장 중요하다는 사실을 깨닫게 되었습니다.

살다 보면 누구나 제어할 수 없는 상황을 겪게 마련입니다. 특히 1~2년 단기로 보면 운의 영향이 커 보일 수 있습니다. 예상치 못한 기회가 생겨서 좋은 결과가 나올 수도 있고 노력만큼 인정받지 못하는 상황이 생길 수도 있죠. 건강에 문제가 생길 수도 있고 수

그림 1. 현재를 결정한 과거의 판단들과 미래를 결정할 현재의 판단

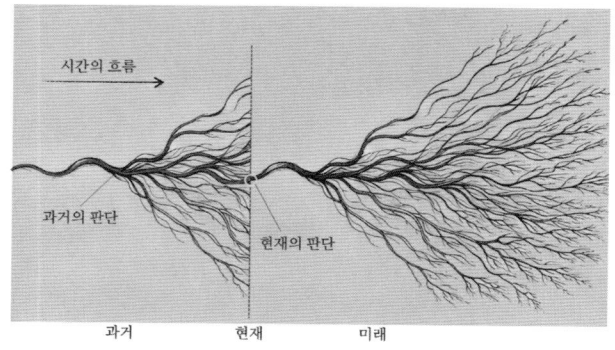

년 동안 고생했던 연구 주제를 경쟁 그룹이 먼저 발표하는 상황이 생길 수도 있습니다. 믿었던 동료에게 배신을 당할 수도 있습니다. 하지만 최소 3년에서 5년 정도 누군가의 장기 성과를 지켜보니 그 사람의 마음가짐과 태도가 장기적인 성취와 행복을 결정한다는 것을 알 수 있었습니다. 누구에게나 좋은 일과 힘든 일이 닥치게 마련인데 바로 그 일들에 어떤 태도로 임하고 어떻게 반응하느냐가 미래를 바꿔놓기 때문입니다.

연구든, 인생에서 중요한 다른 과정이든 보통 단기간에 끝나지 않습니다. 오랜 기간 꾸준한 노력과 인내가 필요하죠. 살다 보면 뜻밖의 상황도 마주하게 되고 원하는 결과를 얻기도 합니다. 중요한 건 그러한 상황을 어떻게 받아들이고 대처하느냐입니다. '태도'를 말하는 것입니다. 과거에 했던 수많은 선택과 태도가 오늘의 나를 만들었듯이 앞으로 어떤 태도를 가지느냐가 내일의 나를 결정할 것입니다.

컨트롤할 수 없는 일과 컨트롤할 수 있는 일

아우슈비츠 수용소 생존자인 오스트리아의 신경정신과 의사이자 심리학자인 빅터 프랭클에 관한 이야기를 소개하고 싶습니다.

유대인이었던 그는 제2차 세계대전 당시 유대인 강제 수용소에 끌려가 극한의 고통과 공포를 경험합니다. 하지만 결국 희망을 잃지 않고 자신의 삶을 선택합니다. 대표 저서인 『죽음의 수용소에서』에서 '외부에서 일어나는 상황은 내가 통제할 수 없지만, 그것에 어떻게 반응할지는 나의 의지와 선택'이라는 점을 강조했습니다.[1]

우리에게도 이 원칙은 크게 다르지 않습니다. 세상일은 크게 두 가지로 나눌 수 있죠.

- 내 의지로 바꿀 수 있는 일
- 내 의지로 바꿀 수 없는 일

예를 들어 어떤 실험을 설계하고 진행했는데 예상과 다른 결과가 나왔다고 합시다. 결과 자체는 이미 일어난 일이고 되돌릴 수 없습니다. 실험 결과는 여러분의 의지로 바꿀 수 있는 게 아니잖아요?

하지만 이런 상황에서 어떻게 반응하고 대처할지는 온전히 내 의지에 달려 있습니다. '아, 망했다. 나 졸업 못하는 것 아닌가!?'라며 좌절하고 포기할 수도 있습니다. 반면 '이번엔 안 됐으니 다른 가설로 다시 시도해보자. 하나 배웠으니 일희일비하지 않고 다시 시작해보자.'라고 태도를 바꿀 수도 있죠. 내 태도가 결정하는 선택입니다.

에픽테토스부터 스티븐 코비까지

이미 많은 철학자와 자기계발서 저자들이 비슷한 조언을 해왔습니다. 그리스의 스토아 철학자 에픽테토스는 저서 『삶의 기술』에서 '세상에 두 가지 일이 있다. 하나는 내 의지대로 할 수 있는 일이요, 다른 하나는 내 의지대로 되지 않는 일이다.'라고 말했습니다.² 아우렐리우스 황제의 스승으로도 알려진 그는 '바꿀 수 없는 일은 받아들이고 바꿀 수 있는 일에 집중하라.'라고 강조했습니다.

예를 들면 대학원에 입학해서 연구실에 들어갔는데 연구실 선배가 그냥 이유 없이 나를 미워하는 것 같다는 생각이 들면 어떻게 하겠어요? 그 선배가 나를 미워하는 감정을 내 의지대로 조정할 수 있나요? 아니잖아요. 다른 사람의 감정은 내가 바꿀 수 없는 일이죠. 나도 누군가가 그냥 이유 없이 싫을 때가 있잖아요? 에픽테토스는 이런 일은 있는 그대로 받아들이라고 합니다.

내가 잘못한 일이 있다면 사과하고 관계를 개선해야겠지만 이유 없이 나를 미워한다면 어쩔 수가 없습니다. 이런 상황에서는 내가 어떤 마음을 갖느냐가 내 의지로 바꿀 수 있는 일입니다. '왜 이렇게 나를 미워하지? 우울하다. 앞으로 연구실 생활이 안 풀릴 것 같다.'라고 생각하는 것도 내 선택입니다. 반면 '선배는 그냥 내가 미운가 보네. 어쩔 수 없지. 나는 내가 제어할 수 있는 내 공부와 연구에 집중하자.' 이렇게 생각하는 것도 내 선택입니다.

스티븐 코비 역시 저서『성공하는 사람들의 7가지 습관』에서 '내가 의지대로 바꿀 수 있는 일들에 자꾸 집중하다 보면 그 범위가 점점 넓어지고 내 영향력이 커진다.'라는 철학을 말하고 있습니다.

내가 내 공부와 연구에 전념하다 보면 자연히 내 실력이 쌓일 것입니다. 그러면 동료와 지도교수님의 신뢰와 지지를 얻어 내 의지대로 할 수 있는 일이 더 많아질 것입니다. 선배가 나를 이유 없이 미워했던 이유가 어쩌면 신입생이 열심히 하지 않을 것 같아서 그냥 냉랭하게 대했을 수도 있습니다. 아니면 다른 사람에게 살갑지 않은 성격이었을 수도 있겠죠. 내가 내 의지대로 바꿀 수 있는 일에 집중하다 보면 오해나 작은 문제들이 언제 그랬냐는 듯 기억에서 사라지는 걸 경험하게 될 것입니다.

그림 2. 내 의지로 바꿀 수 있는 일과 바꿀 수 없는 일

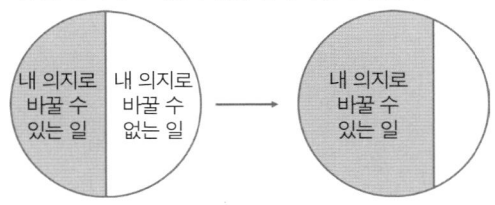

논문이 거절되어도, 결과가 안 나와도

대학원 생활에서 실험 결과가 예상과 다르게 나오거나 긴 시간 공들인 논문이 심사위원으로부터 새로운 기여가 없다며 거절당하는 경우는 흔합니다. 이런 외부의 평가나 예측 불가한 결과는 내가 직접 바꿀 수 없는 부분입니다. 상황 자체를 바꾸려다가 스트레스만 받는 대신 내가 어떻게 다시 시도하고 어떻게 재정비할지를 결정할 수 있습니다.

하루 정도는 마음껏 속상해해도 좋습니다. 우린 사람이니까요. 하지만 다음 날 눈을 뜨면 스스로 생각해보기 바랍니다. 이 상황에서 '내가 내 의지대로 할 수 있는 일은 무엇일까?' '나는 어떻게 반응해야 할까?' '이를 계기로 논문을 어떻게 개선할 수 있을까?' '다른 실험을 추가로 해볼까?'라고 스스로에게 질문하며 다음 단계를 구상해보세요. 안타깝게도 논문 게재 거절이라는 사실은 되돌릴 수 없습니다. 다만 이 일을 통해 새롭게 얻은 통찰이나 새 아이디어를 갖고 다시 움직일 수는 있습니다. 이것이 바로 내가 컨트롤할 수 있고 내 태도와 의지에 달린 영역입니다.

심사위원의 마음을 제어할 수 있습니까? 아니잖아요. 하지만 거절 결정에 대응하는 내 태도는 내 의지로 결정할 수 있는 것입니다. 거절을 당했으니 '당연히' 낙담해야 하는 것은 아닙니다. 거절을 당하더라도 '오히려' 더 좋은 기회가 있을 것이라는 '원영적 사

고'*가 필요합니다.

이런 상황에서 긍정적인 사고로 반응하기로 '결정'을 하고 다시 일어나서 집중하다 보면 오히려 예상치 못했던 더 좋은 결과가 나올 수도 있습니다. 그런 작은 성공의 경험들이 쌓이다 보면 여러분의 의지로 제어할 수 있는 일들이 점점 많아지게 될 것입니다.

장기적 시야와 꾸준한 태도

단기적인 성과에 일희일비하기보다는 여러분이 인생을 통해 이루고자 하는 목표, 연구자로서의 미션에 집중하는 태도를 견지하세요. 실험이 실패했다고 해서 인생이 실패한 것은 아닙니다. 논문이 한 번 거절됐다고 여러분의 가치가 훼손되는 것도 아닙니다. 오히려 이런 작은 '실패'들이 뒤엉켜 더 큰 통찰과 경험을 만들어냅니다. 실패를 부정하거나 숨기라는 뜻이 아닙니다. 오히려 실패를 연구와 학문 경력의 일부로 자연스럽게 받아들이고 학습과 성장의 자양분으로 삼는 태도가 필요합니다.[3] 결국 태도가 노력을 결정하고 노력이 실력을 결정합니다.

일본 교세라 그룹 창업자인 이나모리 가즈오는 이런 이야기를 했습니다.[4]

'한 사람의 역량은 태도×노력×실력인데 사람의 태도가 노력을 결정하고, 노력이 축적되면 실력을 결정한다. 결국 태도다.'

저는 이나모리 가즈오 회장의 생각을 물리학의 역학 개념에 비유해서 이렇게 해석합니다. 태도는 가속도이다. 올바른 태도, 즉 제

---

* 단순 긍정적인 사고를 넘어 초월적인 긍정적 사고. 장원영의 초긍정적 사고에서 비롯된 인터넷 밈.

대로 된 방향을 가지고 정진하다보면 속도가 결정된다. 좋은 속도와 좋은 방향으로 성실하게 노력하다 보면 결국 내 실력이 결정된다. 지금 여러분의 실력이 부족하다고 낙심하지 말고 태도를 먼저 정하기 바랍니다. 물론 이 말대로 하는 것이 쉽지는 않습니다. 저는 대학원생 때 이런 생각을 했습니다. '나는 바이오 이미징 분야에서 세계 최고가 될 거야.' 그런데 이런 목표를 갖는 데 두려움부터 생기더라고요. '네가 감히?' '네가 뭔데?' 같은 비웃음이 들리는 것만 같았습니다. 결국 아무것도 이루지 못하고 '그렇지. 내 까짓 게 뭔데 그런 말도 안 되는 목표를 세워서 결국 이렇게 헛고생했네.'라고 스스로 괴로워할 걱정부터 앞서더군요. 사람의 본성입니다. 제대로 시도해보지도 않고 생기지도 않은 미래의 실패를 상상해서 내 감정이 상처받지 않도록 스스로 방어기제를 만들어냅니다.

이 단계를 넘어가는 게 제일 어렵습니다. 이를 '방어적 비관주의Defensive Pessimism'라고 합니다. 분석심리학의 창시자인 칼 융이 언급한 '요나 콤플렉스Jonah Complex'라고도 하죠. 인지심리학에서는 스스로 낮은 기대치를 설정하고 불안을 활용함으로써 감정적 충격을 완화하려는 전략이라고 설명하지만 간단히 말하자면 비겁한 변명입니다. 이 단계를 넘어가려면 두려움을 부정하지 말고 인정해야 합니다. '내 본능이 성공으로 가는 과정에서 실패할까 봐 두려워하는구나.' '그렇다면 다른 모든 사람들도 본능적으로 이런 두려움을 느끼겠지?'라고 인정하는 것이 첫 단계입니다.

그다음은 문제를 쪼개서 한 단계씩 정복해가는 것입니다. '바이오 이미징 분야 세계 최고'라고 하면 막연한 목표처럼 들립니다. 하지만 이 목표로 가기 위한 단계를 쪼개고 쪼개서 '이번 학기에 수강하는 광학 수업의 1단원 기하광학은 내가 전 세계에서 제일 잘 이해하는 연구자가 될 거야.'라고 마음을 먹으면 '어라? 이건 내가 몇 주 열심히 하면 할 수 있을 것 같은데?'라는 생각이 들 수 있습니다. 이렇게 '분할정복Divide and Conquer' 전략으로 스스로 심리적인 부담을 줄이되 담대한 목표를 달성하기 위해 집중해보세요. 아무리 큰 문제도 수많은 작은 문제들의 합입니다.

'어차피 한 번 사는 건데 한번 제대로 해보고 싶다. 이 분야에서 최고가 되고 싶다.'라는 생각을 하면 어떻게 노력해야 할지가 보이고 시도하게 됩니다. 물론 과정에서 수없이 많은 실패를 하고 시행착오를 겪게 될 것입니다. 괜찮아요. 태도를 잃지 않으면 실력은 점점 쌓입니다.

두려움의 선을 넘어서 한 발짝 떼보세요. '내 인생은 내가 결정하겠다. 내 의지대로 바꿀 수 있는 일에 최선을 다하겠다.'라는 태도를 가지세요. 상황은 여러분을 구속하지 않습니다. 여러분의 됨됨이, 즉 태도를 드러낼 뿐입니다.

2
재미있어 보이는 연구 주제는 하지 않는다

연구 주제를 정할 때 가장 경계해야 할 점 중 하나는 남의 떡이 더 커 보이는 심리에 빠지는 것입니다. 영미권 속담에도 '옆집 잔디가 더 푸르다The grass is always greener on the other side.'라는 말이 있죠. 다른 사람의 연구 주제는 괜스레 더 매력적이고 더 대단해 보이는 법입니다.

연구 주제가 매력적으로 보이는 것은 이미 그 분야를 오랫동안 파고들어 그 분야를 재미있어 보이게 만든 연구자들이 존재하기 때문입니다. 그 사람들의 뒤를 그대로 따라가다 보면 결국 팔로어에 머물 확률이 높습니다. 오히려 남들이 '어, 저런 연구도 있었어?'라고 별것 아니라고 생각하거나 들어보지 못한 주제를 내 노력과 창의성으로 흥미롭게 발전시키는 것이 중요합니다.

완성된 분야의 매력과 함정

분야마다 다르고 시대마다 다르기 때문에 연구 주제를 선택하는 데 정답은 없습니다. 그러나 분명히 피해야 할 선택 방식은 있습니다. 바로 '남들이 재미있다고 하는 주제'를 피하는 것입니다. 내가 스스로 '재미를 느낄 수 있는 주제'를 개척하는 것이 여러분의 연구를 훨씬 더 의미있게 만들어줄 것입니다.

이미 완성도 높게 정리된 분야, 그래서 여러분에게도 '재미있어 보이게' 정리된 분야는 사실 그동안 많은 연구자의 끈질긴 노력과 시행착오가 쌓인 결과물일 가능성이 큽니다. 수많은 선행 연구가 있고, 그 성과를 '재미있게' 설명하는 사람이 있기 때문에 여러분도 그 분야에 대해 듣게 된 것이고 또 흥미를 느끼게 된 것입니다.

물론 그렇게 탄탄하게 정립된 분야에서도 새로운 발견이나 탁월한 연구 성과를 낼 수 있습니다. 하지만 쉽지 않습니다. 이미 경쟁자들도 많고 연구의 역사가 깊게 쌓여 있기 때문입니다. 잘못하면 남들이 해놓은 것을 뒤따라가는 수많은 팔로어 중 1인으로 전락할 위험이 큽니다.

'아무도 주목하지 않는' 주제를 선택하는 용기

제가 드리고 싶은 팁은 '아직 재미있어 보이지 않는 주제'를 내 손으로 재미있게 만드는 것입니다. 혹은 남들이 '그거 별로 재미없어 보이는데?'라고 하는 주제를 창의적으로 해석하고 새로운 관점을 제시하여 '저 분야가 이렇게 재미있는 분야였어?'라는 반응을 끌어내는 것이죠. 또는 '어, 그런 연구 주제가 있었어?'라는 새로운 주제를 발굴해볼 수도 있겠죠. 여러분이 그렇게 만들어낸 결과물을 보고 사람들은 비로소 '저거 정말 재미있다. 신기하다. 멋지다.'라는 감탄을 하게 됩니다. 처음부터 '완성된 재미'를 찾지 말고 아직 세상에 충분히 알려지지 않은 연구 분야를 '새로운 재미'로 만들어 나가는 용기가 필요합니다.

연구 주제 선택이 미치는 영향

대학원생이든, 이제 막 새 연구실을 꾸리는 교수님이든 '어떤 연구 주제를 선택할 것인가?'는 매우 중요한 고민거리입니다. 앞으로의 커리어를 결정하고, 연구 과정에서 즐거움과 동기부여에 큰 영향을 미치고, 또 잘못된 주제 선택은 힘이 많이 들고 만족스러운 결과를 얻지 못하는 상황을 가져올 수도 있습니다.

그렇기에 진지하게 고민하고 자신이 진정으로 재미를 느낄 수 있는 영역을 찾아내야 합니다. 단, 그 재미가 이미 누군가 완성해둔 '결과물'에 매료된 것은 아닌지 스스로 점검해야 합니다.

본인만의 원칙과 가치판단

결국 중요한 것은 남들에게 멋져 보이는 주제나 이미 재미있어 보이는 주제가 아닙니다. 내가 진심으로 꾸준히 열정을 쏟을 수 있는 주제를 스스로 흥미롭게 만들어가는 일입니다. 다른 사람들이 시큰둥해하는 분야라 해도 내가 새로운 관점과 아이디어를 더한다면 누구도 예상하지 못한 정말 '재미있는' 결과를 만들어낼 수 있죠.

주제를 고를 때 A가 좋을지, B가 좋을지 외부에서 정해준 기준들을 평가하는 데 매달리지 마세요. 그보다는 '내가 정말 하고 싶은 연구 주제는 무엇인가?' '내가 내 인생을 걸고 도전하고 싶은 주제는 무엇인가?' 같은 질문을 하며 먼저 자신의 원칙과 가치판단을 분명히 세워보길 권합니다.

이를 위해 다음 질문들을 스스로에게 던져보세요.

내가 인생에서 중요하게 추구하는 가치는 무엇인가?
이 연구 주제를 즐겁고 행복하게 할 수 있을까?
이 연구 주제를 독창적으로 잘 해낼 수 있을까?

이 연구 주제에 도전하는 목적이 단지 주목받는 분야이기 때문인가, 아니면 내가 정말 하고 싶어서인가?
이 주제가 앞으로 주목을 못 받는다고 하더라도 평생 즐겁게 파고들 수 있을까?

처음에는 별로 대단해 보이지 않는 주제라 할지라도 끝까지 붙들고 내가 직접 만들어낸 '재미'는 결국 여러분의 연구 커리어를 특별한 길로 이끌어갈 것입니다.

3
판단의 원칙
: 조건인가, 나만의 기준인가

　연구 주제를 정하는 판단처럼 앞으로 여러분은 정답이 없는 문제를 더 많이 마주칠 것입니다. 초중고와 대학교까지는 대부분 정답이 있는 문제들을 다룹니다. 정확한 답이 있고 올바른 풀이 방법이 있는 문제들을 다룹니다. 그래서 얼마나 정확하게, 많이, 그리고 빠르게 학습하느냐가 여러분의 역량을 결정짓습니다. 하지만 앞으로는 연구 주제를 정하는 문제처럼 정답이 없는 결정을 해야 합니다. 옳은 답이나 틀린 답이 없는 것이죠. 나에게 좋은 결과를 줄 수 있는 판단도 다른 사람에게는 좋지 않은 결과를 줄 수 있습니다. 대표적인 사례가 학위를 받고 학계에서 커리어를 쌓느냐, 아니면 회사에 취직해서 커리어를 쌓느냐 하는 결정이겠죠.

　우리는 종종 '정답이 없는' 선택의 기로에 놓이곤 합니다. 이런 문제들을 다룰 때 여러 가지 옵션의 장단점을 따져보면 머리가 복잡해집니다. 결국 어떤 결정을 내려야 할지 막막해지곤 합니다. 이런 문제들을 흔히 '가치판단의 문제'라고 합니다. 그리고 이 문제를 해결하는 핵심 팁은 각 옵션의 장단점을 비교하기 전에 '나만의 가치판단 기준', 즉 원칙을 먼저 세우는 것입니다.

장단점 비교에만 의존할 때의 문제

장단점을 일일이 비교해도 정답이 쉽게 나오지 않는 이유는 상황과 사람마다 중요하게 여기는 기준이 다르기 때문입니다. 또 그 기준이 그때그때 달라지면 어제는 옳았다고 생각했던 판단을 내일은 후회하고 있을 수도 있겠죠.

각각 장점과 단점이 있을 텐데 이를 비교만 하다 보면 결정을 내리기가 매우 어렵습니다. 어떤 결정을 하더라도 힘든 상황이 왔을 때 후회할 수 있기 때문입니다.

'나만의 가치판단 기준'을 먼저 세우기

이럴 때 중요한 것은 선택 옵션의 장단점 비교가 아닙니다. 내가 정말 중요하게 여기는 가치를 먼저 명확히 하는 것입니다. 나만의 원칙을 세우는 것입니다. 남들이 비난하거나 다른 기준을 제시해도 그건 어디까지나 그 사람들의 가치판단이죠. 내 선택을 책임지거나 대신 후회할 사람은 세상에 나밖에 없습니다.

> '내가 너로 살아봤냐? 아니잖아. 니가 나로 살아봤냐? 아니잖아.' – 장기하와 얼굴들의 「그건 니 생각이고」 중에서

여기서 중요한 것은 그 기준이 옳으냐 그르냐가 아니라 그 기준이 누구의 것이냐입니다.

기억하세요. 가치 판단은 정답이 없는 문제입니다. '민주당이 좋으냐, 공화당이 좋으냐'처럼, 가치의 문제는 옳고 그름을 따질 수

있는 문제가 아닙니다. 남에게 피해를 주거나 법을 어기지 않는 한 내 삶의 방향과 기준은 내가 정하는 것입니다. 그리고 그것을 대신 정해주거나 비난할 자격은 누구에게도 없습니다. 남을 만족시키기 위해 혹은 다른 사람을 불편하게 하지 않기 위해 내 가치를 포기하지 마세요. 대중의 기준을 따라가지 마세요. 내가 중요하다고 생각하는 가치, 그것은 내가 직접 정하는 것이어야 합니다.

가치판단 기준이 있으면 힘든 시기를 버틸 수 있다

나만의 가치판단 기준이 분명하면 나중에 힘든 일이 닥쳐도 견딜 수 있는 힘이 생깁니다. 내가 나만의 가치판단 기준으로 결정했을 때는 어떨까요? 외부 기준(장단점)으로만 판단하면 상황에 흔들리고 내 판단의 이유가 시간이 지나면서 바뀔 수 있습니다. 하지만 내 안에 변하지 않는 나만의 원칙, 즉 가치판단이 있으면 상황이 바뀌더라도 견딜 힘이 생기는 것입니다.

예시: 진학을 할까? 취직을 할까?

이 문제는 전형적인 '정답이 없는' 가치판단의 예시입니다. 대학원으로 진학하면 원하는 연구를 할 수 있지만, 안정되지 않은 삶과 낮은 경제 수준이 오래 지속될 수 있습니다. 반면 회사에 취직하면 안정적인 생활과 경제적 여유가 있겠지만 내가 원하는 연구가 아니라 회사가 시키는 업무만 집중해야 할 수 있겠죠.

장단점을 비교해 대학원에 진학하기로 결정했다고 가정해봅시다. 그런데 5년 안에 끝날 것 같았던 박사 과정이 7년, 8년 계속 늘어지고 연구가 제대로 풀리지 않습니다. 그동안 회사에 다니는 친구가 멋진 외제 스포츠카를 끌고 나타납니다. '아, 내가 그때 회사로 갈 걸 그랬나.'라는 후회가 들 수 있습니다.

그런데 '나는 하고 싶은 연구를 하며 사회에 기여하는 것이 인생에서 가장 중요해.'라는 내적 가치판단이 확고하다면 어떨까요? 여전히 힘든 상황이 닥쳐도 '내가 중요하게 여기는 일을 선택했으니 후회하지 않아. 가장 중요한 것은 내가 원하는 연구였고 나머지는 내가 받아들이기로 한 거잖아?'라고 마음을 다잡을 수 있습니다. 친구가 멋진 차를 타고 나타나서 자랑하더라도 '잘됐다. 진짜 축하해! 밥 사!'라고 하며 진심으로 응원할 수 있는 마음의 여유가 생기겠죠.

일론 머스크와 레이 달리오의 사례

월터 아이작슨의 저서 『일론 머스크』를 보면 테슬라와 스페이스X의 CEO인 일론 머스크가 '인류를 다행성 종족으로 만들겠다.'라는 원대한 비전을 바탕으로 제품 기획과 설계 전반에 적용할 원칙들을 여러 차례 강조해왔음을 알 수 있습니다. 그는 단순히 '비용 절감'이나 '일정 준수' 같은 단기적인 지표보다 혁신적인 목표에 도달하기 위해 필요한 '핵심 원칙First-Principles Thinking'을 가장 중요하게 여긴다고 합니다. 이를테면 재활용 로켓이나 완전 자율주행 자동차처럼 기존 업계에서 '불가능'하다고 여겼던 영역에 과감히 뛰어드는 모습이 그 예시죠. 이렇게 누구도 시도하지 않은 곳에서 새로운 길을 찾겠다는 태도가 곧 테슬라와 스페이스X의 엔지니어링과 기업 운영 전반을 이끄는 동력이 되고 있습니다.

세계적인 헤지펀드 매니저 레이 달리오의 『원칙』에서는 개인과 조직이 어떤 식으로 스스로를 운영하고 관리할 것인지에 대한 '기본 원칙'을 먼저 세울 것을 강조합니다. 달리오는 자신이 평생 쌓아온 투자 경험과 조직 경영 노하우를 '결정과 학습 과정'이라는 틀 안에서 체계화합니다. 여기서 핵심은 객관적인 데이터와 피드백에 기반해 자신과 조직을 끊임없이 개선해가는 '아이디어 메리토크라시idea meritocracy'라는 개념입니다. 조직 구성원 모두가 명확한 가치와 목표를 공유하고 그 목표를 달성하기 위해 필요한 절차와 평가 방식을 투명하게 정의함으로써 '옳은 결정을 내릴 수 있는 시스템'을 구축하는 것이죠.

두 사례 모두 '먼저 명확한 비전과 원칙을 세우고 이를 기반으로 모든 활동을 일관성 있게 끌고 나간다.'라는 공통된 메시지를 전달합니다. 머스크처럼 궁극적 목표가 '우주개발'이라면 그 목표 달성을 방해하는 기술적·재정적 장애를 해결하기 위해서는 가장 근본적인 원리(물리학, 엔지니어링 등)에서 출발해 새로워져야 한다는 점을 인식하고 그에 맞춰 조직과 프로젝트의 방향을 설계합니다. 달리오는 '조직 내 원칙'을 명확히 정해두고 모든 구성원이 끊임없이 피드백을 주고받을 수 있는 환경을 조성하는 방식으로 '훌륭한 의사결정'을 해나가도록 만듭니다.

결국 머스크와 달리오가 이야기하는 '원칙'은 추상적인 선언이 아니라 날마다 일관되게 적용하며 실천해야 비로소 힘을 발휘한다는 것입니다. 원대한 비전을 잡아야 한다는 말은 그저 꿈만 꾸라는 뜻이 아닙니다. 현실의 제약과 갈등을 뚫고 나갈 핵심 가치와 실행 지침을 제대로 마련하고 지켜나가라는 의미에 가깝습니다. 그리고 그런 원칙 위에서 하루하루 업무와 의사결정을 쌓아가다 보면 어느새 조직과 개인이 함께 성장하는 큰 변화를 체감하게 된다고 공통으로 말하고 있습니다.

외부 기준보다 '내 원칙'이 먼저

삶의 여러 선택지에서 나만의 원칙과 가치판단 기준을 먼저 세우면 같은 선택을 했더라도 후회는 더 적고 의지는 더 커집니다.

반대로 외부 기준과 장단점 비교만으로 결정을 내리면 상황이 달라질 때마다 흔들리고 후회하게 될 확률이 높습니다. 나만의 불변의 가치와 원칙이 있어야 힘든 상황에서도 '이건 내가 중요하게 생각하는 걸 택한 결과이니 견뎌보자.'라고 생각하게 됩니다. 그 원칙이 판단의 '기둥' 역할을 하는 것이죠.

수많은 기회를 본인이 놓치고 후회만 하는 사람들이 자주 하는 말이 있습니다. "그 말이 맞지. 하지만 현실적으로는 이런 선택을 할 수밖에 없었어." 현실적인 제약이나 삶의 무게는 누구에게나 있는 어려운 상황입니다. 그렇기 때문에 본인의 원칙을 제일 먼저 세워야 합니다.

두려움과 탐욕: 판단을 흐리게 만드는 감정들

우리가 자신의 가치 판단 기준에 따라 중요한 결정을 내리려 할 때 마음을 흐리게 만드는 두 가지 강력한 감정이 있습니다. 바로 두려움과 탐욕입니다.

예를 들어 봅시다. 당신이 박사과정 진학을 목표로 다섯 곳의 대학원에 지원했고 그중 한 곳에서만 합격 통보를 받았습니다. 하지만 합격한 학과의 지도 교수님의 연구 분야는 안타깝게도 당신의 관심 분야와는 거리가 있습니다. 당신은 애초에 원하는 연구 분야에서 의미 있는 기여를 하고 싶어 대학원에 진학하려고 했기에 갈등하게 됩니다. '원하지 않는 연구를 하더라도 일단 대학원에 진학할까?'라는 고민이 생기는 것이죠. 이럴 때 자신의 내면을 잘 들여다보면 두려움이 고개를 들고 있음을 알 수 있습니다. '동기들보다 1년 늦게 시작하면 인생에서 뒤처지는 것 아닐까?' '내가 정말 원하는 연구 분야에 가더라도, 잘하지 못할 것 같아…… 그냥 아무 데나 가는 게 낫지 않을까?' 이런 생각들은 전부 두려움에서 비롯된 것입니다.

탐욕 역시 판단을 흐리게 만듭니다. 예를 들어 "남들보다 빨리 더 많이 돈을 벌 수 있게 해주겠다."라는 식의 말은 수많은 사기꾼들의 전형적인 접근 방식입니다. 이들은 인간의 본능적인 탐욕을 교묘히 자극해 판단력을 흐리게 만듭니다.

두려움과 탐욕은 모두 외부 상황이 아닌 내면에서 비롯된 감정입니다. 이 두 감정에 휘둘리게 되면 본래의 가치 기준을 잃고 결국 후회할 선택을 하게 됩니다. 이 두 감정이 중요한 결정을 내릴 때일수록 나의 판단에 어떤 영향을 주고 있는지 자각하는 연습이 필요합니다.

앞으로 우리는 인생에서 더 많은 '정답이 없는 문제'에 자주 직면하게 될 것입니다. 그때마다 외부 기준들을 비교하는 데 시간을 쓰는 것보다 여러분만의 원칙과 가치판단 기준을 세우는 것에 집중하세요. 그러면 후회도 훨씬 적어지고 힘든 상황이 찾아왔을 때도 단단히 버틸 수 있게 됩니다. 궁극적으로는 여러분이 진정으로 원하는 삶에 더 빠르고 확실하게 다가갈 수 있을 것이라 믿습니다.

4
신뢰를 쌓는 법
: 손해 보는 것을 두려워하지 않는다

연구는 혼자서 할 수 있는 일이 아닙니다. 수학이나 새로운 이론을 세우는 특정 분야를 제외하고 대부분의 연구는 여러 명이 함께 프로젝트를 이끌어가는 협업의 결실입니다. 기업에서는 협업의 중요성이 더 커집니다. 공동 연구에서 무엇보다 중요한 것은 서로 간의 신뢰입니다.

공동 연구를 하다 보면 예기치 못한 어려움이 생길 수 있습니다. 이때 서로 신뢰가 쌓여 있으면 조율하기가 훨씬 쉽습니다. '저 사람은 악의가 있는 게 아니야. 충분히 이야기를 나누면 해결될 거야.'라는 믿음이 있습니다. 반면 신뢰가 부족하면 별것 아닌 사안에도 '이 사람이, 자기 혼자만 이익을 챙기겠다고 저렇게 나오나? 같이 일 못하겠네.'라는 생각이 들어 서로 상처를 주고받으며 프로젝트가 엉망이 될 수 있습니다. '어떻게 신뢰를 쌓을 것인가?'는 공동 연구에서 가장 핵심적인 문제입니다.

손해를 두려워하지 않는 자세

사람들이 협업할 때 '나는 절대 손해 보면 안 돼.'라는 생각에 빠지는 경우가 많습니다. 하지만 인간관계에서 뭔가를 '딱 반반'으로 맞추는 건 사실상 거의 불가능하죠. 50대 50을 정확히 계산하기도 어려울 뿐더러 공평함을 느끼는 기준도 사람마다 다 다르니까요.

특히 '난 1도 손해 보기 싫어.'라는 태도를 고집하면 상대방 입장에서는 '아, 저 사람은 자기 이익만 우선이구나.'라는 인상을 받기 딱 좋습니다. 그러면 같이 일하기 싫어지고 그동안 쌓아 올린 신뢰도 금방 무너지겠죠.

연구 현장에서 만나는 많은 인간관계 문제도 이와 비슷합니다. 내가 손해 보면 안 된다는 두려움이 관계의 본질을 망쳐버리는 경우를 자주 보게 됩니다. 특히 이제 막 대학원 생활을 시작하는 신입생들이 이런 실수를 하는 것을 보면 안타까울 때가 많습니다.

반면에 어느 정도 상대방을 배려하면서 '조금 손해를 보더라도 괜찮아.'라고 열린 마음을 보이면 사람들은 오히려 더 신뢰하고 협업하고 싶어 합니다. 물론 무리해서 바보같이 내 것을 다 내주라는 뜻은 아닙니다. 적절한 양의 손해를 기꺼이 감수할 수 있는 태도가 결국 장기적으로는 더 큰 이익을 가져다줍니다.

지도교수와 학생 관계에도 적용되는 원리

지도교수와 학생 사이도 마찬가지입니다. 둘 다 나는 손해를 안 보겠다는 태도를 고수하면 오해가 쌓이면서 관계가 나빠질 수밖에 없겠죠. 교수 입장에서는 '이 학생은 전체 프로젝트 성공에는 관심 없고 자기 이익만 챙기려 드는군.' 하고 생각할 것입니다. 반면 학생 입장에서는 '교수님이 날 그냥 밀어붙이기만 하시네. 혹시 뒤통수를 맞을 수도 있겠어.' 하고 생각할 것입니다.

이렇게 한 번 깨진 신뢰를 회복하기가 정말 어렵습니다. 결국 처음부터 서로 존중할 수 있는 사이인지 잘 판단해서 관계를 맺으세요. 한 번 관계를 맺었다면 어느 정도 손해를 감수하더라도 함께 파이를 키울 수 있는 협업을 계속 이어가는 게 중요합니다.

교수라면 학생이 중시하는 성장이나 커리어 목표가 무엇인지 먼저 이해해야 합니다. 연구실이 잠시 힘들어지더라도 학생의 성장을 위해 어떤 결정을 내려야 할지 고민해야겠죠. 학생이라면 지금 당장 내 업무량이 늘어나더라도 중요한 연구 제안서를 같이 마무리하기 위해 추가 업무를 맡을 수 있어야 합니다.

학생이 자신을 을이고 교수를 갑이라고 생각하면 '내가 조금만 호의적으로 굴어도 착취당하는 거 아닐까?'라는 불안감에 방어적으로 대응할 수도 있어요. 세상에 다양한 유형의 사람이 있듯이 교수들도 각자 성향이 다 다릅니다. 우선 자신과 잘 맞으면서 동시에 존경할 수 있는 지도교수를 찾는 게 중요합니다. 하지만 교수 입장에서도 혼자서 할 수 있는 일은 별로 없어요. 사실상 혼자서 시작하고 끝까지 해내는 연구 분야는 거의 없다고 봐야 합니다. 그렇기 때문에 교수도 학생들에게 의지해야 합니다. 학생과 교수가 서로를 의지하면서 신뢰를 쌓아야 합니다.

영원한 갑도 을도 없습니다. 우리는 서로를 의지하고 살아야 하는 사람들입니다. '서로 존중하고 상대를 위해서 어느 정도 손해 보는 걸 두려워하지 않는 태도'가 둘 사이의 관계를 건강하게 만듭니다.

공동 연구에서 기여도 나누기

요즘 연구는 혼자서 하기보다 여러 사람이 협업해서 진행하는 경우가 훨씬 많아요. 학과나 연구실을 넘어 다른 학교나 기업 연구소와도 손잡고 프로젝트를 하는 사례가 점점 늘고 있죠. 처음에는 다들 "으싸으싸!" 하며 의욕적으로 시작합니다. 하지만 프로젝트가 잘 진행되면 '누가 얼마나 기여했느냐?'를 두고 갈등이 생깁니다. 왜 기여도 분배가 어려울까요?

연구는 계획대로만 흘러가지 않습니다. 갑자기 누군가가 졸업 시기가 되어서 빠지거나 또 다른 누군가가 프로젝트의 대부분을 도맡아야 하는 상황이 생기기도 합니다. 또한 사람마다 내가 한 일은 더 크게, 남이 한 일은 더 작게 보는 경향이 있어요. 그래서 '내가 훨씬 더 많이 했는데 왜 네가 더 가져가려고 해?' 같은 충돌이 생기는 것입니다.

이럴 때 제가 권하는 방법은 '상대방의 기여도를 실제보다 조금 더 높여주기'입니다. 예를 들어 내가 객관적으로 봤을 때 '난 60%, 너는 40% 기여'라고 생각하면 최종적으로는 '난 50%, 너는 50%' 혹은 '난 55%, 너는 45%' 정도로 양보하는 거죠. 내가 생각하는 기여도 분배가 공정할 것이라는 생각은 혼자만의 착각입니다. 내가 공정하다고 생각하는 기여도 분배가 상대방이 보았을 때는 불합리한 분배로 보일 수 있습니다.

처음에는 조금 억울하거나 손해 보는 기분이 들 수도 있어요. 하지만 상대방은 어떻게 생각할까요? 내 기여도를 조금 더 낮춘 것을 상대방이 알아줄까요? 그렇지 않아요. 모든 사람은 이기적이라서 본인 생각만 합니다. 상대방은 '아, 내가 한 만큼 충분히 인정받았구나!'라고 느낍니다. 그런데 자신이 인정받았다고 느끼면 당신을 합리적이고 공정한 사람으로 보게 되고 '다음에도 이 사람이랑 같이 일하고 싶다!'라는 마음이 들겠죠. 그 결과 예상치 못했던 새로운 협업 기회나 네트워크가 열릴 가능성이 훨씬 커집니다.

결국 중요한 건 '장기적으로 더 큰 가치를 만들어내는 관계를 구

그림 3. 공동연구자들과 신뢰 형성: 손해를 감수하라

축하느냐?'입니다. 지금 당장 조금 더 가져가느냐 못 가져가느냐보다는 함께 일하는 동료에게 '이 사람 진짜 괜찮다.'라는 인식을 심어주는 게 훨씬 더 큰 이익을 안겨줄 수 있거든요. 서로 좋은 기억이 쌓여야 관계가 오래가고 그래야 또 다른 기회도 계속 생기는 법이니까요.

상대방에 대한 진심과 신뢰

데일 카네기의 저서 『인간관계론』은 이러한 신뢰 관계를 형성하는 데 많은 시사점을 줍니다. 카네기는 상대방에게 진심으로 관심을 기울이고 칭찬을 아끼지 않으며 비판보다 이해를 우선하는 태도를 강조합니다. 한마디로 상대방을 인정하고 존중하는 마음이 인간관계를 탄탄하게 만든다는 것입니다. 이는 연구 협업에도 그대로 적용됩니다. 공동 연구를 하는 동료가 나와 다른 시각을 제시하거나 예상치 못한 실수를 범했을 때 카네기가 제안하는 '상대방의 입장에서 바라보기'를 실천해보세요. 그러면 상대가 '이 사람은 내 입장을 이해하려고 노력하는구나.'라는 긍정적인 감정을 갖게 되어

서로 간의 신뢰가 깊어집니다.

또한 카네기는 "손해를 보더라도 먼저 배려하라."라고 조언합니다. 공동 연구에서 주어진 작업을 분배할 때 조금 더 수고로운 업무를 자처하거나 팀원에게 이익이 될 만한 정보를 먼저 공유해보세요. 그러면 시간이 흐르면서 "이 사람은 함께 일하기 편하고 믿을 만하다."라는 평판이 쌓이게 됩니다. 그렇게 형성된 평판은 예상치 못한 어려움이 닥쳤을 때 가장 강력한 보호막이 되어줄 것입니다. 무엇보다 신뢰를 기반으로 한 협업은 결과물의 질과 연구의 지속가능성을 높여준다는 점을 잊지 마세요.

함께 성장하기 위한 선택

결국 '손해 좀 보면 어때?'라는 생각을 가지면 사람들과의 신뢰를 훨씬 쉽게 쌓을 수 있어요. 반대로 '나 절대 손해 안 볼래!'라고 딱 선을 그어버리면 협업 기회에서 점점 멀어지고 관계가 망가질 위험이 큽니다. 신뢰는 돈이나 지위로 살 수 있는 게 아닙니다. 상대방에게 진심으로 나누고 배려하려는 마음을 보여주는 게 가장 확실한 방법입니다.

이런 태도로 공동 연구와 협업에 참여하면 잠깐은 좀 손해 보는 것 같아도 장기적으로는 더 풍부한 인맥과 새로운 기회를 얻고 결국 더 큰 성과와 즐거움을 누릴 수 있게 됩니다.

'상처받는 게 이젠 두렵지 않고 손해 보는 게 덜 아쉽게 되면서 조금 더 행복해지기 시작했다.' - 2010년 일기 중에서

5
압도적인 노력
: 남들보다 3배 더 열심히 하면 적어도 2배 실적은 나온다

연구 성과를 올리는 데는 사실 왕도가 없어요. 결국 '누가 더 많은 시간을 들여 고민하고 누가 더 효율적으로 일하느냐?'가 관건이죠. 가끔 연구 결과를 쉽고 빠르게 얻는 비법이나 『네이처』 논문을 쉽게 출판하는 비법을 기대하는 분들이 있을 것입니다. 하지만 안타깝게도 그런 요령은 없다고 확신할 수 있습니다. 과거에도 없었고 앞으로도 마찬가지일 거예요.

'소위 천재라 불리는 사람들의 비결은 뭘까?'

저는 MIT와 하버드대학교에서 대학원생으로 유학 생활을 하고 한국에 돌아와 교수로 있으면서 이 질문을 늘 품고 살았습니다. 노벨상을 받은 과학자, 혁신적인 제품으로 시장을 새로 연 벤처기업가, 정·재계에서 큰 영향력을 발휘하는 사람들은 대체 뭐가 달라서 그렇게 특별해진 걸까? 유전자가 뛰어난 걸까? 어릴 때 특별한 교육을 받은 걸까? 아니면 단순히 운이 좋았던 걸까? 이런 궁금증을 풀고 싶어 기회가 될 때마다 그들을 관찰하고 배우려 애썼습니다.

그렇게 여러 해를 지켜본 뒤 내린 제 결론은 의외로 단순했습니다. '천재는 없다.'

제가 천재라고 여겼던 대부분의 사람은 자기 분야를 너무 좋아해서 매일 최선을 다해 몰입하는 '평범한' 사람들이었어요. 지능, 암기력, 계산능력 같은 걸 봐도 '확실히 다르다!' 싶을 정도는 아니었습니다. 다만 새벽부터 밤까지 일에 빠져 지내고 이동 중에도 아이디어를 놓치지 않으려 애썼습니다. 사무실에 샤워실을 만들 정도로 진심으로 좋아하는 일에 몰두한다는 점이 달랐습니다. 노력하는 태도가 달랐던 것입니다.

인지과학 분야 연구도 이런 사실을 뒷받침합니다. '천재'라고 불리는 사람이나 그렇지 않은 사람이나 문제를 해결하는 논리적 흐름과 시행착오 자체는 크게 다르지 않다고 해요. 긍정의 심리학의 선구자 미하이 칙센트미하이Mihaly Csikszentmihalyi가 예술, 과학, 비즈니스 등 다양한 분야의 '창의적 천재'들을 인터뷰한 결과 그들의 창의적 과정은 일상적인 문제 해결과 크게 다르지 않았습니다. 오랜 시간 집중하며 시행착오를 반복하는 '플로Flow 상태'가 핵심이었다고 합니다.[5]

하버드대학교의 저명한 교육심리학자인 하워드 가드너Howard Gardner 역시 프루스트, 아인슈타인, 피카소 같은 창의적 거장들의 작업 과정을 연구하면서 '개인의 고유한 강점(지능)과 적절한 지적 맥락이 결합할 때 창의성과 천재성이 발현된다.'라고 주장했어요. 즉 그들의 문제 해결 방식이 완전히 새롭다기보다 과제에 대한 깊은 열의를 가지고 '역동적인 질문'을 계속 던졌다는 점을 강조했습니다.[6]

결국 뛰어난 결과물은 선천적으로 '똑똑해서'가 아니라 더 많은 고민과 노력의 시간이 축적된 결과라는 것이죠. 천재성이란 생각보다 대단한 재능이 아니라 끈질긴 몰입, 시행착오, 그리고 자신만의 강점을 살리는 과정에서 만들어지는지도 모릅니다.

더 많은 시간, 더 많은 고민, 그리고 효율
'남들보다 3배 더 열심히 하면 적어도 2배 이상의 성과가 나온다.'

제가 운영하는 연구실과 회사의 모토 중 하나입니다. 연구에서 좋은 성과를 내기 원한다면 남들보다 더 많이 노력하고 더 많은 시간을 쓰고 더 많은 고민을 해보세요. 여기에는 두 가지 전제가 있습니다. 내가 항상 부족하다고 인정하기와 상대방의 능력을 과소평가하지 않기입니다.

스스로를 '나는 이미 충분히 똑똑해.'라고 생각하는 순간 우리는 자만에 빠지거나 시행착오를 소홀히 하게 됩니다. 반대로 '내가 틀릴 수 있어.' '내 논문을 읽는 사람은 나보다 더 실력이 뛰어날 수 있어.'라는 마음가짐으로 접근하면 훨씬 진지하게 문제를 다루게 됩니다.

그렇다고 해서 매일 밤을 새면서 주말까지 연구해야 한다는 뜻은 아닙니다. 연구는 장거리 달리기와 같습니다. 평소 스트레스 관리를 어떻게 할지, 주말에는 어떻게 몸과 마음을 충전할지, 다음 주에 최고 효율로 일하기 위해 무엇을 준비할지 같은 고민 역시 '연구의 일부'라고 할 수 있습니다. 자신이 컨트롤할 수 있는 일들을 체계적으로 계획하고 적절히 휴식하면서 장기적으로 에너지를 유지하는 것이 중요합니다. 중요한 것은 매일 8시간 동안 연구실에 앉아 있다고 해서 자동으로 성과가 올라가지는 않는다는 사실입니다. 한 문제에 온전히 집중해서 깊이 파고들면 그 경험이 쌓여 결국 성과로 이어집니다. 걷기와 샤워 같은 일상 활동 중에도 머릿속에서 문제를 붙들고 있으면 남들보다 더 자주 '발상의 순간'을 맞이하게 됩니다.

결국 누가 더 진지하게 시간을 쓰고 더 집중적으로 고민하느냐가 성패를 가릅니다. 남들보다 3배 더 열심히 하면 적어도 2배 이상의 실적을 거둘 수 있어요. 자신에게 투자하는 시간을 아까워하지 마세요. 이것이 연구자로서 성장하고 성과를 내는 가장 확실한 길입니다.

MIT에서의 충격적인 경험

제가 MIT에 입학해 학부생과 함께 일반 생물학과 광학 과목을 들었습니다. 바이오 이미징 분야가 제 전공인 만큼 광학 수업은 제가 특히 열심히 준비한 과목이었죠. 그런데 첫 시험을 치렀는데 40여 명 중 꼴찌에서 두 번째라는 참담한 성적을 받았습니다.

당시 저는 충격이 너무 커서 자퇴하고 한국으로 돌아갈까 진지하게 고민했어요. 분명 저는 정말 최선을 다해 공부했다는데도 결과가 안 좋았기 때문이죠. '내가 맞는 자리가 아닌가 보다. 주변 사람들은 천재고 난 그만큼 능력이 안 되는구나.' '인도 학생들은 구구단을 19단까지 외우는 천재들이라는데 나는 천재랑은 거리가 먼 사람이었구나.' 별의별 생각이 다 들었습니다. 그렇게 얼마간 좌절감에 시달렸는데 문득 '이대로 포기하면 앞으로도 모든 일을 쉽게 그만두지 않을까?'라는 억울함과 오기가 들더라고요. 그래서 '남은 시험에 한 번 더 최선을 다해보자. 그래도 안 되면 그때 자퇴하자.'라고 마음먹었죠.

마음을 다시 다잡으니 제가 말하던 '최선'의 기준이 완전히 바뀌었습니다. 수업 자료(강의 슬라이드)를 한 글자도 안 틀리고 칠판에 처음부터 끝까지 쓸 수 있을 정도로 외웠습니다. 기출 문제도 구할 수 있는 건 전부 찾아 모든 문제를 최소 3가지 풀이 방법으로 막힘없이 풀 수 있을 정도로 준비했습니다. 그렇게 남은 두 번의 시험을 봤더니 모두 2등과 큰 격차로 1등을 하게 됐고 교수님이 제 최종 점수를 A+로 주셨습니다.

제 고생담을 자랑하려고 꺼낸 이야기가 아닙니다. 저는 그때 정말 큰 충격을 받아 앞으로는 최선을 다했다는 말을 함부로 하면 안 되겠다는 것을 뼈저리게 느꼈습니다. 첫 시험 때도 제가 느끼기엔 정말 최선을 다했으니까요. 하지만 지나고 보니 '내 기준'이 낮았다는 걸 깨달았죠. 적당한 수준의 목표를 정해 놓고 최선을 다했다고 착각하고 있었던 것입니다. 흔히 '최선을 다했으니 이 정도 결과라도 받아들인다.'라는 식으로 스스로를 위로하곤 합니다.

최선을 다했다는 말을 함부로 하지 말라

소설 『태백산맥』의 작가 조정래는 '최선은 이 순간 내 노력이 나를 감동시킬 때 쓸 수 있는 말'이라고 했습니다. 그는 신춘문예에 두 번 떨어지고도 매일 16시간씩 작업하며 1년에 한두 번 외출할 정도로 글쓰기에 몰두했다고 해요. 골프 선수 최경주는 '타이거 우즈가 왜 당신보다 좋은 성적을 내느냐?'라는 질문에 '그가 나보다 더 많이 연습하기 때문'이라고 답했습니다. 마이클 조던은 연습장에 제일 먼저 나와 제일 나중에 떠났습니다. 독감에 걸렸든 발목이 부러졌든 그날 정해둔 연습량만큼은 반드시 채웠다고 합니다. 피카소는 매일 새벽 6시까지 그림을 그리고 잠에서 깨어나면 또다시 9~10시간을 서서 작업했습니다. 74세에도 보통 화가들이 100일간 그릴 분량을 며칠 만에 해치웠다고 합니다. 2006년 노벨 문학상 수상자 오르한 파묵 역시 '바늘로 우물을 파듯' 매일 글을 쓰며 실력을 쌓아간다고 말합니다.

'최선을 다했다.'라는 말의 기준을 스스로 올려보세요. '압도적인 노력'으로 스스로를 감동시킬 수 있는 노력을 하고 있는지가 핵심인 것 같아요. 단지 적당히 노력하고 '최선을 다했다.'라는 말로 자위하는 걸로는 되지 않습니다. 내가 진짜로 할 수 있는 모든 걸 쏟아부었다고 스스로를 감동시킬 정도의 노력이야말로 성장과 성과를 만들 수 있을 것입니다.

6
더 나은 방법을 찾는다

연구든 업무든 '항상 더 나은 방법이 있을지 고민하고 시도해보는 것'이 매우 중요해요. 보통은 '지금까지 해오던 방식'을 그대로 답습하게 마련입니다. 하지만 그것이 정말 최선인지 돌아볼 필요가 있습니다.

브라우저 선택과 직원 생산성의 상관관계

애덤 그랜트의 저서 『오리지널스』에 소개된 연구[7]에 따르면 대규모 기업(특히 콜센터 등)에서 인터넷 익스플로러나 사파리 같은 '기본 탑재 브라우저'만 쓰는 집단보다 크롬이나 파이어폭스를 직접 다운로드해서 쓰는 집단이 이직률이 낮고 근무 성과도 좋았다고 합니다. 이는 단순히 기술력이 뛰어나다는 의미가 아니라 '새롭고 더 나은 방법을 자발적으로 탐색하는 태도'가 성과와 연관이 있다는 해석입니다. 애덤 그랜트는 이 연구를 통해 '기본 옵션에 만족하지 않고 스스로 새로운 옵션(크롬, 파이어폭스)을 찾아 쓰는 사람이 조직 내에서도 더 주도적이고 창의적인 경향을 보였다. 작은 행동이 사실은 '자기 주도적 문제 해결 태도'를 반영한다.'라고 말합니다.

도요타의 카이젠 문화

도요타는 '카이젠Kaizen'이라는 원칙으로 유명하죠. 카이젠은 '지속적 개선'이라는 뜻입니다. 도요타는 일상 업무 중 작은 개선 아이디어라도 즉시 제안하고 실험할 수 있게 권한을 부여합니다.[8] 예컨대 조립 라인에서 일하는 작업자가 '조립 순서를 조금만 바꾸면 불필요한 동작이 줄고 안전사고도 방지할 수 있다.'라는 아이디어를 내면 복잡한 승인 없이 바로 시도해볼 수 있습니다. 이런 사소한 개선들이 모여 전반적인 공정 효율, 품질, 낭비 요소를 계속 개선합니다.

3M의 '15% 타임 룰'과 혁신 사례

글로벌 제조·기술 기업인 3M은 직원들에게 업무 시간의 15%를 '자유롭게 새로운 아이디어를 탐색하는' 데 쓰라고 권장합니다.[9] 이른바 '15% 룰'인데요. 이로 인해 탄생한 대표적인 제품이 바로 '포스트잇'입니다. 스펜서 실버Spencer Silver라는 직원이 잘 달라붙으면서도 깔끔하게 떨어지는 접착제 아이디어를 발전시켰고 동료들이 업무 외 시간에 협력해 시제품을 만들어 사내에 보급했습니다.

기본 옵션에서 벗어나기

새로운 시작을 앞둔 대학원생이라면 기본 옵션Default에 안주하지 않는 태도를 길러보길 권합니다. 인터넷 익스플로러나 사파리 같은 기본 브라우저 대신 일부러 크롬이나 파이어폭스를 찾아서 설치하는 태도처럼 연구에 사용하던 기존의 모든 방법과 절차에서 '더 나은 방법은 없을까?'를 스스로 묻는 태도가 출발점이 될 수 있어요. 대학원 생활에서는 연구 주제, 실험 방법, 논문 작성 등 모든 과정에서 선택의 순간이 옵니다. 편하고 익숙한 방식을 택하는 게 나쁜 건 당연히 아닙니다. 하지만 새로운 시도와 개선 기회를 놓칠 수도 있다는 점을 기억하면 좋겠죠.

도요타의 '카이젠Kaizen'을 생각해보세요. 사소한 부분이라도 '더 나은 방법이 없을까?'를 고민해보고 작게라도 직접 시도해보는 것입니다. 연구실에서도 데이터 정리 방식이나 실험 장비 관리 등에 작은 변화를 줘보고 그런 시도를 함께 응원하는 분위기를 만든다면 자연히 여러분과 동료 모두 발전하게 됩니다.

3M의 '15% 타임 룰' 역시 좋은 힌트를 줍니다. 늘 바쁘고 빠듯한 대학원 생활 속에서도 하루 중 조금이라도 시간을 떼어 다른 분야의 논문을 읽거나 기존 연구 주제를 새로운 관점에서 살펴보는 '실험적 공부'에 투자해보세요. 이 작은 여유가 결국 창의성과 통찰을 키울 것입니다.

7
최우선 순위에만 집중하고 멀티태스킹하지 않는다

대학원 생활은 마치 여러 개의 공을 동시에 던지고 받는 곡예 같다고들 합니다. 과제, 연구 프로젝트, 실험, 논문 작성, 조교 업무 등 해야 할 일들이 끝없이 쌓여 있는 데다 그 모든 일이 당장 중요해 보이게 마련이죠. 그러다 보니 '멀티태스킹'을 통해 여러 프로젝트를 동시에 추진해야 한다고 생각하기 쉽습니다. 하지만 게리 켈러Gary Keller의 저서 『원씽 The One Thing』은 '한 번에 한 가지 일에만 집중하는 것'이 오히려 탁월한 성과를 낸다는 사실을 알려줍니다.

먼저 여러 프로젝트를 동시에 진행할 때 생기는 '비용'을 인식할 필요가 있습니다. 대학원에서는 연구 프로젝트만 해도 여러 갈래가 있습니다. 실험 디자인부터 자료 분석, 논문 작성, 또 학회 발표까지 할 일이 많죠. 여기에다 수업 과제, 교수님이나 동료들의 요청, 아르바이트나 장학금 신청 같은 잡무까지 끼어들면 정신이 없을 수밖에 없습니다. 하지만 이렇게 한꺼번에 다 잘해보겠다고 덤

그림 4. 핵심 업무 하나에만 집중한다

비면 결국 집중력이 분산되면서 어느 것 하나 제대로 파고들기 어려워집니다. 오히려 작업마다 자잘한 실수가 늘어나거나 스트레스가 극단적으로 높아지는 상황이 벌어질 수 있죠.

 그렇다면 어떻게 이 문제를 해결할 수 있을까요? 가장 기본적인 방법은 지금 당장 가장 중요한 프로젝트, 즉 내게 '가장 큰 우선순위'를 가진 프로젝트를 딱 하나 선정해서 전념하는 것입니다. 예컨대 학기 말 발표를 앞둔 논문이 있다면 그 논문 작업을 하루 일정에서 '첫 번째'이자 '가장 긴 시간'에 배치합니다. 그리고 이 시간에는 다른 일을 최대한 배제합니다. 휴대폰 알림을 꺼두거나 연구실 동료들에게 이 시간에는 말을 걸지 말아달라고 부탁하는 식으로 장애물을 없애야 합니다. 이런 식으로 몰입하면 단시간에도 훨씬 깊이 있는 결과물을 얻을 수 있습니다.

 그렇다고 해서 다른 프로젝트를 완전히 방치하라는 뜻은 아닙니다. 여기서 저는 켈러의 아이디어를 살짝 변형한 '1+1 프로젝트' 방식을 제안합니다. 지금 집중해야 할 프로젝트 하나에 전체 시간의 80%를 할애하고 나머지 20%의 시간을 그다음으로 중요한 프로젝트에 미리 선행 투자하는 것입니다. 예를 들어 주 5일 중 4일은 주력 프로젝트에 집중하고 하루는 차기 프로젝트를 위한 자료 조사, 샘플 주문, 실험 장비 예약 같은 사전 준비에 활용할 수 있습니다. 이렇게 하면 주력 프로젝트에 집중하면서도 미래의 프로젝트가 막 시작될 때 허둥지둥하지 않고 부드럽게 이어갈 수 있습니다.

이 방식의 장점은 장기적으로도 일이 훨씬 체계적으로 굴러간다는 점입니다. 불확실한 미래의 연구나 과제를 전혀 손대지 않은 채로 두면 그 압박감 때문에 지금 하는 프로젝트마저 흔들릴 수 있거든요. 반면 1+1 구조를 취하면 현재 프로젝트는 온 힘을 다해 몰입하되 다음 프로젝트에 대한 최소한의 준비와 안심장치가 마련되므로 마음 한편이 편안해집니다. 이런 심리적 안정감 덕분에 오히려 주력 프로젝트의 효율이 올라가기도 합니다.

저는 하루 업무를 지메일과 구글 태스크로 시작합니다. 대부분의 연구와 사업 관련 업무 연락은 지메일로 들어옵니다. 매일 받은 편지함에 들어온 수백 건의 이메일을 훑어보고 빠르게 분류합니다. 내가 중요하게 처리해야 하는 것들, 다른 사람에게 위임할 수 있는 것들, 며칠 후에 다시 보고 처리하면 되는 것들, 그냥 확인하고 다른 메일함으로 정리하는 것들로 메일함을 정리합니다. 그런 뒤 구글 태스크의 4개 분리 항목에 내가 해야 하는 일들을 정리합니다. 다음 네 개의 그룹으로 분류합니다.

- A그룹: 최우선으로 중요하고 급한 업무. 여기에는 딱 두 개 1+1 목록만 관리합니다. 하나를 처리하고 나서 다른 하나를 추가합니다.
- B그룹: 중요하나 급하지 않은 업무. 전략적으로 고민할 문제들입니다. 시간을 두고 고민하면서 우선순위를 A그룹으로 올

리거나 아래 C그룹으로 내립니다.
- C그룹: 중요하지 않으나 급한 업무. 기본적으로 동료에게 위임하는 목록입니다. 위임 후 마감 기한을 표기해서 다시 상기할 수 있게 처리합니다.
- D그룹: 중요하지 않고 급하지 않은 업무. 시간이 날 때 몰아서 처리하는 사소한 목록입니다.

한 가지에 집중했을 때 얻을 수 있는 또 다른 이점은 '깊이 있는 통찰'입니다. 동시에 여러 실험을 돌리면 데이터가 제대로 들어오는지 확인하기 어렵습니다. 또 다른 업무에 발목이 잡혀서 중요한 아이디어를 놓칠 수도 있죠. 반면 한 프로젝트에 몰입해 있으면 미묘한 결과 변화나 숨겨진 문제점을 발견하기가 훨씬 쉬워집니다. 그만큼 논문에서 더 탄탄한 결론을 끌어내고 학계에서 경쟁력 있는 발표를 할 가능성이 커지죠.

마지막으로 대학원 생활은 단거리 경주가 아니라 마라톤이라는 점을 잊지 마세요. 진정한 집중은 단순히 좀 더 빨리 끝내는 차원이 아니라 '몸과 마음이 지치지 않게 균형을 유지하며 오래 달리는 방법'이기도 합니다. 일주일 내내 여러 가지 프로젝트로 정신없이 뛰어다니다 보면 쉽게 번아웃이 옵니다. 대신 가장 중요한 프로젝트에 일차적으로 몰입하되 남은 시간과 에너지를 조금씩 다음 단계 준비에 투자하는 1+1 방식을 시도해보세요. 『원씽 The One Thing』이 전하는 핵심 메시지처럼 단 하나의 중요한 일에 온 힘을 쏟는다면 결국 탁월한 성과를 내고 대학원 생활을 건강하게 보낼 수 있을 것입니다.

8
남과 비교하지 않고 어제의 나보다만 잘하면 된다

연구 생활이든 어떤 목표든 우리는 그것을 이루기 위해 정말 열심히 달립니다. 그런데 문제는 과정이 길고 힘들다는 것입니다. 며칠, 몇 주 만에 끝나는 일이 아니고 몇 달, 몇 년이 걸릴 수도 있습니다. 이런 시간을 버텨내려면 무엇보다 남과 비교하는 습관을 버릴 필요가 있습니다.

대학원 생활을 하다 보면 주변 사람들의 성과와 능력에 자연스레 눈길이 갈 때가 많습니다. 비슷한 시기에 입학한 동기가 벌써 논문을 게재했다거나 다른 연구실의 누군가가 대형 학술대회에서 상을 받았다는 이야기를 듣게 됩니다. 그러면 '나는 왜 이만큼밖에 못했지?'라는 생각에 마음 한구석이 답답해지곤 하죠. 그러나 잊지 말아야 할 사실이 있습니다. '남과 비교'하는 습관은 자신의 영혼과 열정을 조금씩 갉아먹는다는 것입니다. 학계와 연구의 길은 길고도 험난합니다. 그러기에 다른 사람의 속도와 이정표만 바라보다 보면 어느샌가 스스로 지치게 됩니다.

대학원에서 치열한 경쟁을 느끼는 것은 자연스럽습니다. 그러나 그 경쟁을 자신을 깎아내리는 방향으로 사용해선 안 됩니다. '어제의 나보다 오늘 조금 더 배우고 조금 더 노력했으면 그것으로 충분하다.'라는 마인드로 전환해보세요. 어제 실험에서 실패했던 부분을 오늘은 어떻게 고쳐볼지, 어제 이해하지 못한 논문의 개념을 오늘은 조금 더 정리할 수 있는지 한걸음씩 나아가며 '나만의 성장'에 집중하는 것입니다. 타인과의 비교는 분명 일정 부분 동기를 부여할 수도 있습니다. 하지만 그 비교가 부러움이나 질투로 변질되면 오히려 스스로 위축되고 마음속의 열정이 약화됩니다. 길게 보면 그런 심리적 부담은 연구 활동에도 부정적인 영향을 미치게 마련이죠.

그렇다면 어떻게 남과 비교하는 습관에서 벗어날 수 있을까요? 가장 중요한 것은 자신이 진정 이루고 싶은 장기 목표와 가치를 명확히 세우는 것입니다. 예를 들어 '나는 10년 후 이 분야에서 가장 혁신적인 연구자가 되고 싶다.' 혹은 '나는 이 질환을 치료하는 방법을 개발하고 싶다.' 같은 어떤 가치를 추구하는 목표를 설정하세요. 그다음에는 그 목표 달성을 위해 필요한 역량과 과정(읽어야 할 논문 목록, 실험 설계, 데이터 분석 능력 등)을 단계적으로 정리해보는 것입니다. 이때 중요한 것은 남이 어떤 성과를 냈는지와 상관없이 자신의 페이스에 맞춰 꾸준히 전진한다는 점입니다.

물론 이런 태도를 유지하는 것이 말처럼 쉬운 일은 아닙니다. 우리가 살고 있는 사회가 끊임없이 비교와 경쟁을 부추기고 다른 사람의 결과물, 수상 실적, 취업 성과 등을 화려하게 부각하니까요. 게다가 대학원이라는 환경 역시 연구 성과와 속도를 평가받는 곳입니다. 이런 환경 속에서 기죽지 않으려면 긴 호흡으로 자신의 성장 과정을 지켜보는 습관이 필요합니다. 예를 들어 6개월 전의 자신과 지금의 자신을 비교해보세요. 논문을 읽는 속도와 이해도, 실험 설계 능력, 통계 분석 프로그램을 다루는 숙련도 등에서 확연한 차이를 발견할 수 있을 것입니다.

'사람은 하루에 할 수 있는 일을 과대평가하고 1년에 할 수 있는 일을 과소평가한다.'라는 말이 있습니다. 하루를 마치고 보면 뭔가 엄청 열심히 달렸는데 실제 눈에 띄는 결과가 없어 실망하기 쉽습니다. 그럴 때 남들과 비교하기 시작하면 좌절감이 더 커지죠. 하지만 1년 혹은 몇 달 뒤를 돌아보면 우리가 이룬 게 생각보다 많을 것입니다. 작은 것들이 꾸준히 쌓여 결실을 맺기 때문입니다.

오늘 당장 눈에 띄는 성과가 없다고 해도 시간이 지나 돌아보면 분명히 늘고 달라진 부분이 있습니다. 이런 작은 변화를 주기적으로 확인하고 스스로 '아, 그래도 조금씩 성장하고 있구나.'라고 느낄 수 있어야 흔들리지 않고 나아갈 수 있습니다.

마라톤 주자들은 페이스 조절을 위해 일정 구간마다 스스로 상태를 점검합니다. 대학원생도 마찬가지입니다. 학기마다 혹은 연구 단계마다 자신이 목표한 바를 얼마나 달성했고 어떤 부분에서 미흡했고 무엇을 더 배우면 좋을지 돌아보는 시간을 가져보세요. 이때 주변인의 화려한 성과 보고가 보일 수 있지만 그들의 '결과'만 보고 내 '과정'을 과소평가하지 않았으면 합니다. 각자 연구 주제, 환경, 시작점이 다르기에 단순 비교는 오히려 의미가 없고 내게 해가 될 뿐입니다.

마지막으로 '조금씩 더 배우고 노력하는 태도'와 '긴 호흡으로 자신을 바라보는 자세'를 유지하기 위해서는 자신에게 쉼과 보상을 줄 필요가 있습니다. 한 주, 한 달, 한 학기가 끝날 때마다 '이번 기간에 내게 중요한 성과나 성장은 무엇이었나?'를 정리해보고 작은 성취라도 스스로를 칭찬해주면 어떨까요? 누군가는 대단치 않게 여길 수도 있지만 당신에게는 소중한 발걸음입니다. 이처럼 남과의 비교를 멈추고 어제보다 조금 더 나아진 나를 기쁨으로 바라보세요. 그러면 대학원이라는 긴 여정을 훨씬 건강하고 의미 있게 걸어갈 수 있을 것입니다.

9
스트레스 관리
: 운동해야 하는 이유

'운동해라!'

제가 운영하는 연구실에 새로 들어오는 대학원생들에게 가장 먼저 하는 조언입니다. 그중에서도 근육을 격하게 쓰는 PT 같은 고강도 운동을 매일 하라고 권합니다.

왜 운동을 강조할까요? 대학원 생활, 특히 지즈 활동과 창의적 업무를 하는 사람들은 머리 쓰는 일이 많아 스트레스를 쉽게 받습니다. 이 스트레스는 몸을 통해 풀 때 효과가 좋습니다.

스트레스 호르몬과 근육 운동

로버트 새폴스키의 저서『스트레스: 당신을 병들게 하는 스트레스의 모든 것』에 소개된 사례입니다.[10] 아프리카 초원의 얼룩말을 상상해봅시다. 얼룩말이 가장 큰 스트레스를 받을 때는 사자를 마주했을 때겠죠. 이때 얼룩말의 뇌(시상하부)는 엄청난 양의 스트레스 호르몬(아드레날린과 코르티솔 등)을 분비합니다. 이렇게 몸이 비상사태에 돌입하면 얼룩말은 즉시 '도망갈지 아니면 싸울지' 결정해야 합니다. 만약 도망가야 한다면 이 스트레스 호르몬이 근육 효율을 높여 더 강력하게 달릴 수 있도록 돕습니다. 그런데 이렇게 달리면 얼룩말의 스트레스 호르몬은 자연스럽게 떨어져 정상 상태로 돌아갑니다. 이게 일반적인 포유류에서 스트레스가 생기고 사라지는 대표적인 메커니즘이죠.

그렇다면 현대를 사는 우리, 특히 연구자는 언제 가장 큰 스트레스를 받을까요? 연구에 따르면 내가 처리할 수 있는 능력보다 더 많은 일을 해야 할 때 스트레스 호르몬이 가장 많이 분비된다고 합니다. 예를 들어 내일 아침 시험인데 공부를 다 못했다면? 당연히 스트레스를 받겠죠. 이때 분비된 스트레스 호르몬은 원래 긴급 상황에서 근육을 강화하기 위해 생긴 것이니 가만히 누워 있으면 쉽게 해소가 안 됩니다. 밤에 잠이 잘 안 오거나 뒤척이는 이유가 바로 그것입니다. 이 상태가 반복되면 고혈압이나 고지혈증 같은 대사질환 문제나 업무 효율 저하로 이어질 수 있죠.

그래서 많은 스트레스 전문 의사들이 얼룩말처럼 뛰라고 합니다. 즉 근육을 써서 스트레스 호르몬을 소진하라고 조언합니다. 저도 매일 일을 끝내고 한 시간에서 한 시간 반 정도 운동을 합니다. 몸을 만들기보다는 스트레스를 관리하고 일을 더 잘하기 위해서죠. 운동 후 샤워를 하고 나면 머릿속 복잡한 생각을 잊고 깊이 잠들 수 있습니다. 덕분에 다음 날은 맑은 정신으로 연구를 시작할 수 있죠. 이렇게 매일 스트레스 호르몬을 소모하면서 하루를 마무리하고 새 하루를 맞이하는 것이 중요합니다.

운동과 뇌과학

캐나다 맥마스터대학교의 신경과학자 제니퍼 헤이스의 저서 『운동의 뇌과학』은 운동이 우리 두뇌 건강, 인지 기능, 그리고 심리적 안녕에 얼마나 중요한 역할을 하는지 과학적으로 설명합니다. 헤이스 박사는 다양한 실험과 연구 결과를 제시하며 규칙적인 운동이 스트레스를 완화하고 뇌의 구조적·기능적 변화를 끌어낼 수 있다고 주장합니다. 예컨대 운동은 해마 부위의 신경 생성을 촉진하고 뇌유래신경성장인자 분비를 늘려 인지력과 기억력 향상에 기여합니다. 연구와 학업에서 요구되는 창의적 사고, 문제해결력, 그리고 집중력 강화에 직접적으로 도움이 됩니다.

또한 헤이스 박사는 운동이 도파민이나 세로토닌 같은 신경전달물질의 균형을 맞춰 기분을 좋게 만든다고 지적합니다. 이는 스스로 마감 압박을 느끼거나 할 일이 너무 많다고 생각하거나 혹은 연구실 내 치열한 경쟁 속에서 자칫 무기력함에 빠질 수 있는 대학원생에게 큰 위안이 됩니다. 스트레스 상황에서 분비된 호르몬을 가만히 앉아 흡수하기보다는 몸을 움직여 소진하고 균형을 되찾는 것이 훨씬 효과적이라는 점은 로버트 새폴스키의 사례와도 일맥상통합니다.

실제로 운동 직후에는 약간의 피로감을 느낄 수 있는데 그 덕분에 수면의 질이 높아집니다. 헤이스 박사는 충분한 휴식과 적절한 운동이 시너지를 이루어 뇌가 다음 날 또 다른 스트레스에 대응할 준비를 갖추게 된다고 강조합니다. 특히 고강도의 근육 운동은 심폐 기능을 개선하고 대사 기능을 촉진하여 장기적으로 연구 활동을 지속할 수 있는 체력을 만들어줍니다. 매일 반복되는 실험 실패나 논문 거절로 지친 상태에서는 몸과 뇌가 더욱 소모되기 쉽습니다. 운동을 하면 이런 상태에서 자연스럽게 회복되는 것이죠.

결국 단순히 몸매를 가꾸기 위한 목적이 아니라 뇌를 건강하게 유지하고 스트레스를 효과적으로 다스리는 수단으로 운동을 적극

권장합니다. 헤이스 박사가 제시하는 과학적 근거를 바탕으로 보면 머리를 쓰는 작업에 몰입하는 사람일수록 오히려 더 많이 더 규칙적으로 운동해야 한다는 결론에 도달합니다. 오늘부터라도 나만의 운동 루틴을 짜보세요. 스트레스 호르몬을 적절히 소모하고 뇌를 건강하게 만들어주는 습관은 결국 연구와 학업 성과 향상에도 큰 밑거름이 될 것입니다.

아침이든 저녁이든 운동을 언제 하느냐는 개인 성향에 달렸습니다. 중요한 건 연구(혹은 업무)를 잘하고 싶으면 스트레스 관리를 잘해야 하므로 근육 운동을 통해 스트레스 호르몬을 소진하는 것입니다.

여러분도 지금부터 운동을 습관으로 만들어보세요. 하다 보면 스트레스를 훨씬 효과적으로 다룰 수 있고 그만큼 더 건강하게, 더 오래, 그리고 더 효율적으로 연구와 일을 지속할 수 있을 것입니다.

10
내 연구를 진심으로 사랑한다

논문을 잘 쓰려면 멋진 논문을 쓰고 싶다는 욕심부터 가지세요. 이 욕심은 남의 것을 빼앗겠다는 부정적인 의미가 아니라 '내 논문을 최고의 명작으로 만들고 싶다.'라는 긍정적인 열망을 말해요. 이런 마음가짐이 노력의 방향과 강도를 결정하고 결과적으로 여러분의 실력을 탄탄하게 만들어줍니다.

감동을 주려면 먼저 감동을 받아본 경험이 필요합니다. 여러분의 연구 분야에서 여러 논문을 읽다 보면 '어떻게 이런 실험을 생각했지?' '이 논리 전개는 완벽한데?'라고 감탄할 만한 논문을 만날 때가 있어요. 바로 그 순간의 감동을 동력 삼아 '나도 이런 멋진 논문을 쓰고 싶다!'라는 열망을 키워보세요. 진짜 감동을 받아본 사람이야말로 다른 사람에게 감동을 줄 수 있는 논문을 쓸 수 있습니다.

'대가'의 공통점은 자신이 하는 연구를 진심으로 사랑한다는 것입니다. 이들은 아침에 눈 뜨자마자 기쁜 마음으로 연구실에 뛰어가고 밤에도 '어떻게 더 발전시킬 수 있을까?'를 고민하며 설렙니다. 이렇듯 열정적으로 몰입할 수 있는 주제를 찾는 것이 정말 중요해요. 자기가 좋아하고 재미를 느껴야 '더 잘하고 싶은데 어떤 방법이 있을까?'라는 생각이 자연스럽게 나오고 그에 따른 자료 조사와 방법 개선이 뒤따르게 됩니다.

결국 좋아하는 마음이 '잘하고 싶은' 의지를 만들어냅니다. 그리고 그 의지가 구체적인 행동(자료 찾기, 실험 설계, 방법 개선 등)으로 이어지면 비로소 훌륭한 논문이 탄생하는 것입니다. 다음의 세 가지가 어우러질 때 여러분이 쓰는 논문이 누군가에게 깊은 울림을 전하는 멋진 작품이 될 것입니다. 첫째, 자신이 현재 수행하는 연구를 사랑하세요. 둘째, 좋은 논문을 읽고 감동을 받고 '나도 이렇게 감동을 주고 싶다.'라는 열망을 느껴보세요. 셋째, 그 열망을 실현하기 위해 끊임없이 개선하고 최선을 다하세요.

2장
연구자들이 하는 10가지 실수
: 누구나 빠지기 쉬운 함정을 방지하는 실마리

학술 논문은 연구자가 축적한 지식과 발견을 체계적으로 기록하여 학계와 사회 전반에 공유하는 중요한 매개체입니다. 그러나 논문을 작성하는 과정에서 크고 작은 오류나 주의 부족으로 연구 내용의 가치를 온전히 드러내지 못하거나 독자에게 혼동을 주는 실수들이 흔히 발생합니다.

이번 장에서는 연구자가 흔히 저지르는 실수 10가지를 구체적으로 살펴보고 방지하고 개선하기 위한 실질적인 방법들을 제시하려고 합니다. 연구자와 독자 모두 서로의 전문성을 더욱 효과적으로 교류하여 학문 발전에 이바지할 수 있기를 기대합니다.

1
"인과관계인가 상관관계인가"
: 원인과 결과 혼동하지 않는다

연구에서 두 변수 간에 통계적으로 유의미한 관계가 발견되었다고 해서 곧바로 '원인과 결과'로 단정 짓는 것은 섣부른 결론일 수 있습니다. 예를 들어 '아침밥을 먹는 학생들이 성적이 높다.'라는 결과가 나왔다고 합시다. 정말로 아침밥 자체가 성적에 직접적인 영향을 미치는 것인지(인과관계), 아니면 아침밥을 규칙적으로 먹는 학생들이 전반적으로 생활 습관이 건전하고 공부에 더 많은 시간을 투자하기 때문에 성적이 높은 것인지(상관관계)를 구분해야 합니다.

통계 관련 자료에서 자주 인용되는 예로 유럽에 오래전부터 전해 내려오는 '황새와 신생아 수' 이야기가 있습니다. '황새가 많은 마을일수록 아이가 많이 태어난다.'라는 것인데요. 1988년 독일 의사 헬모트 지스가 실제로 황새 개체 수와 신생아 수 간에 상관관계가 존재함을 밝혀냈습니다.[11] 서독에서 황새 개체 수와 지역 출생률 사이에 상관관계가 보고되어 황새가 아기를 물어온다는 옛 동화가 진짜라는 농담 섞인 오해가 생기기도 했습니다.

하지만 실제 이유는 다른 데 있었습니다. 인프라가 발전하고 건물 신축이 활발하게 이루어지는 지역은 경제적·사회적 여건이 좋아져 출생률이 높아지는 경향이 있습니다. 동시에 개발이 잘 이루어지면 황새가 둥지를 틀기 좋은 구조물과 먹이가 늘어나 개체 수가 증가합니다. 두 가지 요인 모두 '지역 경제와 환경적 조건'이라는 공통 요소에 영향을 받는 것이므로 황새가 출산을 유발하는 원인이 될 수는 없습니다.[12]

1980년대 초 미국의 한 의학 학술지에는 '커피와 췌장암 발병률 사이에 상관관계가 있다.'라는 연구 결과가 게재된 적이 있습니다.[13] 미국 하버드대학교 조지 나르디 교수 연구진은 미국 11개 병원에 입원한 췌장암 환자들과 다른 질병으로 입원한 환자들을 비교한 연구를 수행했습니다. 연구진은 췌장암 환자들이 음주, 흡연, 커피, 홍차 등을 어느 정도 섭취하는지를 조사하여 다른 환자군과 비교했습니다. 그 결과 커피 섭취량이 많을수록 췌장암 발병률이 높아진다는 통계를 근거로 '커피를 마시면 췌장암 위험이 증가한다.'라고 결론지었습니다.

그러나 뒤이어 다른 연구자들이 이 실험집단 내에 흡연자가 평균 이상으로 많이 포함되어 있었다는 사실을 밝혀냈습니다. 이는 당시 커피협회에서 지적했던 '실험집단이 일반적 집단과 다르다.'라는 주장과 같은 맥락이었습니다. 이후 후속 연구를 통해 췌장암 발병률 증가의 주요 요인은 흡연이었음이 드러나 커피가 췌장암을 일으킨다는 오명에서 벗어날 수 있었습니다.

이처럼 인과관계와 상관관계를 구분하는 것은 논의 부분에서 특히 중요합니다. 통계적 유의성을 곧장 인과관계로 혼동하면 잘못된 정책 제안이나 오해가 생길 수 있습니다. 예컨대 아침밥을 먹으면 누구나 성적이 오른다고 해석해버리면 실제 교육 현장에서 '아침 식사 의무화 정책' 같은 무리한 제도가 추진될 수 있어 제도적 혼선을 가져올 위험이 있습니다. 따라서 논문을 작성할 때는 '이 관계가 과연 원인과 결과가 맞는지, 다른 변수들이 충분히 통제되었는지, 실험 설계에서 적절한 검증 절차를 거쳤는지' 등을 꼼꼼히 밝혀야 합니다.

연구 결과를 제시할 때, 특히 통계 분석 과정에서는 인과관계인지 상관관계인지를 명확하게 해석해야 합니다. 이 과정을 소홀히 하면 후속 연구나 실제 적용 단계에서 심각한 혼란이 생길 수 있음을 언제나 유념하세요.

2
"내가 얼마나 똑똑한지 보여주마"
: 쉬운 내용을 복잡하게 설명한다

연구자는 종종 어려운 개념이나 전문 용어를 통해 학술적 역량을 부각하고자 하는 유혹을 받습니다. 똑똑해 보이고 싶은 본능이죠. 비교적 간단한 원리를 설명할 때도 장황한 문장이나 복잡한 수식을 사용해 '어려운 연구'라는 인상을 주고 싶어 하기도 합니다. 그러나 복잡한 설명 때문에 독자가 논문의 핵심 아이디어에 접근하기 어려워져 중도에 글 읽기를 포기하게 되는 역효과가 날 수도 있습니다.

가령 일반인들을 대상으로 한 글을 쓸 때 '실험 결과 A군과 B군 사이의 차이가 통계적으로 유의미하게 나타났다.'라는 간단한 결론을 '본 연구에서 제시하는 이론적 모델과 복합 매개변수의 상호작용을 검증한 결과 A군과 B군 간에는 유의 수준 5% 이하에서 통계적으로 유의한 차이가 관찰되어 가설이 부분적으로 지지된다.'와 같이 지나치게 상세한 표현으로 늘어놓는 경우가 있습니다. 전문가라면 의도를 파악할 수 있지만 해당 주제에 익숙하지 않은 독자에게는 핵심 메시지가 오히려 묻혀버립니다.

독자의 가독성을 높이려면 항상 독자 입장에서 고민해야 합니다. 글을 쓰기 전 '논문 주 독자층은 누구이고 어느 정도의 배경지식을 가질 것으로 예상되는가?'를 먼저 고민해야 합니다. 글을 한 줄 한 줄 쓰면서 '여기까지 설명하면 이 부분까지는 이해했겠지?' '그다음에는 저런 부분을 궁금해하겠지?' 이렇게 계속 스스로 질문해가면서 독자 입장에서 생각해야 합니다. 그리고 그 수준에 맞춰 개념과 용어를 선택하고 설명 범위를 조정하는 것이 좋습니다. 예시나 도식 등 시각적 자료를 활용해 개념을 간단히 보여주는 방법도 독자의 이해도를 높일 수 있습니다.

또한 부득이하게 복잡한 공식을 모두 제시해야 하는 상황이라면 먼저 핵심 아이디어를 짧고 명료하게 요약합니다 그런 다음 구체적인 수식이나 추가 자료는 뒤에서 차근차근 설명하거나 부록으로 분리해 제시할 수도 있습니다. 그렇게 하면 독자가 본론에서 혼선 없이 연구의 주장을 파악할 수 있고 세부 내용을 더 알고 싶을 때 단 부록을 참고하게 됩니다.

결국 중요한 것은 독자가 연구자의 논리를 처음부터 끝까지 무리 없이 따라올 수 있도록 글을 명료하고 간결하게 구성하는 일입니다. '어렵게 쓰면 똑똑해 보일 것'이라는 유혹을 경계하고 내용 이해의 장벽을 낮추는 것이 학술적 설득력을 높이는 지름길임을 기억해야 합니다. 여러분이 좋은 연구를 우선하고 남들이 쉽게 이해하고 따라 하게 도와주어야 여러분의 연구가 더 큰 파급력을 가집니다. 명심하세요. 똑똑함은 나를 위해 쓰는 지능이고 배려는 상대를 위해 쓰는 지능입니다.

3
"내가 얼마나 고생했는지 보여주마"
: 논문 흐름과 무관한 데이터를 나열한다

    연구 과정에서 귀중한 데이터를 직접 수집하거나 실험 환경을 구축하기까지의 노고는 연구자에게 큰 자부심이 됩니다. 그러나 이러한 성취를 강조하고자 본문에 과도하게 세부 사항을 늘어놓으면 오히려 독자가 논문의 주제와 목표를 파악하기 어려워집니다. 그 결과 핵심 메시지마저 희석되면서 논문의 설득력이 크게 떨어질 수 있습니다.

    가령 1년 넘게 관찰하여 확보한 수십 가지 환경 변수를 일일이 그래프로 제시하거나 장비 설치와 시행착오 과정을 모두 본문에 기록하는 경우가 있습니다. 이렇게 서술하면 연구자가 얼마나 많은 수고를 들였는지는 분명히 드러납니다. 하지만 정작 독자는 '이 연구가 왜 진행되었고 결과가 어떤 의미를 갖는가?'라는 근본적 질문에 집중하기가 어려워집니다.

    물론 재현성을 높이기 위해서는 실험 절차를 세세히 기술하는 것도 중요합니다. 본문 안에 방대한 데이터나 과도한 절차를 그대로 나열할 수도 있습니다. 그러나 그보다는 핵심 정보만 간략히 정리하고 필요한 추가 자료와 세부 데이터는 부록이나 온라인 자료 형태로 별도로 제공하는 편이 훨씬 효율적입니다. 이렇게 하면 본문이 깔끔하고 논리적인 흐름을 유지할 수 있고 독자가 필요한 경우에만 부록이나 자료실을 확인하면 되므로 이해도가 훨씬 높아집니다.

　대학원생을 지도하면 자주 발생하는 일입니다. 열심히 고생해서 수많은 실험을 한 결과들을 논문에서 다 보여주고 싶은 마음에 온갖 결과들을 다 넣은 그림과 본문을 초안으로 작성해서 저를 찾아옵니다. 그러면 제가 이렇게 묻습니다. "그림 5에서 하고자 하는 이야기는 무엇인가요?" "그런데 왜 이런저런 결과들을 다 보여주어야 하나요?" 그러면 명확하게 답변하지 못합니다. 논문의 논리적인 흐름을 위해서 이 부분을 삭제하거나 부록으로 옮기자고 하면 서운한 표정이 역력합니다. 본인이 고생한 것이 아무것도 아닌 일이 될까 봐 아쉬운 마음이 드는 것은 이해합니다. 하지만 그렇게 하지 않으면 논문의 핵심 내용이 제대로 독자에게 전달되지 않습니다. 결국 본인의 고생이 아무것도 아닌 일이 될 수 있다는 것을 생각해야 합니다.

　논문을 집필할 때는 '어떤 정보를 본문에 두어야 독자가 연구의 목적과 주요 발견을 빠르게 이해할 수 있을까?'를 먼저 고민해야 합니다. 연구 과정에서 겪은 어려움과 노고는 연구자의 노력과 열정을 보여주는 소중한 자산입니다. 그럼에도 이를 본문에 무분별하게 늘어놓는 것이 학술적 설득력을 높이는 데 반드시 도움이 되지는 않는다는 점을 기억하기 바랍니다.

4
"설명 안 해도 알겠지?"
: 독자의 배경지식과 이해를 고려하지 않는다

　오랫동안 특정 전공 분야에서 연구해온 분이라면 자신이 일상적으로 사용하는 개념을 누구나 알 것이라고 착각하기 쉽습니다. 하지만 학술지 독자층은 매우 광범위하며 설령 같은 분야의 연구자라도 세부 전공이나 관심 분야에 따라 핵심 용어와 맥락에 대한 이해도가 크게 달라질 수 있습니다.

　생명과학에서 자주 쓰는 약어가 물리학 전공자에게는 생소할 수 있습니다. 사회과학에서 널리 통용되는 이론이 정보통신 분야 연구자에게는 낯설 수 있습니다. 또한 해외 학술지에 투고하는 경우 한국에서 흔히 쓰는 표현이나 문화적 배경을 전혀 이해하지 못하는 독자도 있다는 점을 인지해야 합니다. 따라서 논문에서 중요한 용어를 처음 사용할 때는 반드시 정의를 명확히 제시하고 필요한 경우 간단한 배경 설명을 덧붙이면 독자의 이해에 큰 도움이 됩니다.

　예를 들어 그림 3에 여러 개의 소그림이 있는 경우를 생각해봅시다. '본문에서 그림 3A, 3B, 3C까지는 차근차근 잘 설명했는데

그림 3D까지 굳이 설명해야 해?'라는 생각이 들 때가 있습니다. 하지만 모두 빠짐없이 차근차근 설명해야 합니다.

'이건 너무 기초적인 개념이니 굳이 설명하지 않아도 되겠지?'라는 태도보다는 오히려 '개방적이고 친절한' 서술 방식을 택하시는 편이 좋습니다. 그렇게 함으로써 해당 주제를 처음 접하는 독자층도 무리 없이 논문 내용을 이해하게 된다면 결과적으로 더 많은 독자가 연구를 인용하고 응용하게 되어 학문적 파급 효과도 훨씬 높아집니다. 결국 독자의 배경지식을 고려한 친절한 설명이 연구 가치와 설득력을 극대화하는 열쇠라는 점을 기억해야 합니다.

5
"대충 설명해도 알아듣겠지?"
: 논리적 연결과 체계적 구성을 무시한다

    학술 논문은 일반적으로 '서론-연구 방법-연구 결과-논의-결론'과 같은 전형적인 구조를 가지고 있습니다. 이러한 구조를 자연스럽고 일관된 흐름으로 전개하는 것이 논문 작성의 핵심입니다. 그런데 일부 연구자들은 '전문 심사위원과 독자들이 알아서 따라올 것'이라 가정한 채 문단 간 연결을 소홀히 하기도 합니다. 그러면 동일한 정보를 여러 번 반복하거나 연구의 주요 내용을 놓치게 될 수 있습니다.

    예컨대 결과 섹션에서 이미 언급했던 연구 방법을 다시 장황하게 설명하거나 논의 섹션에서 새로운 개념이 예고 없이 불쑥 등장하는 경우가 있습니다. 이러면 독자는 '왜 여기서 이 내용이 다시 나오지?' '이 새로운 용어는 갑자기 뭔가?'라는 당혹감을 느끼게 되고 논문의 신뢰가 떨어질 수 있습니다.

    이를 방지하려면 한 단락을 쓸 때마다 '이 단락이 이전 단락과 어떻게 연결되는지, 다음 단락으로 어떤 내용을 예고할 것인지'를 꼼꼼히 점검해야 합니다. 실제로 논문을 여러 차례 반복해서 읽어보며 독자가 논리적으로 글을 따라가기에 무리가 없는지 확인하는 습관을 들이면 좋습니다. 각 파트 시작 부분에 '앞서 제시한 결과에 근거하여……' 같은 짧은 연결 문장을 삽입할 수도 있습니다. 또한 새로운 개념이나 용어가 등장하기 전에 미리 정의를 배치하는 방식으로 흐름을 정돈할 수 있습니다.

이러한 과정을 충분히 거쳐야 논문의 구조가 탄탄해지고 자연스러운 흐름 속에서 연구의 가치와 의미가 더욱 돋보이게 됩니다. 독자에게 '잘 조직된 글'이라는 인상을 심어주는 것은 결국 해당 연구의 설득력을 높이는 가장 효율적인 방법이라는 점을 기억하기 바랍니다.

6
"내가 하고 싶은 이야기만 한다"
: 연구자만의 관심사에 치중한다

어떤 연구 주제든 연구자가 개인적으로 가장 흥미로운 부분이나 유독 오랜 시간을 들여 탐구한 세부 이슈가 있게 마련입니다. 그러나 논문의 결론이나 논의 섹션에서 이를 과도하게 부각하다 보면 정작 독자가 진짜 알고 싶어 하는 핵심 결론, 적용 가능성, 후속 연구 방향 등은 충분히 다루지 못하고 간략하게 스치듯 언급하는 데 그칠 수 있습니다.

성능이 뛰어난 새로운 분석 기법을 개발하고도 결론에서 그 기법의 실제 산업 분야나 임상 분야에서의 활용 가능성이나 학문적 파급 효과에 대한 논의는 짧게 처리한 채 오히려 실험 과정에서 겪은 장비 오작동이나 예기치 못한 시행착오 등 개인적으로 스트레스를 받았던 부분만 강조해서 지나치게 많은 지면을 할애하는 사례가 흔합니다. 이렇게 되면 독자는 '이 연구가 정말 중요한가?' '이 기법을 어디에 적용할 수 있지?' '다른 연구자들은 이를 어떻게 활용할 수 있을까?'와 같은 궁금증에 대한 답을 끝내 얻지 못한 채 글을 다 읽게 됩니다.

  논문에서는 중요한 내용을 먼저 그리고 비중 있게 다뤄야 합니다. 결론 섹션에서는 '나는 이 연구에서 무엇을 발견했다. 이것이 학문적·실용적으로 어떤 의의를 지니며 앞으로 어떻게 확장될 수 있는가?'를 명확하게 정리해야 합니다. 물론 중간중간에 흥미로운 결과나 기술적 난관을 간단히 언급하여 독자에게 부수적인 정보를 제공할 수도 있습니다. 그러나 이것이 논문의 흐름을 압도하거나 핵심 메시지를 가리는 식으로 전개되어서는 안 됩니다.

  결국 논문 집필의 목적은 독자에게 연구의 가치를 효과적으로 전달하는 것입니다. 내가 하고 싶은 이야기를 하면 안 됩니다. 상대방이 듣고 싶은 이야기를 해야 합니다. 내가 재미있다고 군대 축구 이야기를 여자 친구에게 한참 동안 하면 안 되는 것처럼요.

7
"내 연구는 완벽하다"
: 연구의 한계를 솔직히 인정하지 않는다

어떤 연구라도 표본 크기, 시간과 자금의 제약, 실험 설계상의 불완전성 등으로 완벽할 수가 없습니다. 그럼에도 일부 연구자들은 한계를 구체적으로 드러내면 연구 자체가 미흡해 보일까 두려워 결론에서 이를 언급하지 않습니다. 그저 '후속 연구가 필요합니다.'라는 모호한 문장만 달아놓습니다.

하지만 완벽한 제품이 없듯이 완벽한 연구 결과도 없는 법입니다. 연구가 지닌 강점과 약점을 제대로 파악하고 그 약점을 솔직히 드러내는 태도야말로 학술적 신뢰도를 높이는 지름길입니다. 모든 연구에는 강점과 약점이 있다는 것을 받아들이고 솔직하게 약점을 먼저 밝히기 바랍니다. '상대방은 나보다 똑똑하다. 그래서 진심만 통한다.'라는 태도로 임하세요. 결국 독자는 또 세상은 여러분의 연구의 강점과 약점을 다 알게 됩니다.

예컨대 표본이 특정 국가나 특정 소수 집단에 국한된 연구라면 그로 인한 문화적·사회적 특수성을 명시하고 해외 환경에서 재현성을 검증할 필요가 있음을 분명히 밝혀야 합니다. 그렇게 하면 독자는 '이 연구자는 균형 잡힌 시각을 갖추었구나.'라고 신뢰하게 됩니다. 후속 연구자들도 더 구체적인 확장이나 대안적 실험의 설계를 시도할 수 있습니다.

한계를 인정할 때 오히려 연구의 설득력과 가치가 높아집니다. 독자에게 '나는 연구를 최대한 진지하고 깊이 있게 수행했고 개선할 여지를 분명히 알고 있다.'라는 메시지를 전달하기 때문입니다. '연구 한계를 솔직히 밝히면 결과가 초라해 보일 것'이라는 걱정보다는 '연구의 강점과 약점을 균형 잡힌 시각으로 제시할 때 신뢰도가 커진다.'라는 점을 기억하기 바랍니다.

8
"이전 연구들은 모두 별로다"
: 선행 연구의 가치를 폄훼한다

자신의 연구를 돋보이게 만들고자 이전 연구의 결함만을 지나치게 강조하는 경우가 종종 있습니다. '이전 연구는 표본이 너무 적어 무의미하다.' '방법론이 부실해서 결과가 무가치하다.'라는 식으로 과도한 비판을 쏟아냅니다.

물론 학술 발전을 위해서는 선행 연구의 문제점을 지적하고 개선해야 할 지점을 제시하는 비판적 시각은 필수적입니다. 그러나 이전에 축적된 의미 있는 성과와 공헌을 전면 부정하는 태도는 독자에게 '이 연구자는 기존 학계의 축적 과정과 맥락을 인정하지 않는다.'라는 인상을 줍니다.

기존 연구 내용이나 기술들을 폄훼해서는 안 됩니다. 경쟁 그룹의 연구라 해도 공격적이거나 적대적인 어투로 그 가치를 깎아내리는 것은 지양해야 합니다. 중요한 연구 주제를 가지고 경쟁할 수 있습니다. 이런 것은 건전한 경쟁입니다. 경쟁자는 여러분의 적이 아닙니다. 연구 분야를 같이 키워나갈 동료입니다. 학술적인 내용을 논리적으로 프로답게 비판하되 기존 연구의 가치를 깎아내려서는 안 됩니다.

학문은 크고 작은 발견들이 반복해서 축적되고 서로 아이디어를 교차 검증하거나 보완함으로써 발전해왔습니다. 중요한 것은 이전 연구를 균형 있게 평가하고 연구자들이 쌓아올린 지식의 토대 위에 새로운 접근법이나 데이터 혹은 해석을 더해 학문적 공헌을 확장하는 것입니다.

예컨대 특정 연구에서 사용한 표본 규모가 작을지라도 당시 조건이나 환경을 고려할 때 의미 있는 통찰을 얻었을 수 있습니다. 본인이 후속 연구를 통해 표본을 더 확장하거나 기존 방법론을 보완하여 더욱 일반화된 결과를 제시한다면 독자는 '이 연구는 이전 연구와 연속성을 지니면서도 새롭게 확장하고 있구나.'라고 긍정적으로 인식할 것입니다.

학문적 비판과 건전한 경쟁은 필요합니다. 하지만 그것이 선행 연구를 전부 무가치하다고 매도하는 형태여서는 곤란합니다. 오히려 객관적 평가와 존중을 바탕으로 기존 지식의 장점을 살리고 한계를 보완함으로써 독자의 신뢰와 관심을 끌어내는 편이 훨씬 효율적입니다. 그렇게 해야 동료 연구자들과 함께 분야를 발전시킬 수 있으며 여러분의 연구 또한 더 큰 학술적 의미와 파급 효과를 얻게 될 것입니다.

9
"대충 마무리하면 남이 수정해주겠지"
: 책임감 없이 초안을 작성한다

공동연구나 팀 프로젝트로 논문을 작성할 때 일부 연구자들은 '어차피 공저자들이 알아서 다듬어주겠지.' '교수님이 나중에 고쳐주실 테니 대충 써도 돼.'라는 안일한 태도를 보이곤 합니다. 그러나 이런 식으로 초안을 부실하게 작성하면 공저자들도 모든 오류를 완벽하게 잡아내기 어렵고 논문 전체의 통일성과 완성도가 훼손될 위험이 있습니다. 또한 수정 작업에 드는 시간과 노력이 기하급수적으로 늘어나 출판 시점이 지연되는 문제도 발생합니다.

논문의 초안 작성 단계부터 '이것이 실제로 출판될 최종 원고'라는 마음가짐으로 최선을 다해 작성하기를 권장합니다. 그림이나 그래프를 하나 넣더라도 완벽한 작품을 만든다는 자세로 임하는 것이 중요합니다. '나중에 고치면 되겠지.' '다른 사람이 대신 수정해줄 거야.'라는 태도를 버리고 아무리 작은 작업이라도 '지금 하는 이 일이 내 인생 마지막 활동이다.'라는 마음가짐으로 심혈을 기울이세요.

예컨대 통계 분석 결과를 단순히 'P값p-value가 유의하게 나왔다.'라고만 적어두고 사용한 통계 기법이 무엇인지, 왜 그 기법을 선택했는지, 해석 시 주의해야 할 점이 무엇인지 등을 제대로 기재하지 않으면 이후 공저자가 해당 부분을 수정하더라도 논문의 전반적인 흐름과 정확성을 보장하기가 어렵습니다. 반대로 최대한 탄탄하고 구체적인 초안을 제시한다면 공저자들도 보다 정교한 피드백을 제공할 수 있고 논문의 완성도를 빠르게 높일 수 있습니다.

책임감 있는 초안 작성은 전체 연구 팀의 시간과 에너지를 절약하고 결과물의 질을 획기적으로 끌어올리는 관건입니다. 신속하고 높은 수준의 학술 성과를 내고 싶다면 초안 단계에서부터 자신이 낸 아이디어와 데이터를 꼼꼼히 정리하고 논리적 흐름을 확실하게 잡아놓는 습관을 들이기 바랍니다.

10
"나 혼자서 다 했어"
: 공동연구자의 기여를 무시한다

공동연구란 각 분야의 전문성과 자원을 결합해 시너지 효과를 창출하는 이상적인 연구 방식입니다. 한 사람이 1을 할 수 있을 때 두 사람이 모여서 1+1=2보다 더 큰 3, 아니 10의 결과를 내기 위해서 협업하는 것입니다. 그럼에도 일부 연구자가 타인의 기여를 과소평가하거나 심지어 무시함으로써 문제를 일으키곤 합니다. 이는 단순히 예의에 어긋나는 문제를 넘어 연구의 완성도와 신뢰도를 심각하게 훼손할 수 있습니다.

예를 들어 공동연구 과정에서 특정 연구자가 핵심 개념을 제안하거나 실험 설계를 주도했는데도 최종 논문에서 그의 공헌이 제대로 언급되지 않는다면 이는 연구 윤리 차원에서 큰 결함입니다. 연구란 본래 상호 보완적인 협업의 산물이기 때문에 다양한 시각과 경험이 융합될 때 창의적이고 깊이 있는 결과가 나옵니다. 따라서 데이터 수집, 분석 기법 개발, 이론적 해석, 원고 작성 등 여러 형태의 협력에 대해 참여자들의 역할을 투명하게 알리고 서로의 공헌을 정당하게 인정하는 태도는 기본입니다.

또한 공동연구가 진행되는 동안 제안된 새로운 아이디어나 해결 방식이 있다면 그 출처가 어디인지 명확히 밝혀야 합니다. 이를 위해 프로젝트 시작 단계에서 기여도와 역할 분담을 정리하고 기록해두면 결과적으로 논문의 신뢰도를 높이는 것은 물론 후속 연구나 협업 과정에서도 서로 간의 신뢰를 돈독히 쌓을 수 있습니다.

'나 혼자서 모든 걸 해냈다.'라는 태도로 일관하던 단기적으로는 본인이 과대평가될 수 있을지 모르지만 장기적으로는 학계의 신뢰를 잃을 위험이 큽니다. 공동연구자의 기여가 가려지면 연구 성과 자체에 대한 의구심이 생기고 후속 연구나 협업에서도 부정적인 인식을 줄 수 있기 때문입니다. 협업의 진정한 의미는 서로의 기여를 인정하고 존중할 때 비로소 빛을 발합니다. 공동연구 시에는 기여도를 분명하게 밝히고 함께 이룬 성과를 공정하게 공유하는 자세를 지니는 것이 학문적 발전과 연구 윤리 모두를 지키는 길임을 잊지 말아야 합니다.

3장
연구자들이 논문을 써야 하는 이유
: '왜'에서 시작해서 '어떻게'로 나아가는 출발점

1
논문을 쓰는 이유와 목적

모든 활동에는 그 이유와 목적이 중요합니다. 논문 작성도 마찬가지입니다. 단순히 지도교수님이 쓰라고 하니까나 남들이 다 쓰니까 같은 이유로 논문을 쓰고 있습니까? 그런 관행에 머무르지 말고 왜 논문을 쓰는지 스스로 그 목적을 분명히 이해해야 합니다. 목적이 분명하면 달성 수단과 방법은 자연스럽게 찾을 수 있습니다. 논문 작성기술만 익히는 데 급급해 '내가 왜 논문을 써야 하는가?'라는 가장 중요한 질문을 놓쳐서는 안 됩니다.

논문은 대학원생, 연구자, 교수에게 매우 중요한 경력입니다. 내가 수행한 연구가 동료 평가peer review를 통해 학술지에 게재된다는 것은 연구 결과가 공정하고 객관적으로 평가받았다는 의미입니다. 따라서 저명한 학술지에 논문을 게재하는 것은 연구자로서 중요한 경력으로 인정받습니다.

하지만 논문의 목적은 단순히 연구자의 학계 내 인정과 경력 개발에만 있지 않습니다. 더 근본적으로 '왜 과학자는 논문을 쓰는가?' '논문이란 무엇인가?'라는 물음에 도달합니다. 논문의 근본적인 목적은 과학 지식의 검증, 공유, 그리고 축적과 발전에 있습니다. 새로운 발견이나 개념을 세상에 알리고자 할 때 과학자는 어떻게 이를 검증받고 공유했을까요? 그 핵심적인 시스템이 바로 논문이라는 형태였습니다.

> '오직 논문 출판을 통해 새로운 과학적 지식이 검증되고 지식의 축적이 이루어진다only thus can new scientific knowledge be authenticated and then added to the existing database that we call scientific knowledge.'
> – 로버트 A. 데이[14]

2
초창기 학술 논문의 형태

　초창기의 논문은 오늘날과는 아주 달랐습니다. 고대 그리스와 로마에서는 학술 지식이 주로 구두 발표나 철학적 대화 형식으로 전달되었습니다. 그러다 보니 지식이 특정 학문 공동체 내부에서만 공유되었고 지식 전파의 범위가 제한적이었습니다. 중세 유럽에서는 학문이 주로 종교적 맥락에서 발전했으며 학술적 논의는 교회와 수도원 내에서 이루어졌습니다. 이 시기의 학술 기록은 주로 필사본의 형태였고 체계적인 학술 논문 형태는 아직 나타나지 않았습니다.

　15세기 르네상스와 인쇄술의 발명으로 지식 전파의 범위가 크게 확장되었습니다(그림 5). 학술적인 저술물은 점점 더 체계화되었지만 여전히 책과 주석집의 형태를 유지했습니다. 이 때문에 연구 성과를 요약하거나 비판적으로 논의하는 문서가 증가했습니다. 그러나 새로운 과학 지식의 전파는 여전히 책과 주석집의 형태라는 제한적인 두 가지 방식으로 이루어졌습니다.

그림 5. 하버드대학교 도서관이 소장한 구텐베르크 성경

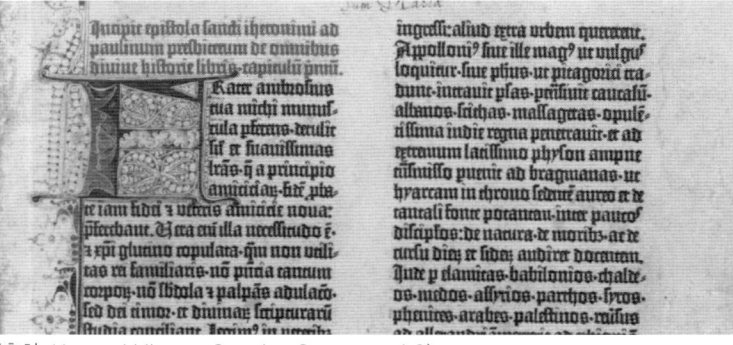

(출처: Harvard Library, Creative Commons 4.0)

옛날에는 과학자가 오랜 연구 끝에 얻은 지식을 전파하는 방법이 크게 두 가지였습니다. 첫 번째는 책으로 출판하는 것입니다. 당시에는 출판 자체가 매우 어렵고 시간이 오래 걸렸습니다. 지금도 출판은 긴 시간이 소요되지만 수백 년 전에는 훨씬 더디었습니다. 게다가 출판 후 독자에게 전달되기까지도 오래 걸려 지식 전파 속도가 매우 느렸습니다.

두 번째는 과학자가 자신이 발견한 것을 편지로 동료나 친구에게 전달하는 것입니다. 이 방법은 지식을 빠르게 전할 수 있지만 그 대상이 제한적이라는 단점이 있었습니다. 또한 검증되지 않은 지식이 책이나 편지를 통해 퍼지면서 잘못된 개념이 확산되는 경우도 많아 시행착오와 시간 낭비를 초래하기도 했습니다. 예를 들어 1682년 아이작 뉴턴은 다른 사람이 쓴 책을 읽고 자신의 생각을 정리하여 편지로 친구에게 보냈습니다(그림 6). 이 편지가 일종의 '논문scientific article' 역할을 했던 것이죠. 지금도 논문을 페이퍼paper나 레터letter라고 부르는 이유가 되었습니다. 당시 논문은 단순한 지식 전파의 도구이자 과학적 아이디어를 동료들에게 전달하는 수단이었습니다.

그림 6. ① 아이작 뉴턴의 1682년 논문 ② 프랑스 학술지 『학자들의 저널』, ③ 영국 학술지 『왕립학회 철학 논문집』

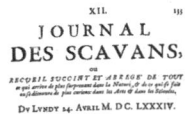
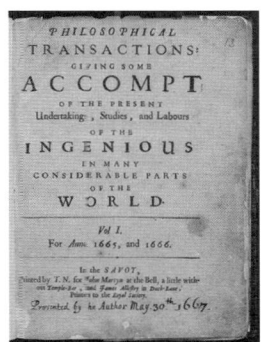

왼쪽부터 ①②③ 순서. ①은 윌리엄 브릭스William Briggs의 논은 「시각에 관한 새로운 이론A New Theory of Vision」을 읽고 본인 의견을 친구에게 보낸 편지 형태의 논문
(출처: Wikipedia, Creative Commons 3.0)

학술 논문의 현대적 형태는 17세기에 등장했습니다. 과학 지식을 더 효율적으로 전파하기 위한 시스템으로 1665년 프랑스와 영국에서 최초의 학술지가 발간되었습니다. 프랑스의 『학자들의 저널Journal des Sçavans』과 영국의 『왕립학회 철학 논문집Philosophical Transactions of the Royal Society』입니다(그림 6).

프랑스 학술지 『학자들의 저널』은 주로 교회 역사와 법률과 관련한 내용을 다뤘기 때문에 과학과는 거리가 있었습니다. 반면 영국 학술지 『왕립학회 철학 논문집』은 세계 최초의 과학 학술지로 런던 왕립학회Royal Society of London에서 출판했습니다. 이 학술지는 과학자가 자신의 연구 결과를 정리해 투고하면 동료 전문가들이 심사하고 발표하는 시스템을 도입한 최초의 사례였습니다. 이는 동료 평가라는 개념의 기초가 되었습니다.

흥미로운 점은 당시에는 과학을 '사이언스Science'라고 부르지 않고 '자연 철학Natural Philosophy'이라고 불렀다는 것입니다. 오늘날 'Ph.D.'라고 부르는 박사 학위도 '철학 박사Philosophical Doctor'에서 유래한 것입니다.

 이 두 학술지는 현재도 발행되고 있습니다. 인터넷을 통해 확인할 수 있으니 한번 살펴보시길 바랍니다. 초기 형태의 논문들은 오늘날처럼 정형화된 구조가 없었고 주로 편지 형식으로 쓰였으며 발견이나 실험 결과를 간단히 보고하는 수준이었습니다. 그럼에도 과학 지식을 전파하고 학문적 대화를 시작하는 데 중요한 역할을 했습니다.

3
현대 과학 학술지의 진화

현대의 과학 학술지Scientific Journals는 어떻게 진화해 왔을까요? 오늘날 과학 학술지의 수는 급격히 증가했고 어마어마한 양의 논문이 학술지에 게재되고 있습니다.

그림 7의 그래프는 1800년부터 2020년까지 연도별 전 세계 인구수와 연간 출판 논문 수의 변화를 로그 스케일로 나타낸 것입니다.* 전 세계 인구가 약 8배 증가하는 동안 매년 출판되는 논문 수는 무려 3만 배나 늘어났습니다. 저는 앞으로 이 차이가 더 빠르게 벌어질 것이라 예상합니다.

19세기 이후 의료, 위생, 농업, 산업 분야에 걸쳐 기술이 발달하고 특히 20세기 중반에는 전염병 예방과 영양 상태 개선 등의 영향으로 전 세계 인구가 서서히 증가했습니다. 반면 학술 논문 발행량은 1800년대 초중반까지만 해도 낮은 수준이었으나 산업혁명,

---

* 웹 사이트 Web of Science, Our World in Data, UN World Population Prospects에 나온 데이터를 포함해서 만들었다.

그림 7. 1800~2020년 전 세계 인구 수와 연간 출판 논문 수 추이

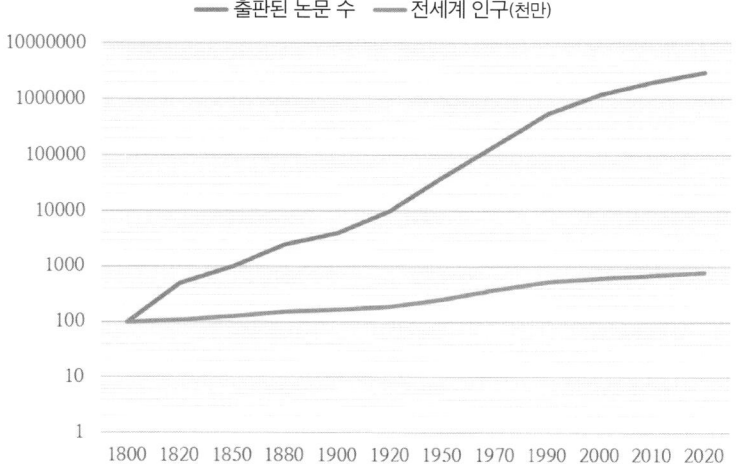

다양한 학문 분야의 확장, 각국 정부와 민간의 연구개발R&D 투자 확대에 힘입어 20세기 중후반 이후 기하급수적으로 증가했습니다. 그 결과 논문 발행량이 인구 증가율을 훨씬 뛰어넘어 치솟았습니다. 이는 과학기술 발전 속도가 인류 규모를 넘어서는 스케일로 진행되었음을 보여줍니다.

거시경제학의 대가인 존 메이너드 케인스J. M. Keynes는 1930년에 에세이 「우리 손자 세대의 경제적 가능성Economic Possibilities for Our Grandchildren」에서 지식과 자본의 축적이 가속하면 생산성이 향상되리라 전망합니다.[15] 최근 통계를 보면 이 예측이 실현되었음을 확인할 수 있습니다. 특히 지식 축적의 주요 수단으로 논문이 큰 역할을 하고 있습니다.

이 과정에서 학술 논문의 구조는 점차 체계화됩니다. 19세기에 들어 과학적 방법론이 확립되고 연구 결과의 재현 가능성과 검증이 중요시되면서 논문 형식도 변화하기 시작합니다. 20세기 초에 도입된 현대적 논문의 표준인 IMRaD 구조는 논문 작성의 명확성

과 효율성을 크게 높입니다.[16] IMRaD는 Introduction, Methods, Results, and Discussion의 약어로 보통 '임래드'라고 읽습니다. IMRaD 구조는 연구 목적과 배경을 설명하는 서론Introduction, 방법론Methods, 결과Results, 결과의 의미를 해석하고 논의하는 토론Discussion으로 구성됩니다. 독자는 이런 IMRad 구조를 통해 연구의 핵심 내용을 빠르게 파악할 수 있으며 과학적 발견의 투명성과 신뢰성 역시 더욱 확고해졌습니다.

표 1. IMRaD 구조

구성 요소	설명	주요 내용	질문 예시
서론	연구 배경과 목적 제시	- 연구의 필요성 - 연구 질문 또는 가설 - 연구 목표	왜 이 연구를 했는가? 연구가 해결하려는 문제는 무엇인가?
방법론	연구 수행 방법 설명	- 연구 설계 - 자료 수집 방법 - 실험 또는 조사 방법 - 데이터 분석 절차	연구를 어떻게 진행했는가? 자료는 어떻게 수집하고 분석했는가?
결과	연구 결과 제시	- 연구의 주요 발견 - 도표와 그래프 등 - 통계 분석 결과	무엇을 발견했는가? 주요 결과는 어떻게 나타났는가?
토론	결과 해석과 연구 의의 설명	- 결과의 의미 - 기존 연구와의 비교 - 연구의 한계와 제안	이 결과는 어떤 의미인가? 연구가 기존 지식에 어떻게 기여하는가?

동료 평가 시스템은 현대 학술 출판 과정에서 논문의 신뢰성과 품질을 검증하기 위한 핵심 메커니즘으로 자리 잡았습니다. 이 시스템은 연구자가 제출한 논문을 해당 분야 전문가들이 평가하여 내용의 정확성, 연구 방법의 타당성, 기여도를 판단하는 과정을 포함합니다. 동료 평가가 도입되면서 과학적 발견의 신뢰도가 한층

높아졌습니다. 동료 평가는 논문이 학문적 기준을 충족할 수 있도록 보장합니다.

17세기 영국의 『왕립학회 철학 논문집』과 같은 초기 학술지에서 시작된 동료 평가 시스템은 오랜 시간에 걸쳐 더욱 정교해졌으며 오늘날에는 블라인드 리뷰Blind Review(저자가 심사위원을 알 수 없음)나 더블 블라인드 리뷰Double Blind Review(저자와 심사위원이 서로 알 수 없음) 등 다양한 형태로 발전했습니다. 다만 동료 평가에도 편향과 시간 지연 등의 한계가 있습니다. 이러한 한계를 보완하기 위한 새로운 접근법과 기술(인공지능 기반 검토 시스템) 등이 활발히 논의되고 있습니다.

그럼에도 동료 평가는 여전히 학문적 신뢰성과 검증을 위한 핵심 토대로서 과학적 진보를 뒷받침하는 중요한 역할을 맡고 있습니다. 동료 평가 시스템에 관해서는 11장에서 더욱 심도 있게 살펴보겠습니다.

4
새로운 시도들, 부작용들, 그리고 대안들

최근에는 연구 결과의 접근성을 높이기 위해 새로운 출판 모델인 '오픈 액세스 학술지Open Access Journal'가 빠르게 확산하고 있습니다. 오픈 액세스 학술지를 통해 누구나 인터넷으로 논문을 무료로 열람할 수 있습니다. 기존 과학 학술지의 논문을 읽으려면 구독료를 지불하는 것이 일반적이었습니다. 대학이나 연구소는 기관 단위로 연간 구독을 진행하지만 일반인은 별도 비용을 부담해야만 논문을 열람할 수 있었습니다.

오픈 액세스 학술지는 이러한 비용 장벽을 극복해 연구자뿐만 아니라 대중, 정책 입안자, 개발도상국 연구자 등 다양한 계층이 과학 지식에 자유롭게 접근할 수 있도록 지원합니다. 대표적인 예로는 PLOSPublic Library of Science가 있습니다. 이곳 학술지들은 출판 시 과학자가 게재료를 부담하고 독자가 논문을 무료로 볼 수 있는 방식을 채택합니다. 모든 자료가 공개되어 있어 누구나 논문을 다운로드하고 학습할 수 있습니다.

그러나 이 같은 모델은 또 다른 문제도 일으킵니다. 게재료를 연구자와 기관에 전가하면서 연구비가 부족한 국가와 연구자에게는 큰 부담이 될 수 있습니다. 예컨대 『네이처 커뮤니케이션스Nature Communications』에서 오픈 액세스로 논문을 게재하려면 2025년 기준 6,990달러(한화 약 1,000만 원)에 달하는 논문 게재료APC, Article Processing Charge를 지불해야 합니다. 또한 이 모델을 악용해 심사 과정을 거치지 않고 논문을 발행하는 약탈적 학술지predatory journals가 늘어나고 있습니다.

결국 오픈 액세스 학술지는 과학 지식을 평등하게 확산한다는 중요한 목표를 내세우면서도 지속가능한 운영과 품질 관리를 위해 새로운 해결책과 균형 잡힌 접근이 필요하다는 과제를 안고 있습니다.

5
학술지 홍수 시대
: 영향력 평가의 필요성과 미래 전망

    학술지 수가 많아지면서 자연스럽게 영향력을 평가하는 기준도 필요해졌습니다. 대학 도서관과 연구소가 모든 학술지를 구독하기에는 한계가 있기 때문에 영향력 있는 학술지를 선별하는 것이 중요한 과제로 떠오릅니다. 이때 대표적인 평가 지표로 사용되는 것이 임팩트 팩터Impact Factor입니다. 임팩트 팩터는 특정 학술지에 실린 논문들이 지난 1년 동안 다른 논문에서 얼마나 많이 인용되었는지를 측정한 수치입니다. 값이 높을수록 영향력 있는 논문이 많이 게재된 학술지로 간주합니다. 이 데이터는 「톰슨 로이터Thomson Reuters」에서 매년 발표하며 여러 기관에서 학술지의 영향력을 판단하는 데 널리 활용됩니다.

    예를 들어 『네이처 포토닉스』의 2024년 임팩트 팩터가 32.9라고 하면 최근 2년간 게재된 각 논문이 평균 33회 정도 인용되었다는 뜻입니다. 물론 학술지의 임팩트 팩터가 높다고 해서 해당 학술지에 실린 모든 논문이 우수하다고 단정할 수는 없습니다. 이는 어디까지나 평균치이므로 논문마다 인용 횟수에 편차가 있을 수밖에 없습니다. 따라서 학술지 전체의 영향력을 단순히 평균 수치 하나로 대변하기에는 한계가 있습니다.

최근에는 구글 등 다양한 기술 기업들이 검색과 데이터베이스 기술을 급속히 발전시킨 덕분에 연구자 개개인이 발표한 개별 논문의 인용 횟수를 손쉽게 확인할 수 있게 되었습니다. 여기에 대표적으로 사용되는 지표는 h 지수h-index입니다.[17] h 지수는 연구자의 발표 논문 수와 그 논문의 인용 횟수를 결합해 연구 영향력을 평가합니다. 2005년 물리학자 조지 허시Jorge E. Hirsch가 제안한 개념으로 한 연구자의 논문 중 h편이 각각 최소 h회 이상 인용된 경우 h 지수를 h로 정의합니다. 허시의 원 논문 초록은 단 한 문장으로 매우 간결하게 작성되어 있죠.

> '나는 h라는 지표를 제안한다. 이는 인용 횟수가 h회 이상인 논문의 수가 h편인 경우를 의미하며, 연구자의 과학적 성과를 나타내는 데 유용한 지표이다I propose the index h, defined as the number of paper with citation number ≥ h, as a useful index to characterize the scientific output of a researcher.'

예를 들어 연구자의 10편의 논문 중 5편이 각각 최소 5회 이상 인용되었다면 h 지수는 5가 됩니다. 허시 교수의 h 지수는 72입니다(그림 8). h 지수는 연구자의 생산성과 영향력을 동시에 반영하기 때문에 특정 학문 분야나 연구 경력을 비교할 때 유용하게 쓰입니다. 다만 젊은 연구자나 새롭게 대두하는 학문 분야에서는 지표가 낮게 나올 수 있고 인용의 '질'보다 '양'에 더 무게를 둔다는 한계가 있습니다. 오늘날에는 구글 스칼라 등을 통해 연구자들의 h 지수

그림 8. h 지수를 제안한 허시 교수의 구글 스칼라 페이지

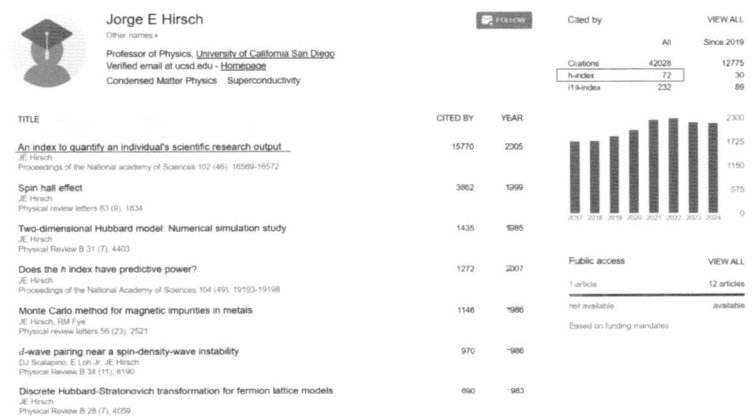

h 지수를 제안한 PNAS 논문과 허시 교수의 h 지수 등이 나와 있다.
(출처: Google Scholar)

와 같은 논문 실적 정보를 쉽게 확인할 수 있습니다.

6
과학 학술지의 미래
: 온라인 플랫폼과 인공지능

프리프린트 서버Preprint Server는 연구자들이 자신의 연구 결과를 동료 평가 이전에 공개할 수 있는 온라인 플랫폼입니다. 대표적인 성공 사례로 arXiv*와 bioRxiv**가 있습니다. 이를 통해 연구 결과의 공유 속도가 획기적으로 높아지고 연구자가 신속하게 학문적 논의와 피드백을 받을 수 있습니다. 특히 코로나19 같은 긴급한 상황에서는 출판 전 논문preprint이 연구 결과를 빠르게 확산하는 데 핵심적인 역할을 했습니다.[18] 또한 출판 전 논문을 통해 연구자가 학술지 출판 전에도 연구 성과를 발표하여 학문적 기록으로 인정받을 기회가 생겼습니다.

그러나 동료 평가를 거치지 않은 상태에서 공개한 연구 결과는 신뢰성과 정확성이 낮을 가능성이 있습니다. 그에 따라 잘못된 정보가

---

*   https://arxiv.org/

** https://www.biorxiv.org/

빠르게 퍼질 위험이 있습니다. 예를 들어 2022년 arXiv가 h 지수의 제안자인 캘리포니아대학교의 조지 허시의 출판 전 논문을 삭제하고 6개월간 논문 제출을 금지했습니다.[19] '감정적인 분쟁과 공격적인 언어 사용'이 제재의 근거였죠. 또 2023년에는 한국 물리학자들이 상온·상압 초전도체 'LK-99'를 개발했다고 주장하는 출판 전 논문을 arXiv에 올려 전 세계적인 논란을 일으켰습니다. 공개 후 불과 며칠 만에 과학계와 산업계의 높은 관심을 받았고 국내외 연구자들이 활발히 검증했습니다. 하지만 추가 연구에서 LK-99는 초전도체 특성이 없는 것으로 확인되었습니다.[20] 이처럼 프리프린트 서버는 학술 출판의 투명성과 접근성을 높였습니다. 동시에 동료 평가 이전에 발표된 연구의 한계를 인지하고 활용해야 합니다.

한편 급속도로 발전하는 인공지능 기술은 학술 논문 작성은 물론 심사와 편집 과정도 혁신할 잠재력이 있습니다. 인공지능은 논문의 문법, 표절 여부, 데이터 분석의 정확성을 자동으로 확인하고 관련 문헌을 추천해 심사 효율성을 높입니다. 그 덕분에 심사위원과 편집자의 부담이 줄어들고 처리 속도가 크게 향상됐습니다. 다만 인공지능이 아직 학문적 맥락을 완벽히 이해하지 못한다는 점에서 인간 심사위원을 보조하는 도구로 쓰는 방식이 이상적입니다. 궁극적으로 인공지능은 학술 출판의 투명성과 신속성을 높이는 데 이바지할 것으로 기대합니다. 5장에서 인공지능을 활용하여 논문을 작성하는 방법에 관해서 설명합니다.

앞으로 과학 학술지 출판 시스템이 어떤 식으로 발전할지는 예측하기 어렵습니다. 하지만 현재의 시스템을 충분히 이해하고 적절히 활용하는 것은 여전히 중요합니다.

7
논문의 종류

논문은 연구 목적과 발표 방식에 따라 여러 종류로 나뉩니다. 각각은 학문적 요구에 특화된 형태로 설계되어 있습니다. 연구자는 자신의 연구 결과를 가장 효과적으로 전달하기 위해 상황에 맞는 논문의 종류를 선택해야 합니다. 대표적인 논문의 종류와 그 주요 특징을 알아보겠습니다.

원저 논문

원저 논문Original Research Paper은 새로운 연구 결과를 발표하는 가장 기본적인 논문의 종류입니다. 보통 논문이라고 하면 원저 논문을 뜻합니다. 실험, 관찰, 설문 조사 등을 통해 얻은 데이터를 분석하고 이를 바탕으로 새로운 발견이나 이론을 제시합니다. 원저 논문은 형태와 분량에 따라 아티클, 레터, 단신 논문 등으로 구분합니다.

아티클Article은 학술지에서 가장 흔히 볼 수 있는 형태로 일반적으로 IMRaD 구조를 따릅니다. 본문이 길고 자세한 내용을 포함하여 깊이 있는 분석을 제공합니다.

레터Letter는 핵심적인 발견을 간결하고 빠르게 발표하는 데 적합한 형식입니다. 과거 편지 형식에서 유래되었으며 짧은 본문에 주요 내용을 담습니다.

단신 논문Short Communication은 특정 연구 결과나 실험 과정에서 얻은 중요한 발견을 신속히 발표하기 위한 짧은 논문으로 주로 초기 연구 결과를 보고할 때 사용합니다.

지면 출판을 기준으로 분량은 아티클이 5~8페이지, 레터가 3~5페이지, 단신 논문이 1~2페이지 정도입니다.

리뷰 논문

리뷰 논문Review Paper은 특정 주제에 관한 기존 연구를 종합적으로 정리하고 분석하는 논문입니다. 연구 동향을 파악하고 주요 성과와 한계를 논의하며 향후 연구 방향을 제안합니다. 리뷰 논문은 새로운 과학적 발견을 제시하지는 않지만 해당 분야의 지식을 체계적으로 집대성하여 연구자들이 중요한 참고 자료로 활용합니다. 특히 급성장 분야에서는 연구 결과가 아직 교과서로 정리되지 않은 상태여서 리뷰 논문을 중요한 참고 자료로 활용합니다. 시간이 지나면 이러한 리뷰 논문이 모여서 교과서의 한 장으로 발전하기도 합니다.

처음에 새로운 연구 분야가 생길 때는 선도적인 과학자가 새롭고 흥미로운 결과를 논문으로 발표하고 그 뒤를 이어 많은 연구자가 논문을 내기 시작합니다. 보통 5년에서 10년이 지나면 해당 분야의 연구가 충분히 축적되고 사람들이 그 분야를 대부분 이해하게 됩니다. 이때 리뷰 논문을 작성하여 새로운 연구자가 그 분야를 쉽게 이해할 수 있도록 중요한 개념과 이정표가 된 논문들을 정리하게 됩니다.

학술지별로 원저 논문과 리뷰 논문을 같이 게재하는 경우가 일반적입니다. 예를 들면 『네이처』 홈페이지에 들어가서 이번 호 이슈를 클릭하면 논문 목록이 화면에 표시됩니다. 윗부분부터 보면 에디토리얼Editorial, 뉴스News 등이 나오고 리서치Research 항목에서 리뷰 논문과 아티클 형태의 원저 논문 목록을 확인할 수 있습니다. 한 이슈당 아티클이 20~30편, 리뷰 논문이 1~2편 게재됩니다.

리뷰 논문만을 중점적으로 다루는 학술지도 있습니다. 『애뉴얼 리뷰Annual Review』 『트렌즈Trends』 『커런트 오피니언 시리즈Current Opinion Series』 등이 대표적입니다. 『네이처』와 그 자매지의 리뷰 논문은 이러한 리뷰 전용 학술지들에 실리는 리뷰 논문과는 성격이 조금 다릅니다. 일반적인 리뷰 전용 학술지는 완숙된 분야를 체계적으로 정리하는 데 중점을 둡니다. 하지만 『네이처』는 빠르게 성장하는 최신 핫 토픽을 다루는 경우가 많습니다. 따라서 『네이처』에 리뷰 논문을 기고하는 저자는 급성장하는 최신 분야의 선도적인 개척자라고 할 수 있습니다.

사례 보고

사례 보고Case Report는 독특하거나 드문 현상을 분석하여 학문적으로 설명하는 데 초점을 둡니다. 주로 의학, 생물학, 사회과학 분야에서 활용하며 기존 이론의 적용 가능성을 평가하거나 새로운 문제를 제기합니다. 한정적인 사례를 통해 학문적 이해를 확장하는 데 기여합니다.

방법론 논문

방법론 논문Methodology Paper/Protocol Paper은 새로운 실험 방법, 분석 기술, 데이터 처리 기법 등을 소개하는 논문입니다. 연구자에게 효율적이고 정확한 연구 방법을 제공하여 학문적 연구의 질을 높이는 데 중점을 둡니다. 특히 과학과 공학 분야에서 필수적인 자료로 활용합니다. 예를 들면 『네이처』자매지에 원저 논문을 출판한 후 그 논문에 소개한 실험 방법론을 더 자세히 소개하는 방법론 논문을 『네이처 프로토콜Nature Protocol』에 출판하기도 합니다. 이 방법론 논문에서는 상당히 자세한 실험 방법을 단계 별로 설명합니다. 어떤 재료와 부품들로 실험을 수행했는지와 문제가 발생하였을 때 어떤 부분들을 점검해야 하는지를 자세히 설명합니다.

데이터 논문

데이터 논문Data Paper은 연구 과정에서 얻은 데이터를 체계적으로 정리하여 공개하는 논문입니다. 다른 연구자들이 데이터를 활용할 수 있도록 상세하게 설명함으로써 연구 투명성과 협력을 촉진합니다. 데이터 논문은 빅데이터와 오픈 사이언스의 확산과 더불어 점점 더 중요해지고 있습니다. 네이처 출판 그룹의 『사이언티픽 데이터Scientific Data』가 대표적입니다.

사설과 논평

사설과 논평Opinion and Commentary은 특정 연구 주제나 논문에 대한 견해를 제시하는 형식입니다. 비판적 분석, 학문적 논의, 새로운 아이디어 제안 등을 담아 학술지에서 학문적 교류를 활성화하는 역할을 합니다. 예를 들면 논문 출판 후 의심이 가는 부분이 있다고 판단하면 논평 형태로 공개적인 저격을 할 수 있습니다. '당신은 논문에서 이런 데이터를 가지고 저런 주장을 했다. 그런데 이러한 관점에서 분석하면 그러한 결과를 도출할 수 없다.'와 같은 형식이죠. 그러면 저자는 다시 논평의 형태로 그 주장에 반박하는 논문을 작성하여 게시해야 합니다.

8
논문의 구조

이제 논문의 구조에 대해서 이야기해 봅시다. 일반적으로 논문은 크게 제목, 초록, 서론, 방법론, 결과, 결론으로 구성됩니다. 이러한 IMRaD 구조는 논문의 가독성을 높이고 독자가 논문의 핵심 내용을 쉽게 이해하도록 설계되었습니다. 그러다 보니 오늘날 논문의 표준적인 틀로 자리 잡았습니다.

제목

제목Title은 '이 논문에서 무엇을 다루는가?'에 대한 한 줄 요약이라고 할 수 있습니다. 따라서 독자가 논문의 주제를 빠르게 파악할 수 있도록 연구의 본질과 내용을 간결하면서도 명확하게 표현해야 합니다. 또한 검색 엔진에서 효과적으로 노출되도록 핵심 주제어와 용어를 포함하여 작성하는 것이 바람직합니다. 연구의 핵심을 정확히 포착하면서도 연구 방법이나 주요 발견 등을 간략히 시사할 수 있어야 좋은 제목입니다.

제목 다음으로는 연구의 저자 정보가 제시됩니다. '누가 이 연구를 수행했는가?'에 대한 구체적인 정보를 제공하며 저자들의 이름과 소속 등을 함께 표시합니다. 필요에 따라 저자의 기여도나 연락처 등을 포함하기도 합니다.

초록

초록Abstract은 논문의 요약문으로 연구의 배경, 목적, 방법, 결과, 결론을 간략히 제시합니다. 영화 예고편과 같은 역할을 하므로 독자는 제목과 초록을 보고 논문 전문을 읽을지 결정합니다. 이처럼 초록은 논문의 '첫인상'을 담당하므로 보통 150~250개의 단어 이내로 핵심을 간결하게 전달해야 합니다.

또한 초록은 논문의 다른 부분을 읽지 않고도 독립적으로 이해할 수 있어야 합니다. 많은 학술지가 초록은 무료 공개지만 전문은 구독료를 지불해야 읽을 수 있기 때문입니다. 독자는 초록에서 논문 핵심과 의의를 읽고 전문을 읽어볼 가치가 있는지 판단하게 됩니다. 따라서 지나치게 기술적인 용어와 세부 사항보다는 수행한 연구의 핵심 내용을 명확히 요약함으로써 논문 전문을 읽을 동기를 부여하는 것이 중요합니다.

서론

서론Introduction은 논문의 본문에서 가장 먼저 제시되는 부분입니다. 연구의 배경과 동기를 설명하고 주제의 중요성을 독자에게 전달합니다. 일반적으로 다음 세 가지 내용을 포함합니다.

첫째, 연구 주제와 관련된 기존 연구 요약입니다. '이 논문에서 다루는 문제는 X인데 이는 매우 중요한 이슈다.' 둘째, 기존 연구의 한계점 또는 해결되지 않은 문제 제시입니다. '과거에도 여러 사람이 이 주제에 관해 연구했지만 이러이러한 부분은 아직 밝혀지지 않았다.' 셋째, 연구의 목적과 주요 질문입니다. '그래서 우리는 이 부분을 해명하기 위해 Y라는 아이디어로 Z라는 연구를 수행했다.'

간단히 정리하면 서론에서는 연구 주제는 무엇인지What, 왜 그 연구 주제가 중요한지Why, 연구를 어떻게 진행했는지How를 요약해 제시합니다. 이를 통해 독자는 논문에서 다루는 연구 주제의 의의와 방향성을 빠르게 파악할 수 있습니다.

방법론

연구를 수행하다 보면 다양한 실험과 분석을 거쳐야 하는데 단계마다 여러 가지 기법과 테크닉을 사용하게 됩니다. 최근에는 수많은 실험 방법론methods을 계속 개발하고 고도화하고 있어 같은 분야의 연구자라고 해도 모든 방법론을 전부 파악하기가 쉽지 않습니다. 따라서 방법론 섹션은 연구를 재현할 수 있도록 구체적이고 명확하게 작성해야 합니다. 이 섹션은 보통 다음과 같은 사항을 포함합니다.

1. 실험 설계와 절차
2. 사용한 장비, 재료, 데이터 수집 방법
3. 데이터 분석 기술과 통계적 접근법

연구 방법을 상세히 기술하는 이유는 연구 재현성reproducibility을 확보하기 위함입니다. 다른 연구자들이 동일한 실험을 반복하거나 확장할 수 있도록 세포 배양 방법이나 분석에 사용한 수식, 측정 장비, 부품 등 구체적인 내용을 명확히 기술해야 합니다. 이를 통해 과학적 검증이 가능해지고 연구 결과에 대한 신뢰도를 높일 수 있습니다.

결과

결과Results 섹션은 논문의 핵심이 되는 부분으로 연구를 통해 얻은 데이터를 제시합니다. 대략 다음과 같이 전개합니다.

1. 우리가 이 주장을 검증하기 위해 A라는 실험을 해봤더니 이런 결과가 나왔다.
2. 이와 관련해 궁금했던 점을 확인하고자 B라는 실험을 해봤더니 저런 결과가 나왔다.
3. 이 결과의 의미는 무엇이며 기존 연구와 어떻게 부합하는가?
4. 이런 결과는 이론적으로 어떻게 설명할 수 있는가?

결과 섹션에서는 연구 내용을 명확하고 설득력 있게 보여주기 위해 다음 사항을 고려합니다.

1. 표, 그래프, 그림 등의 시각 자료를 활용해 데이터를 효과적으로 표현합니다.
2. 결과의 주요 특징과 경향을 간결하게 설명합니다.
3. 데이터에 대한 통계적 유의성을 보고합니다.

독자가 핵심적인 결과를 쉽게 파악할 수 있도록 도표와 시각 자료를 적극적으로 사용하는 것이 중요하며 가능하면 '팩트'에 집중해서 기술해야 합니다. 또한 연구자가 할 수 있는 모든 실험과 분석을 충분히 시도했다는 인상을 주도록 데이터를 풍부하게 제시해야 합니다. 다만 관찰한 데이터 자체에 초점을 맞추어 작성하되 해당 데이터가 의미하는 바나 해석은 뒤이어 나오는 논의 섹션에서 보다 자세히 다루면 됩니다.

논의

논의Discussion 섹션에서는 결과가 갖는 의미를 해석하고 연구 질문에 대한 답을 제시합니다. 논의 섹션은 결과 섹션에서 제시한 데이터를 바탕으로 얼마나 깊이 고민하고 여러 지식을 종합해 새로운 통찰을 끌어냈는지가 드러나는 지적 생산의 공간입니다. 이때 저자가 얼마나 폭넓은 시각과 인사이트를 가지고 있는지가 명확히 드러납니다. 논의 섹션에 포함될 핵심 내용은 다음과 같습니다.

1. 연구 결과를 해석하고 기존 연구와 비교합니다.
2. 연구 결과의 학문적·실용적 의미를 끌어냅니다.
3. 연구의 한계와 미래 연구 방향을 제안합니다.

논의 섹션은 단순히 결과를 반복하기보다 '이 결과가 무엇을 의미하며 왜 중요한가?'라는 질문에 집중하여 연구 기여도를 강조해야 합니다. 또한 연구의 한계와 불확실성을 솔직하게 밝히고 이를 보완할 수 있는 후속 연구 방향을 제시하는 것도 중요합니다. 한편 논문의 분량이 짧은 레터나 단신 논문 등에서는 결과와 논의를 한꺼번에 다루는 경우도 있습니다.

결론

결론Conclusion 섹션은 연구의 요약과 주요 발견을 간략히 정리하고 연구 질문에 대한 명확한 답변을 냅니다. 이때 연구가 갖는 중요성과 잠재적 응용 가능성을 강조하며 후속 연구가 필요한 지점을 제안하기도 합니다. 결론은 독자가 연구의 핵심 메시지를 명확히 파악할 수 있도록 간결하게 작성하는 것이 중요합니다.

참고문헌

참고문헌References은 논문에서 인용한 모든 문헌을 정리하는 섹션입니다. 연구의 신뢰성을 높이고 독자가 관련 문헌을 쉽게 찾아볼 수 있도록 돕습니다. 논문 작성 시에는 기존 연구 결과나 이미 확립된 개념 등을 자주 활용하게 됩니다. 이때 원저자들의 공로를 인정하고 해당 정보를 명확히 인용해야 합니다. 이렇게 인용한 자료들을 체계적으로 정리한 것이 바로 참고문헌입니다. 참고문헌은 각 학술지에서 요구하는 형식에 맞춰 작성해야 하며 인용한 모든 문헌을 빠짐없이 포함해야 합니다.

"내가 더 멀리 볼 수 있었다면 그것은 거인의 어깨 위에 서 있었기 때문이다If I have seen further it is by standing on the shoulders of giants."

– 아이작 뉴턴

기타: 사사, 이해 상충, 보조 자료

학술지에 따라 사사, 이해 상충, 보조 자료 등의 항목이 있는 경우도 있습니다.

첫째, 사사Acknowledgement 항목에서는 연구와 논문 작성 과정에서 도움을 준 사람들과 기관에 감사를 표합니다. 연구비를 지원한 기관(예: NIH, NSF, 한국연구재단, 과학기술정보통신부)과 특정 프로젝트 이름 등을 명시하고 연구 수행에 직접적으로 기여한 동료와 데이터 제공자 등에게 감사를 전할 수 있습니다. 또한 학술 토론이나 피드백을 통해 연구 아이디어를 발전시키는 데 도움을 준 사람들을 비롯해 건설적인 의견을 제시한 익명의 심사위원에게도 사사 섹션을 통해 감사의 뜻을 밝힐 수 있습니다.

둘째, 이해 상충COI, Conflict of Interest 항목은 연구자와 논문 작성자가 연구 결과에 영향을 미칠 가능성이 있는 재정적, 개인적, 학문적, 기타 이해관계를 명시합니다. 이는 연구의 투명성과 신뢰성을 보장하는 데 중요합니다. 이해 상충은 연구자와 관련한 기업이나 연구비 지원기관, 또는 다른 이익 단체와의 관계에서 비롯될 수 있습니다.

예를 들어 연구자가 연구와 관련한 기업의 주식을 소유하거나 해당 기업으로부터 연구비나 장비 등을 제공받았다면 이해 상충이 발생할 가능성이 있습니다. 또한 연구 결과가 특정 단체나 정책에 유리하게 작용하는 경우도 이해 상충으로 간주할 수 있습니다. 예를 들어 연구자가 논문에서 제안하는 개념으로 특허를 출원했고 그 발명권자라면 이를 명시하는 것이 좋습니다. 제약사의 지원으로 학회 출장비를 받은 뒤 해당 제약사가 개발한 신약을 연구하는 경우에도 이해 상충 내용을 밝혀야 합니다.

제 경우에는 제가 창업한 회사 토모큐브Tomocube에서 개발한 홀로토모그래피Holotomography 장비를 연구에 사용한 논문에서 다음과 같이 이해 상충을 명시했습니다.[21]

> '경제적 이해관계 선언. 박 교수는 홀로토모그래피 기기를 상용화하는 회사인 토모큐브에 재정적 이해관계가 있습니다. 다른 모든 저자는 이해 충돌이 없음을 선언합니다Declaration of competing interest. Prof. Park has financial interests in Tomocube Inc., a company that commercializes holotomography instruments. All the other

authors declare no conflict of interest.'

이처럼 이해 상충을 정확히 명시하지 않으면 연구 결과의 신뢰성이 훼손될 수 있고 연구자와 학술지의 평판에도 부정적 영향을 미칩니다. 연구자는 자신의 이해관계를 정직하고 명확하게 공개해 연구 과정의 투명성을 확보해야 합니다. 대부분의 학술지가 제공하는 이해 상충 공개 양식을 정확히 작성하는 것은 필수입니다.

셋째, 보조 자료Supporting Information 항목은 논문 본문에 담기 어려운 추가 정보를 제공하는 부록 형태의 자료입니다. 독자가 연구 결과를 더욱 깊이 이해하고 재현할 수 있도록 세부 실험 과정을 비롯해 대규모 데이터 세트, 추가 그림, 표, 동영상, 계산 과정, 코드, 시뮬레이션 결과 등을 포함할 수 있습니다.

보조 자료는 본문의 가독성을 높이면서 필요한 정보를 충분히 제공하는 데 중요한 역할을 합니다. 특히 지면이 제한적인 학술지에서는 연구의 상세 내용을 다 싣기 어려워 보조 자료를 통해 부족한 부분을 보완하는 추세에 있습니다. 대부분의 학술지는 보조 자료를 온라인으로 제공해 논문이 출판된 뒤에도 독자들이 손쉽게 접근할 수 있도록 지원하고 있습니다.

9
논문의 구조: 사례

논문의 구조를 실제 사례를 통해 살펴보겠습니다. 그림 9는 2017년에 『네이처 커뮤니케이션즈Nature Communications』에 게재된 제 연구실의 논문[22]입니다. 가장 크게 보이는 것이 '3D 굴절률 지도를 활용한 임의의 형태의 물체에 대한 단층 촬영 능동 광학 트래핑To-mographic active optical trapping of arbitrarily shaped objects by exploiting 3D refractive index maps'이라는 논문의 제목입니다.

그다음 줄에 저자 정보를 표기합니다. 이 연구에는 총 두 명의 저자가 참여했습니다. 당시 카이스트 대학원생이었던 김규현 박사(현재 독일 막스플랑크 연구소 소속)와 제가 연구를 함께 수행했습니다. 보통 저자는 1저자에 이어 2저자 순으로 기재하는데 실험의 상당 부분과 논문 초안 작성을 주도한 사람이 1저자가 됩니다. 마지막으로 기재하는 저자는 연구 프로젝트 책임자senior author로 연구 프로젝트를 총괄하고 연구를 지도한 사람입니다. 즉 연구를 실질적으로 추진한 사람을 맨 앞에, 연구 프로젝트를 전체적으로 책임

그림 9. 사례: 논문의 구조

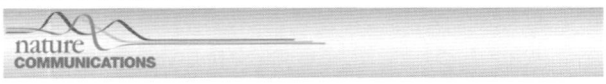

진 사람을 맨 뒤에 표기하는 것이 일반적입니다.

저자가 두 명인 경우는 비교적 드문 편입니다. 하지만 바이오와 의학 분야처럼 대규모 연구가 이루어지는 분야에서는 수십 명이 참여하고 입자물리학 분야에서는 수백 명이 참여하기도 합니다. 이런 경우에는 각 저자의 역할과 기여도를 구체적으로 나열하거나 별도의 저자 기여도 섹션에서 명시하는 방식으로 관리합니다.

저자 순서는 학문적 규정으로 엄격히 정해져 있지 않고 주로 학문 분야별 관례에 따릅니다. 예를 들어 수학이나 전산학 분야에서는 기여도와 무관하게 저자 이름을 알파벳순으로 나열하거나 교수 이름을 맨 앞에 표기합니다. 그러나 대다수 분야에서는 연구를 주도한 연구자를 첫 번째에 두고 연구 프로젝트 책임자를 마지막에 표기하는 방식이 보편적입니다. 또한 저자명 아래에는 각 저자의 소속 정보를 함께 기재하여 어느 학과와 대학 또는 기업에 속해 있는지 확인할 수 있습니다.

논문에는 반드시 교신저자Corresponding Author를 명시합니다. 교신저자는 논문 작성 과정에서 연구팀을 대표하여 학술지와의 모든 소통을 담당하는 주요 연구자를 의미합니다. 예를 들어 저자가 10명인 연구에서 각 저자가 학술지와 개별적으로 연락한다면 혼란이 생기고 소통을 제대로 할 수 없습니다. 그래서 교신저자가 논문 제출하기, 심사 과정에서 대응하기, 수정 요청 처리하기, 출판 후 독자나 다른 연구자들의 질문에 답변하기 등 모든 과정에서 연락을 책임지는 역할을 맡습니다. 보통 연구 프로젝트를 주도하거나 연구비를 지원받은 책임자가 교신저자가 되는 경우가 많습니다. 하지만 경우에 따라 1저자나 다른 공저자가 교신저자가 될 수도 있습니다. 논문에는 교신저자의 이메일과 소속 기관을 명기하여 출판 이후 논문 관련 문의와 협업 요청을 하도록 하고 있습니다. 교신저자의 이름은 별표(*)나 특정 기호로 구별합니다. 이 논문에서는 제가 교신저자 역할을 맡았으므로 각주 3에 제 이메일 주소를 저자 소속 정보에 표기했습니다.

그리고 논문에는 접수일Received, 게재 확정일Accepted, 출판일Published 등의 날짜 정보도 표기합니다. 이는 과학 분야에서 누가 먼저 해당 연구를 수행했는지를 판단하는 근거가 되기 때문입니다. 위 논문은 접수일이 2016년 11월 2일, 게재 확정일이 2017년 3월 22일, 최종 출판일이 2017년 5월 22일로 기록되어 있습니다. 접수부터 출판까지 약 6개월이 소요되었음을 알 수 있습니다. 이 기간은 학술지와 심사 절차에 따라 크게 달라질 수 있습니다. 제 경험상 가장 짧게는 3주 만에 출판한 적도 있고 가장 길게는 2년 넘게 소요된 적도 있습니다.

초록Abstract은 연구의 배경, 목적, 방법, 결과, 그리고 그 의미를 간략히 정리한 부분으로 논문의 첫인상을 결정하는 중요한 요소입니다. 독자는 초록을 통해 논문을 계속 읽을지를 판단하므로 핵심 내용을 명확하고 간결하게 전달해야 합니다. 지나치게 기술적인 세부 사항보다는 연구의 전반적인 메시지와 의의를 강조하는 것이 좋습니다.

초록 다음에 서론이 시작됩니다. 서론에서는 연구의 배경과 필요성, 접근 방식을 체계적으로 소개합니다. 그림 10은 서론을 보기 편하게 편집한 것입니다. 이 논문의 서론은 세 문단으로 이루어져 있습니다.

첫 번째 문단에서는 독자에게 논문이 다루는 분야가 무엇인지 설명합니다 What. 여기서는 광학 집게 Optical Tweezers, 즉 레이저 초점을 이용해 구형 물체를 잡는 기술이 매우 중요한 분야임을 강조합니다. 두 번째 문단에서는 연구의 필요성과 동기를 제시합니다 Why. 광학 집게 기술은 이미 활발히 연구되었는데도 구형 이외의 일반적인 물체를 잡기 어렵다는 기존 연구의 한계를 지적하고 문제를 명확히 정의합니다. 마지막 문단에서는 연구 아이디어와 접근 방식을 소개합니다 How. 이 문제를 해결하기 위해 제안한 아이디어가 무엇이며 어떤 방법으로 연구를 수행했는지 간략히 설명합니다.

이처럼 서론은 연구의 배경, 동기, 접근법을 구체적으로 제시해 독자가 논문의 전체 흐름을 쉽게 이해할 수 있도록 돕는 중요한 역할을 합니다.

서론에 이어서 결과 Results 섹션이 나옵니다. 그림 11을 보면 이 논문에서는 여러 소단락으로 구성된 결과 섹션을 통해 중요한 연구 결과들을 단계적으로 서술합니다. 각 소단락은 소제목으로 시작하여 핵심 내용을 먼저 제시하고 이를 뒷받침하는 세부 설명이

그림 10. 사례: 서론의 구성

ARTICLE

Optical tweezers have been an invaluable tool for trapping and manipulating micrometre-sized spherical particles. In optical tweezers, a tightly focused laser beam generates a gradient force that attracts colloidal particles and biological cells near the optical focus[1] (Fig. 1a). In the past two decades, the development of wavefront shaping techniques has facilitated the invention of holographic optical tweezers which can simultaneously generate multiple optical foci in three dimensions by displaying engineered holograms on a variety of diffraction optical elements[2,3] (Fig. 1b).

The optical forces exerted on a spherical particle can be analytically calculated using Mie theory. To predict the optical forces on particles with low symmetry, however, requires extensive numerical calculations, such as the T-matrix method[4] and the discrete dipole approximation[5]. Previous works have shown that non-spherical particles can be aligned along a limited equilibrium orientation when trapped with a Gaussian beam[6,7] and their position and orientation were measured by holographic microscopy techniques[8,9], and have exhibited unstable motion, depending on the sample geometry and optical properties[10,11]. Since optical trapping is an example of light-matter interaction, methods of controlling the stable orientation of arbitrarily shaped particles can be explored either by modifying sample shapes or by engineering the wavefront of light[12]. Recent advances in two-photon polymerization now enable the fabrication of arbitrarily shaped samples with trapping handles for stable orientation control[13,14], and iterative optimization of phase-only holograms using the T-matrix calculation have provided enhanced trap stiffness for spherical particles[15]. However, controlling the stable orientation of arbitrarily shaped particles using wavefront shaping based on sample geometry has yet to be explored.

Here, we present a novel technique, called a tomographic mould for optical trapping (TOMOTRAP). TOMOTRAP provides the stable control of the orientation and shape of arbitrarily shaped samples including colloidal particles, red blood cells and eukaryotic cells (Fig. 1c). TOMOTRAP measures the 3D refractive index (RI) maps of samples in real-time and generates 3D light field distributions, whose 3D intensity distribution corresponds to the 3D RI distribution of desired sample shape and orientation. This procedure minimizes the electromagnetic energy of the dielectric particles by maximizing the overlap volume between the light and the arbitrarily orientated sample, as explained in previous works[7,14,16]. As a result, arbitrarily shaped particles are stably trapped in the generated 3D light field distribution, and the orientation and shape of the trapped particles can be controlled by updating the 3D light field distribution with corresponding 3D RI distribution of a desired sample shape and orientation.

문단1 | What - 어떤 분야 연구인지?

분야 소개. 광학 집게라는 분야가 있는데 레이저 초점으로 구형 물체를 잡는 기술이라는 점을 설명한다.

문단2 | Why - 왜 연구를 했는지?

문제 제기. 광학 집게가 연구를 많이 되긴 했는데 기존 연구로는 구형 물체만 잡을 수 있다. 구형이 아닌 일반적인 형태의 물체를 잡기가 어렵다는 점을 설명한다.

문단3 | How - 그래서 어떻게 했는데?

해결 아이디어 제안.
그래서 우리 연구 팀이 제안한 아이디어를 설명한다. 어떤 결과를 얻었다는 내용을 소개한다.

펼쳐지는 구조입니다. 이러한 전개 방식은 독자가 논문의 흐름을 쉽게 따라가도록 돕고 결과를 명확하고 체계적으로 전달하는 데 유리합니다.

또한 결과 섹션에서는 연구 내용을 효과적으로 설명하기 위해 그림을 적절히 활용하는 것이 특히 중요합니다. 독자들은 본문을 처음부터 순서대로 꼼꼼히 읽기 전에 그림부터 빠르게 살펴보는 경향이 있습니다. 그 때문에 핵심 연구 결과를 시각 자료로 명확하고 직관적으로 제시하는 것이 좋습니다. 이후 그림에 담긴 내용을 본문에서 자세히 해설함으로써 독자가 전체적인 맥락을 한눈에 파

그림 11. 사례: 결과의 구성

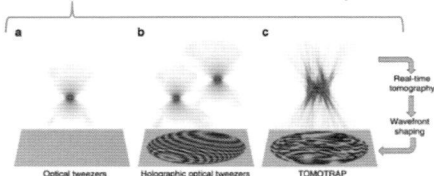

악하고 연구 성과를 깊이 이해할 수 있도록 구성해야 합니다. 연구 논문에서 그림을 구성하고 시각화하는 구체적인 방법은 다음 장에서 더 자세히 살펴보겠습니다.

    결과 섹션 다음은 논의 섹션입니다. 일부 학술지는 논의와 결론을 별도로 나누기도 합니다. 하지만 이를 구분하지 않고 하나의 단락으로 구성하는 학술지도 있습니다. 그림 9에서 이 논문도 논의와 결론을 하나의 단락으로 구성하여 세 개의 문단으로 전개합니다.

첫 번째 문단에서는 전체 연구 내용을 간략히 요약합니다. 새롭게 개발한 토모트랩TOMOTRAP 기술의 기본 원리와 이를 활용해 진행한 실험과 결과를 설명합니다. 이러한 요약은 독자가 논문의 핵심 내용을 다시 한번 명확히 이해할 수 있도록 돕습니다. 이어서 논문의 한계와 그 극복 방안을 제시합니다. 학술 논문에서 거의 정형적으로 포함되는 내용으로 연구의 투명성과 발전 가능성을 보여줍니다.

예를 들어 토모트랩 기술은 복잡한 형태의 물체를 빛으로 안정적으로 제어할 수 있지만 산란이 작을 때만 효과적으로 작동한다는 한계를 지적합니다. 산란이 심한 물체는 안정성이 떨어질 수 있다는 점을 언급하고 이를 해결하기 위한 아이디어를 제안합니다. 이렇게 연구의 한계와 극복 방안을 함께 서술해 연구의 실용성과 향후 발전 방향을 제시합니다.

두 번째 문단에서는 이 논문에서 개발한 기술이 기존에 발표된 유사 기술들과 어떤 차별점이 있는지를 구체적으로 설명했습니다. 즉 과거 기술들이 지닌 한계를 어떻게 극복했는지와 그 결과 우리 기술이 얼마나 우수한 성능을 보이는지를 논의함으로써 연구의 독창성과 기여도를 강조했습니다.

결론의 마지막 문단에서는 본 연구의 확장성과 향후 연구 방향을 제시했습니다. 이번 연구가 지닌 학문적 의의와 실용적 의의를 설명합니다. 그럼으로써 이 기술이 다양한 분야에 적용될 잠재력이 있음을 보여줍니다. 또한 이를 바탕으로 추가적인 연구 개발이 가능하다는 점을 언급하면서 앞으로 다른 연구자들이 이 성과를 어떻게 활용할 수 있을지에 대한 방향성도 제안했습니다.

한편 논의와 결론을 별도로 구분한 학술지의 경우 논의 섹션에서는 앞에서 제시한 결과의 의미를 더욱 깊이 해석하고 다양한 관

그림 12. 사례: 논의의 구성

Discussion

In summary, we proposed and experimentally demonstrated TOMOTRAP for stably controlling the orientation and shape of arbitrarily shaped particles. Exploiting the electromagnetic variational principle, we theoretically predicted that dielectric samples will be aligned to the 3D beam intensity of a desired shape and orientation, which acts as a tomographic mould for optical manipulation. Employing an optical setup that combines ODT and holographic optical tweezers, we experimentally demonstrated that the proposed idea can control the orientation and/or shape of arbitrarily shaped particles, including PMMA ellipsoidal dimers, RBCs and HT-29 cells. The translational and rotational trap stiffness of TOMOTRAP trapping a PMMA dimer suggested that TOMOTRAP can control the position and orientation of arbitrarily shaped particles in a stable manner. The present technique, so far, can be utilized for optical manipulation of weakly scattering particles. Highly scattering samples may violate the weak scattering assumption for measuring the 3D RI distribution and induce an additional scattering force from radiation pressure of the trapping beam, which can affect the trap stability[25]. However, we expect that TOMOTRAP, which employs a counter-propagating trapping beam geometry, can overcome this problem because the scattering forces from each direction cancel each other[26].

Previous optical manipulation techniques for controlling the position and orientation of nonspherical samples have exploited *a priori* information about the sample geometry and optical properties, and have been used to enhance the trap stability. For instance, placing multiple Gaussian beams at each end of microrods[27] and complex-shaped probes[28] showed enhancement in translational and rotational trap stiffness. Moreover, iterative optimization of phase-only holograms using the T-matrix calculation has provided significant enhancement of trap stiffness in one axis for spherical particles by generating focused beams at the rim of spherical particles[15]. These results for enhancing trap stiffness originate from the maximization of the overlap volume between dielectric samples and the trapping beam intensity, which share the same perception presented in TOMOTRAP. For this reason, we believe that TOMOTRAP also has a capability for the increase of the optical trap stability. For instance, as shown in Supplementary Figs 6 and 7, the translational trap stiffness along the x- and y-axis of various types of spherical particles having diameters ranging from 2 to 8 μm are enhanced up to twice when trapped by TOMOTRAP compared with a Gaussian trap (Supplementary Note 4).

The present method provides stable control of the orientation and assembly of arbitrarily shaped particles without knowing *a priori* information about the sample geometry. This work can be applied readily to various fields such as the 3D assembly of arbitrarily shaped microscopic particles, including colloidal particles[29,30], bacteria[31] and stem cells[32]. It is also worth noting that the present method can be used to induce a desired shape in samples by mechanical deformation, which permits the 3D optical sculpting of various materials[33]. We also anticipate that TOMOTRAP could benefit studies in biomechanics, and can be used to investigate the active microrheology of the fluctuating membranes of biological samples[34,35], global optical deformationas well as the 3D optical guiding of cellular migration[36].

결론문단1
논문의 전반적인 요약 | 우리가 토모트랩이라는 기술을 개발했다. 이 기술의 원리는 무엇이고 이 기술을 이용해 실험들을 통해 증명하는 내용을 담고 있다.

논문의 한계와 극복 방안 | 이 기술은 어떤 경우에서는 작동하지만 복잡한 다른 경우에는 작동하지 않을 수 있다. 그런 경우에는 어떤 아이디어를 활용해볼 수 있다는 내용을 담고 있다.

결론문단2
기존 발표된 기술과의 차별성 | 비슷한 목표를 가지고 수행한 기존 연구들이 있었다. 그들은 어떤 한계를 가지고 있었는지 그리고 왜 우리 기술은 그들보다 우월한지 설명을 담고 있다.

결론문단3
확장성 및 향후 연구 방향 | 이번 연구의 의미와 다양하게 확장 가능함을 설명한다. 이를 통해 다양한 연구 개발이 가능하다는 내용을 담고 있다.

점에서 논의합니다. 예를 들어 특정 결과가 어떤 의미를 가지며 왜 그런 결과가 나왔는지 배경과 원인을 살핍니다. 그리고 추가적인 아이디어나 개념 확장의 가능성을 모색합니다. 이렇게 단순히 결과를 나열하는 데 그치지 않고 결과를 바탕으로 연구의 의의를 확대하고 발전시키는 과정을 다루는 곳입니다. 학문 분야에 따라서는 실험 방법론Methods 부분이 이어지기도 합니다.

마지막 부분으로 가보겠습니다. 그림 13의 왼쪽 맨 위에 데이터 이용 가능성Data availability 항목이 나오는데 이는 최근 여러 학술지에서 도입한 것입니다. 이 부분에서는 논문에 사용한 분석 코드와

그림 13. 사례: 참고문헌 등

데이터를 공개하도록 권장함으로써 다른 연구자들이 해당 연구를 재현하거나 확장할 수 있도록 돕습니다. 특히 인공지능을 활용한 연구가 늘어나면서 파이썬Python 코드 등을 깃허브GitHub 같은 플랫폼에 공유하는 사례도 점점 많아지고 있습니다.

그 뒤에 참고문헌References 섹션이 이어집니다. 논문에서 언급한 모든 선행 연구를 정리한 단락으로 독자들이 필요한 자료를 쉽게 찾아볼 수 있도록 도와줍니다. 그다음 사사Acknowledgments 섹션에서는 이 연구가 한국연구재단 등의 지원을 받았음을 표기하고 세포 준비를 도와준 연구원(김도연 학생)에게 감사의 뜻을 전했습니다.

일부 학술지에서는 저자 기여Author Contributions 섹션을 별도로 마련해 각 저자가 어떤 역할을 담당했는지 구체적으로 기술하기도 합니다. 또한 부가 정보Additional Information 섹션에서는 온라인으로 제공하는 보조 자료의 다운로드 링크 등을 안내합니다. 이어서 이해 상충 섹션에서는 저자들의 이해관계를 투명하게 밝히는 방식으로 논문을 마무리합니다.

이번 장에서는 논문 작성의 이유, 역사, 현대 논문의 종류와 대표적인 구조를 예시와 함께 살펴보았습니다. 다음 장에서는 연구 결과를 도출한 후 어떤 순서로 논문을 작성하고 내용을 구성해야 하는지 좀 더 구체적인 방법에 대해 알아보겠습니다.

2부

논문 쓸 때 알았더라면 좋았을 것들

4장

논문 구조 짜기

: 쓰기 전에 반드시 점검해야 할 스토리보드

1
좋은 논문 = 좋은 스토리텔링

이번 장에서는 본격적으로 논문을 쓰는 방법에 관해 설명하겠습니다. 열심히 실험하고 분석하여 논문으로 정리할 만한 연구 결과가 모였다면 이제 본격적으로 쓸 차례입니다. 이때 가장 중요한 것은 논문의 구조를 어떻게 잡느냐와 결론을 어떻게 효과적으로 끌어내느냐입니다. 이번 장에서는 이 두 가지 핵심 요소를 다루겠습니다.

논문은 여러분이 주장하고자 하는 바를 잘 전달하는 데 초점을 맞춰야 합니다. 논문 작성은 단순히 연구 결과를 나열하는 것이 아닙니다. 독자가 이해하기 쉽고 흥미롭게 전달하는 스토리텔링의 과정이라고 보시면 됩니다. 우리가 일상에서 친구들과 대화할 때를 떠올려보세요. 어떤 친구는 새로운 개념을 조리 있고 재미있게 설명해줘서 이해가 쏙쏙 됩니다. 또 어떤 친구는 이야기가 복잡하고 재미없어서 이해하기 어려운 경우도 있죠. 논문도 마찬가지입니다.

논문은 연구한 내용을 독자에게 쉽고 명확하게 전달하는 것이

그림 14. 좋은 논문 쓰기

독자가 이해하기 쉽고 흥미롭게 전달하는 스토리텔링이다.

목적입니다. 논문의 구조가 잘 짜여 있다면 독자는 쉽게 이해하고 흥미를 느낄 것입니다. 반면 구조가 엉성하거나 논리적 흐름이 부족하다면 논문이 어렵고 지루하게 느껴질 수 있습니다. 똑같은 연구 결과를 가지고도 재미있게 읽히는 논문을 쓸 수도 있고 반대로 잘 읽히지 않는 논문을 쓸 수도 있는 것입니다.

연구 수행이 반이라면 나머지 반은 논문 작성입니다. 연구 수행 과정만큼이나 논문 작성 과정도 중요합니다. 논문 작성은 단순히 연구 결과를 기록하는 작업이 아닙니다. 연구의 가치를 극대화하고 독자에게 효과적으로 전달하는 데 초점을 맞춰야 합니다. 이번 장에서는 좋은 스토리텔링을 통해 연구의 가치를 최대한으로 끌어올리는 방법에 대해 함께 고민해보겠습니다.

2
논문 작성의 시작
: 한 줄 요약으로 결론을 먼저 써라

논문은 어디서부터 쓰기 시작해야 할까요? 저는 여러 시행착오를 거친 끝에 결론을 쓰는 것으로 논문 쓰기를 시작하고 있습니다. 여기서 말하는 결론이란 논문의 마지막 섹션인 결론이 아니라 논문이 전달하고자 하는 핵심 메시지를 한 문장으로 정리한 것을 뜻합니다. 즉 '당신이 연구에서 새롭게 발견한 것은 무엇인가?'라는 질문에 단 한 문장으로 명확히 대답할 수 있어야 합니다.

왜 결론부터 써야 하는가?

결론은 논문의 도착점입니다. 도착점을 명확히 알고 시작하는 것, 즉 핵심 메시지를 한 문장으로 정리하는 작업은 논문 작성의 가장 중요한 출발점입니다. 이 한 문장은 이후 논문의 전체 구조를 설계하는 기초로 작용합니다.

결론이 명확해야 연구 내용을 체계적이고 논리적으로 정리할 수 있으며 독자들에게 효과적으로 전달할 수 있습니다. 더 나아가 독

그림 15. 자료에서 정보, 지식, 통찰로 이어지는 단계

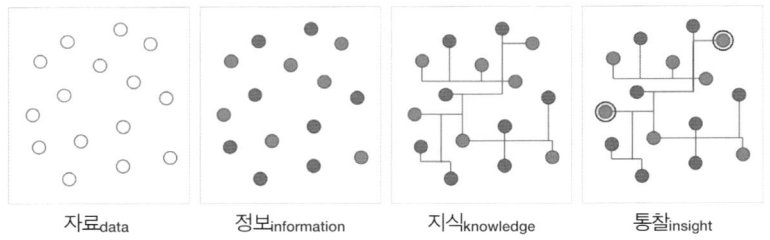

자들이 연구의 가치를 쉽게 이해하고 공감할 수 있게 됩니다.

왜 결론을 한 줄로 정리하기가 어려운가?

결론을 한 문장으로 정리하는 작업은 간단해 보이지만 실제로는 매우 고도의 사고 과정을 필요로 합니다. 이는 여러 정보와 데이터로 구성된 점들을 선으로 연결하고 깊이 고민해 하나의 통찰로 압축한 다음 독자들이 쉽게 이해할 수 있는 형태로 정리하고 요약해야 하기 때문입니다. 이러한 과정(그림 15)은 상당한 정신적 노력을 요구합니다.[23]

더욱이 연구는 항상 계획대로 진행되지 않기 때문에 결론을 정리하는 데도 또 다른 어려움이 따릅니다. 처음에 의도했던 목표와는 다른 결론이 나오는 경우도 많습니다. 예를 들어 초기에는 특정 가설을 검증하려고 실험을 시작했지만 예상과 달리 결과가 나오지 않을 수 있습니다. 그러나 그 과정에서 흥미로운 발견을 하게 되고 발표할 만한 가치가 있는 중요한 결과라면 그에 맞춰 결론을 새롭게 정리해야 합니다.

이때 중요한 것은 연구 결과를 장황하게 설명하지 않고 독자들이 흥미를 느낄 수 있도록 스토리텔링을 통해 메시지를 전달하는 것입니다. 그러기 위해서는 머릿속에 한 줄로 요약한 결론이 명확히 정리되어 있어야 합니다.

결론을 정리하는 과정은 연구 결과를 단순히 요약하는 것이 아니라 연구 과정에서 가장 중요한 순간을 결정짓는 핵심 작업입니다. 연구의 가치를 극대화하고 독자들에게 효과적으로 전달하기 위해서는 이 한 줄 결론이 반드시 필요합니다.

왜 '독자 중심' 스토리텔링이어야 하는가

논문은 연구 과정을 시간 순서대로 나열하는 단순 보고서가 아닙니다. 오히려 독자가 궁금해하는 주제를 중심으로 스토리텔링을 구성해야 합니다. 예를 들어 다음과 같은 연구 과정을 떠올려봅시다.

1. 처음에 A라는 목표로 실험을 시작했지만 실패했습니다.
2. 새로운 가설을 세워 B라는 연구를 진행했으나 예기치 못한 결과가 나왔습니다.
3. 이 과정에서 우연히 C라는 흥미로운 발견을 하게 되었습니다.

그렇다면 논문은 어떻게 작성해야 할까요? 위 과정을 시간 순서대로 그대로 나열해 '우리는 A라는 연구를 시도했고 실패했습니다. 그래서 B라는 연구를 진행하다가 우연히 C라는 결과를 발견했습니다.'라고 해야 할까요?

사실 독자는 연구 과정의 순서나 실패 사례에 관심이 있는 것이 아닙니다. 중요한 점은 내가 하고 싶은 이야기가 아니라 독자가 듣고 싶어 하는 이야기를 전달하는 것입니다. 독자가 궁금해하는 것은 결국 C라는 결과가 무엇이며 그것이 왜 중요한지입니다. 따라서 논문은 'C라는 발견이 학문적으로 어떤 의미가 있는지'를 중심으로 설득력 있게 구성해야 합니다. 스토리텔링의 목적은 독자가 논문의 메시지를 명확히 이해하고 설득되도록 돕는 것이어야 합니다.

결국 한 논문에서는 하나의 주장을 중심으로 전개하는 것이 핵심입니다. 그리고 그 주장을 논리적이고 설득력 있고 가장 효과적으로 전달해야 합니다. 앞의 예처럼 중요한 결과가 C라면 논문은 C에 집중해야 합니다. 예를 들어 이렇게 쓸 수 있습니다.

'C라는 주제는 매우 중요한 문제입니다. 기존에는 사람들이 이 사실을 제대로 알지 못했거나 특정 개념까지만 이해하고 있었습니다. 그런데 이번 연구에서 우리는 새로운 실험을 통해 이전에 알지 못했던 사실을 밝혀냈습니다. 이를 통해 C의 중요성과 그 학문적 의의를 한층 더 명확히 제시할 수 있습니다.'

C라는 내용에 집중하기 위해 아예 A와 B는 언급조차 하지 않았습니다. 이처럼 논문 작성에서 스토리텔링의 초점은 연구 과정을 시간 순서대로 나열하는 것이 아니라 핵심 발견과 그 학문적 의의를 독자에게 명확히 전달하는 데 있다는 점을 잊지 말아야 합니다.

논문 작성의 핵심은 설득력과 논리다

많은 연구자가 실험과 분석이 끝나면 연구가 마무리되었다고 생각하기 쉽지만 실은 그렇지 않습니다. 논문 작성은 연구 과정의 '종착점'이 아니라 또 다른 '출발점'입니다. 연구 결과를 설득력 있게 정리하고 논리적으로 전달해야 비로소 연구의 임팩트를 극대화할 수 있습니다. 따라서 연구 결과를 논문으로 옮겨 적기 시작했다면 전체 여정의 절반 정도를 지난 것에 불과하다고 볼 수 있습니다.

다시 말하지만 좋은 논문은 단순히 연구 결과를 나열하지 않습니다. 결과의 핵심을 명확히 제시하고 그 중요성을 독자들에게 효과적으로 설득하는 데 초점을 맞춥니다. 같은 연구 결과라도 얼마나 흥미롭고 논리적으로 빈틈없이 전달하느냐에 따라 임팩트가 크게 달라집니다. 이를 위해 가장 중요한 것이 바로 '한 줄 요약 결론'

을 가장 먼저 확실히 정리하는 일입니다. 논문을 작성하면서 전하고자 하는 핵심 주장을 잊지 않도록 방향을 잡아 주기 때문입니다. 이는 여행을 떠나기 전에 목적지를 명확히 정하는 것과 같습니다. 내가 대전에 있는데 부산으로 가는 것을 명확하게 알고 여행을 떠나야 합니다. 어디로 갈지 목적지를 정하지 않은 채로 일단 출발해서 북쪽으로 갔다가 동쪽으로 갔다가를 반복하면 아무리 열심히 가더라도 부산에 도착하기 어려울 것입니다.

물론 논문을 쓰는 과정에서 결론이 바뀔 수도 있습니다. 처음에 생각했던 결론이 데이터를 재검토하고 문헌을 조사하며 깊이 고민한 뒤에는 적절하지 않다고 판단할 수 있겠죠. 이럴 때는 결론을 수정하고 논문의 흐름도 과감하게 바꾸면 됩니다. 중요한 것은 '내가 주장하는 결론이 논리적으로 타당한가?' 그리고 '이 결론을 효과적으로 설명할 수 있는가?'라는 질문에 스스로 답할 수 있어야 한다는 것입니다. 처음에 의도했던 결론이 설득력이 약하다고 느껴지면 새로운 방향으로 연구 결과를 정리하고 논문의 구조를 재배치하는 과정을 통해 연구의 메시지를 한층 강화할 수 있습니다.

실제로 많은 논문이 이러한 과정을 거쳐 더 완성도 높은 결론을 찾아갑니다. 여러 번 강조하는데 논문 작성이란 단순히 연구 결과를 서술하는 일이 아닙니다. 연구의 메시지를 효과적으로 전달하기 위해 끊임없이 고민하고 발전해가는 과정입니다. 두려워하지 말고 이 과정을 즐기세요.

3
결론을 한 문장으로

논문 작성의 첫 단계로 논문의 결론을 한 문장으로 정리하여 확정하면 전체 글의 방향성을 잡는 데 큰 도움이 됩니다. 그러나 이 결론을 간단명료하게 작성하기가 생각만큼 쉬운 일은 아닙니다. 그래서 결론을 효과적으로 정리하는 간단한 방법을 소개하겠습니다.

먼저 연구를 통해 얻은 주요 내용을 바탕으로 세 가지 정도의 핵심어를 추려보세요. 이 핵심어는 연구의 핵심 개념이나 주요 발견을 함축하는 단어들이어야 합니다. 이렇게 선정한 핵심어를 조합해 한 문장으로 결론을 정리합니다. 그러면 자연스럽게 논문의 요지를 간결하게 드러낼 수 있습니다.

그림 16은 제가 2017년에 『네이처 포토닉스Nature Photonics』에 게재한 논문[24]의 초록 일부입니다. 여기에서는 결론을 단 한 문장으로 명료하게 제시하고 있습니다.

이 초록은 크게 무엇을What, 왜Why, 그리고 어떻게How에 해당하는 논문의 요약으로 구성됩니다. 먼저 무엇을What에서 근접장near

그림 16. 예시: 한 줄 요약 결론

There has been an escalation in interest in developing methods to control the near field because of its role in subwavelength optics. Many novel ideas have emerged in the field of plasmonics[1], super-resolution optical imaging[2-5] and lithography[6], among others. However, the near field generated in plasmonic metamaterials is fundamentally restricted by their predesigned structure, and super-resolution optical techniques do not directly control the near field. Here, we achieve direct control of the optical near field by shaping the wavefront impinging on turbid media consisting of random nanoparticles. The linear relation between input far field and scattered output near fields allows us to coherently control the near field at arbitrary positions. Direct control of the near field through scattering control offers novel approaches for subwavelength optics and may have direct applications in bio- and nanophotonics.

We achieve direct control of the optical near field
by shaping the wavefront impinging
on turbid media consisting of random nanoparticles.

한 줄 요약 결론: 핵심어 1 + 핵심어 2 + 핵심어 3

field 광학 분야가 얼마나 활발히 연구되고 있는지 소개하며 독자에게 연구 배경을 전달합니다. 그다음 왜Why에 해당하는 부분에서 '근접장을 생성하는 것은 어렵다.'라는 문제를 제기해 연구의 필요성을 강조합니다. 그리고 이어지는 한 문장이 이 논문의 결론, 즉 한 줄 요약입니다.

'여기서 우리는 무작위 나노 입자로 구성된 탁한 매질에 입사하는 파면을 제어해 광학 근접장을 직접 제어함을 보였다

Here, we achieve direct control of the optical near field by shaping the wavefront impinging on turbid media consisting of random nanoparticles.'

이처럼 먼저 핵심어를 추려 결론을 압축하고 그다음 초록 글 전체를 무엇을What, 왜Why, 어떻게How로 명확히 구분해 전개하면 독자에게 논문의 연구 의의와 결과를 더욱 효과적으로 전달할 수 있습니다.

위 결론은 이 논문에서 가장 중요하게 주장하고자 하는 메시지

를 담고 있습니다. 여기서는 이 논문의 연구 내용을 자세히 다루기보다는 세 가지 핵심어들을 분석하고 다음 단계로 넘어가겠습니다. 앞의 문장을 분석하면 다음과 같이 세 가지 핵심어로 구성되었음을 알 수 있습니다.

> 핵심어 1. 광학 근접장을 직접 제어할 수 있다achieve direct control of the optical near field
>
> 핵심어 2. 입시하는 파면을 제어함으로써by shaping the wavefront impinging
>
> 핵심어 3. 무작위 나노 입자로 구성된 탁한 매질에on turbid media consisting of random nanoparticles

일반적인 렌즈로는 제어하기 어려운 빛의 정보가 '근접장nearfield*'입니다. 따라서 '근접장을 제어했다.'라는 사실은 이 연구의 가장 중요한 발견으로 논문의 첫 번째 키워드로 선정했습니다. 항상 중요한 것이 먼저 나와야 합니다. 자연스럽게 '그렇다면 근접장은 어떻게 제어했는가?'라는 질문이 이어지는데 그에 대한 우리의 방법은 빛의 '파면wavefront**'을 제어하는 것이었습니다. 빛은 '세기intensity'와 '방향direction'이라는 두 가지 중요한 정보를 지닙니다. 이 연구에서는 빛의 방향 정보를 나타내는 파면을 제어함으로써 근접장을 통제할 수 있었습니다.

---

* 근접장은 빛(전자파)의 발생 지점에 매우 인접해 있어 기존 렌즈로는 관측하거나 제어하기 어려운 특수한 영역입니다. 이 영역에서는 파장보다 더 작은 규모의 빛 정보를 다룰 수 있어 새로운 광학 기술 연구에 중요한 역할을 합니다.

** 파면wavefront은 빛이나 소리와 같은 파동에서 같은 위상(진동 상태)에 있는 점들을 연결한 가상의 면입니다. 간단히 말해 파동이 퍼져나가는 '형태' 또는 방향 정보라고 이해하면 됩니다.

하지만 제어한 빛의 파면을 아무 '매질medium'에 쏘았다고 해서 원하는 효과가 발생한 것은 아니었습니다. 이 연구에서는 무질서하게 배치된 나노 입자들로 이루어진 불투명 매질에 빛을 쏘았을 때 근접장 제어에 성공했다는 결과를 얻었습니다. 이것이 바로 세 번째 키워드인 '무작위 나노 입자random nanoparticles'로 이어집니다.

이 논문은 '근접장의 직접 제어direct control of near field' '파면 형성 wavefront shaping' '무작위 나노 입자random nanoparticls'라는 세 가지 핵심어를 중심축으로 전개되었습니다. 이 세 가지 핵심어로 실험 결과를 뒷받침함으로써 우리가 주장하고자 하는 메시지를 논문의 전반부부터 결론까지 일관되게 전달했습니다.

한 줄 요약 결론을 명확히 제시하라

연구 결과가 충분히 도출되었다면 우선 모든 결과를 한눈에 볼 수 있게 펼쳐놓습니다. 그리고 그중에서 핵심 키워드 세 가지 정도를 추려낸 다음 한 줄 요약 결론을 작성합니다. 이때 유의할 점은 모든 결과를 논문에 전부 담을 필요는 없다는 것입니다. 실제로 많은 연구자가 '힘들게 얻은 결과이니 다 논문에 넣어야 한다.'라는 마음으로 논문을 과잉 구성하는 실수를 저지릅니다. 많은 연구자가 흔히 빠지는 함정 중 하나입니다. 이는 사람이라면 누구나 가지는 자연스러운 욕구에서 비롯합니다. 내가 한 노력을 인정받고 싶고 남들이 알아주었으면 하는 마음이죠. 하지만 이런 접근은 오히려 논문의 품질을 떨어뜨릴 수 있습니다. 결과가 열 가지가 나오더라도 그중에서 가장 중요하고 흥미로운 결론 하나를 골라야 합니다. 모든 결과를 무리하게 담기보다는 핵심어를 기반으로 한 줄 요약 결론을 명확히 제시하는 데 집중하기 바랍니다.

논문 한 편에는 오직 하나의 결론만 담아야 합니다. 결론이 두 개

이상이라면 두 편의 논문을 따로 작성하는 것이 좋습니다. 결론을 정한 뒤에는 이를 독자에게 보다 쉽고 재미있게 전달하기 위해 어떤 데이터를 활용할지, 데이터는 어떻게 배치할지, 그리고 어떤 순서로 설명할지를 고민해야 합니다. 결론을 어떻게 설정하고 이를 어떤 방식으로 전개할지를 깊이 고민하는 과정은 논문 작성에서 매우 중요한 단계입니다. 논문은 단순히 데이터를 나열하는 문서가 아니라 독자들이 결론을 자연스럽게 이해하고 공감할 수 있도록 구성된 스토리텔링이어야 합니다. 결국 논문 작성에서는 연구 결과를 토대로 명확한 결론을 내리고 독자에게 가장 설득력 있게 전달하는 방법을 설계하는 것이 가장 중요하다고 하겠습니다.

임팩트 강한 결론을 미리 정리해두자

논문의 결론을 확정하면 이후 작성 과정은 훨씬 수월해집니다. 충분히 숙고하여 명확한 결론을 미리 정리해두면 그다음 전개가 자연스럽게 이어집니다. 반면 결론이 불분명한 상태에서 글을 쓰기 시작하면 작성이 진행될수록 점점 더 어려워집니다. 결론이 잘못 설정된 상태에서 글을 써 내려가다 보면 '이게 아닌데?'라는 생각이 끊임없이 들고 자신도 납득하기 어려운 글을 쓰게 됩니다. 그러면서 큰 스트레스를 받게 되죠. 이런 논문을 읽는 독자는 저자들이 어떤 연구를 했고 왜 했는지 공감하지 못할 가능성이 높습니다. 정작 본인조차 납득하지 못하는 논문은 다른 사람도 설득하기 어렵습니다. 스스로 감동받는 수준의 글이어야 다른 사람들도 감동받을 수 있습니다.

또한 임팩트가 낮은 결론으로 시작하면 아무리 공들여 논문을 작성하더라도 높은 영향력을 기대하기 어렵습니다. 논문의 결론은 그 임팩트를 결정짓는 핵심 요소입니다. 똑같은 연구 데이터를 다루더라도 누군가는 흥미롭지 않고 설득력이 약한 논문을 쓰는 수준에 머무릅니다. 그리고 다른 누군가는 논리적으로 탄탄하고 흥미로운 논문을 학술지에 게재합니다. 결국 결론을 정리하는 단계에서 논문의 임팩트가 사실상 결정된다는 점을 기억하길 바랍니다. 결론을 깊이 고민하며 설득력 있는 메시지를 도출하는 것이 논문 성공을 좌우하는 첫걸음입니다.

4
결론에서 제목으로
: 키워드를 활용한 제목 구성

결론이 정리되면 자연스럽게 제목도 나오게 됩니다. 다시 이 논문의 결론 문장을 살펴봅시다.

> '여기서 우리는 무작위 나노 입자로 구성된 탁한 매질에 입사하는 파면을 제어해 광학 근접장을 직접 제어함을 보였다
> Here, we achieve direct control of the optical near field by shaping the wavefront impinging on turbid media consisting of random nanoparticles.'

결론 문장에서 사용한 핵심어들을 조금 변형하고 순서를 적절히 배열해서 논문의 제목을 만듭니다. 그런데 결론과 논문 제목에 똑같은 단어를 그대로 쓰면 독자 입장에서 재미가 없어집니다. 영어든 한글이든 동일한 표현보다는 의미를 유지하면서 다른 표현을 사용하면 내용을 좀 더 흥미롭게 전달할 수 있습니다. 그래서 단어를 살짝 바꾸는 것이 좋습니다.

그림 17. 예시: 결론에서 제목 도출하기

nature photonics　　　LETTERS
PUBLISHED ONLINE: 28 APRIL 2013 | DOI: 10.1038/NPHOTON.2013.95

Subwavelength light focusing using random nanoparticles

Jung-Hoon Park[1], Chunghyun Park[1,2], HyeonSeung Yu[1], Jimin Park[3], Seungyong Han[4], Jonghwa Shin[5], Seung Hwan Ko[4], Ki Tae Nam[3], Yong-Hoon Cho[1,2]* and YongKeun Park[1]*

　이 논문의 제목에서는 핵심어들을 약간 수정해서 사용했습니다. 예컨대 '광학 근접장optical near field'은 광학 분야에서 '서브파장 빛 subwavelength light'으로도 표현할 수 있습니다. 또한 이 논문에서는 근접장을 제어하기 위해 광초점Optical Focus을 형성하고 이를 실험적으로 증명했다는 점을 제목에 반영하고자 했습니다. 제목은 너무 길면 안 되기 때문에 중간 단계의 구체적인 설명은 과감히 생략하고 가장 중요한 요소만 남겼습니다. 특히 '무작위 나노 입자random nanoparticles'는 핵심어이므로 제목에 반드시 포함해야 한다고 판단했습니다. 최종적으로 결정된 논문 제목은 다음과 같습니다.

　　'무작위 나노입자를 사용한 서브파장 광초점Subwavelength light focusing using random nanoparticles'

　이 제목은 결론에 담긴 핵심어들을 활용하되 순서를 새롭게 재배치하고 독자가 한눈에 이해하기 쉽도록 간결하게 구성했습니다. 논문의 제목은 무엇보다 독자를 고려하여 연구의 주요 내용을 대략 짐작할 수 있도록 작성해야 합니다. 독자가 더 자세한 내용에 흥미가 생긴다면 자연스럽게 초록을 찾아 읽게 됩니다. 좋은 제목과 초록은 독자에게 '이 논문이 흥미로우니 좀 더 들여다봐야겠다.'라는 호기심을 불러일으키고 동시에 연구의 핵심 메시지를 분명하게 전달하는 역할을 합니다.

5
논문의 구조 짜기
: 결론을 중심으로 한 스토리 설계

논문의 구조를 짜는 첫 단계로서 결론을 명확하게 정리했다면 그다음은 쉽고 논리적으로 전달할 방법을 고민해야 합니다. 논문 작성 과정 내내 결론을 중심에 두고 한 줄 요약을 머릿속에서 잊지 않아야 합니다. '이 결론에 도달하기 위해 어떻게 설명해야 독자가 가장 쉽게 이해할 수 있을까?'라는 질문을 바탕으로 논문의 전체적인 구성을 설계해야 합니다. 일반적인 논문의 구성은 다음과 같은 흐름으로 전개됩니다.

1. 결론 설정. 논문의 핵심 메시지를 한 문장으로 요약합니다.
2. 결론으로의 여정. 결론을 입증하기 위해 필요한 데이터를 제시하고 뒷받침하는 논리를 차근차근 전개합니다.
3. 결과와 논의의 반복. 각각의 결과와 그 결과의 의미를 설명하고 논의하는 과정을 반복합니다.

논문의 각 섹션은 독자가 결론에 도달하도록 차근차근 안내하는 스토리텔링의 역할을 합니다. 예를 들어 다음과 같은 방식으로 논문을 구성할 수 있습니다.

1. 결과 첫 번째 섹션

연구의 기본 원리와 접근법을 설명합니다. 이 원리가 실제로 작동하는지 보여주기 위해 실험 1을 진행합니다. 실험 1의 결과를 제시하고 그 결과가 결론과 어떻게 연결되는지를 논의합니다.

2. 결과 두 번째 섹션

첫 번째 결과에서 이어지는 또는 해결되지 않은 추가적인 질문에 답하기 위해 실험 2를 설계합니다. 실험 2의 결과를 제시하고 이론적 계산이나 기존 연구와 비교하여 논의합니다.

이렇게 쉽고 차근차근 결과를 제시하고 설명과 논의를 이어갑니다. 학술지의 형태에 따라 결과 섹션에서 논의를 같이 할 수도 있습니다. 논의 섹션이 따로 있는 형식의 학술지에서는 결과 섹션에서는 결과만 보여주고 논의 섹션에서는 논의 내용을 한번에 묶어서 정리할 수도 있습니다.

논문의 결론은 결과와 논의를 반복하면서 점진적으로 설득력을 얻게 됩니다. '이 결론을 설득력 있고 재미있게 전달하려면 어떤 데이터를 어떤 순서로 배치해야 할까?'라는 질문을 염두에 두고 결론을 뒷받침하는 실험과 논리를 차례로 정리하면 자연스럽게 논문의 구성이 완성됩니다.

논문은 단순히 데이터를 나열하는 것이 아니라 독자에게 연구의 메시지를 효과적으로 전달하는 스토리텔링입니다. 논문 작성의 핵심은 결론을 중심으로 논문의 흐름을 설계하고 결과와 논의를 반복적으로 전개하여 독자를 결론으로 안내하는 것입니다. 쉽고 설득력 있는 논문은 결론에서 출발합니다. 결론을 중심으로 논문의 구조를 짜보길 바랍니다.

6
그림을 중심으로
: 논문 구성의 설계

이제 여러분은 논문이 저자가 하고 싶은 말을 나열하는 것이 아니라 독자가 알고 싶어 하는 내용을 중심으로 구성하는 것임을 알았을 것입니다. 독자의 궁금증을 순차적으로 해소하며 논문의 핵심 메시지를 명확히 전달하는 것이 중요합니다. 그러기 위해 다음과 같은 질문을 끊임없이 던지며 논문의 구성과 흐름을 독자 중심으로 설계해야 합니다.

독자에게 제일 먼저 어떤 내용을 설명하는 것이 좋을까?
독자에게 이 설명을 했을 때 어디까지 이해할까?
독자에게 이 결과를 이어서 보여주면 충분히 따라올 수 있을까?

이때 그림Figures을 중심으로 작성하는 것이 매우 효과적입니다. 보통 독자는 논문을 읽기 전에 제목과 초록을 본 뒤 바로 그림을 확인하는 경우가 많습니다. 그림은 논문의 주요 내용을 시각적으로 전달하는 중요한 도구입니다. 그림을 통해 독자는 논문에서 다룬 내용을 대략적으로 파악하며 추가적인 세부 정보를 알고 싶을 때 본문을 들여다봅니다. 따라서 논문을 구성할 때 그림을 중심으로 설계하면 독자에게 연구 메시지를 더 효과적으로 전달할 수 있습니다.

물론 논문을 처음부터, 즉 서론부터 한 줄씩 읽어 내려가기도 합니다. 하지만 많은 독자는 먼저 그림을 보고 논문의 흐름과 핵심 메시지를 이해하려고 합니다. 따라서 그림만으로도 논문의 구성이 드러나고 핵심 메시지가 전달될 수 있도록 설계해야 합니다. 예를 들어 다음과 같은 그림의 구성을 생각해볼 수 있습니다.

그림 1: 논문에서 제안한 기술의 원리나 연구 목표를 다이어그램으로 설명합니다.
그림 2: 주요 실험 결과 1을 제시하며 연구의 가능성을 보여줍니다.
그림 3: 후속 실험 결과를 통해 논문의 결론을 뒷받침합니다.

그림을 통해 논문의 주요 내용을 시각적으로 전달하면 독자는 그림만 보고도 연구의 큰 흐름을 이해할 수 있습니다. 이후 본문을 참고하며 필요한 세부 정보를 확인하면 됩니다.

논문의 흐름과 논리를 명확히 전달할 수 있도록 그림을 설계하기 위해 다음과 같은 방법을 활용해 볼 수 있습니다.

1. 실험 결과를 시각화하기

모든 실험 결과를 인쇄하거나 컴퓨터 화면에 펼쳐놓고 어떤 데이터가 가장 중요한지 판단합니다. 결론을 가장 잘 뒷받침하는 데이터를 선택합니다.

2. 그림 순서 정하기

첫 번째 그림에서는 연구의 핵심 개념이나 제안한 기술의 원리를 설명합니다. 두 번째 그림에서는 첫 번째 실험 결과를 제시합니다. 세 번째 그림에서는 두 번째 실험 결과를 통해 연구의 결론을 강화합니다. 네 번째 그림에서는 (필요한 경우) 추가적인 실험 결과나 응용 가능성을 제시합니다.

3. 그림을 중심으로 논문 설계하기

그림이 논문의 결과와 논의를 자연스럽게 전달할 수 있도록 구성합니다. 그림 → 결과 → 논의의 흐름을 따라가며 논문의 핵심 결론을 논리적으로 설득력 있게 전달합니다.

결론을 강조하고 독자에게 효과적으로 전달하려면 그림과 데이터를 중심으로 논문을 설계해야 합니다. 논문은 연구의 가치를 독자에게 설득력 있게 전달하는 스토리입니다. 그림은 이러한 스토리의 핵심 요소로 연구 내용을 명확하고 간결하게 전달하는 데 중요한 역할을 합니다.

논문 구성 설계 때 항상 '결론을 가장 잘 전달하기 위해 어떤 데이터를 어떤 순서로 배치해야 하는가?'를 염두에 두고 작성해 보십시오. 이렇게 하면 논문이 독자에게 더 쉽게 다가가고 연구의 임팩트를 극대화할 수 있습니다.

7
논문의 구조 짜기
: 사례

논문을 작성할 때 어떻게 구조를 짜야 할지 고민하는 분이 많습니다. 여기서는 제 연구실에서 발표한 「파면 형성을 사용하여 산란 두개골을 통한 세포 신호 경로의 광유전학적 제어 Optogenetic control of cell signaling pathway through scattering skull using wavefront shaping」 논문[25]을 사례로 들어 논문의 구성을 어떻게 설계했는지 자세히 설명하겠습니다. 이 논문은 광유전학 optogenetics*이라는 연구 분야와 관련이 있습니다. 광유전학은 특히 뇌 신경세포 연구에서 많은 가능성을 보여주고 있습니다. 그러나 여전히 해결해야 할 큰 문제가 있었습니다. 신경세포에서 광유전학을 구현할 수 있는 단백질을 발현하는 데는 성공했지만 빛을 원하는 세포까지 효과적으로 전달하

---

* 광유전학은 빛을 이용해 세포의 기능을 조절하는 기술입니다. 세포는 일반적으로 화학물질 등을 통해 신호를 주고받으며 활동을 결정합니다. 광유전학은 세포 표면이나 내부의 단백질을 특정 파장의 빛에 반응하도록 조작하여 세포 내 신호 처리 signal processing를 조절할 수 있습니다. 예를 들어 파란빛으로 특정 세포를 활성화하고 turn-on, 빨간빛으로 억제하는 turn-off 방식으로 세포 활동을 정밀하게 제어할 수 있습니다.

그림 18. 연구의 방향성과 목표를 설명하는 그림

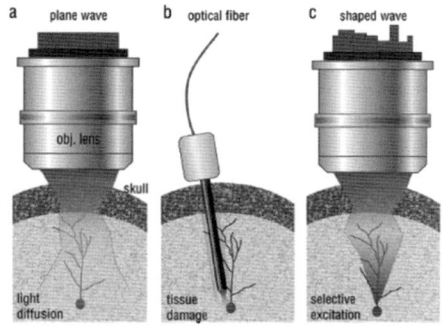

Figure 1. Schematics of current optical delivery methods for *in vivo* optogenetics and the proposed concept. (a) Focusing with a conventional lens results in light diffusion due to multiple light scattering in a skull and brain tissues. (b) Irradiation of target regions using an implanted optical fiber is invasive and causes tissue damage (green color). (c) Illumination with a shaped beam can enable light focusing inside tissues without invasive processes such as skull thinning or optical fiber implantation.

는 방법이 부족했던 것입니다. 제 논문은 바로 이 문제를 해결하기 위한 대안을 제시한 것입니다.

그림 18은 위 논문의 첫 번째 그림으로 연구의 방향성과 목표를 독자에게 명확히 전달하는 데 중점을 두었습니다. 이 그림에서는 쥐의 두개골과 뇌 조직을 다루며 빛을 통해 특정 신경세포를 제어하려는 연구의 목표를 시각적으로 설명했습니다.

그러나 일반적인 현미경의 렌즈를 통해 빛을 전달하면 두개골과 뇌 조직의 불투명성과 빛 산란 문제로 인해 빛이 특정 세포에 도달하지 못합니다. 빛이 퍼지면서 에너지가 분산되거나 엉뚱한 위치로 전달되는 문제가 발생합니다. 또한 기존 방식은 두개골에 구멍을 뚫고 광섬유를 삽입하여 빛을 전달하는 방식이어서 실험 동물의 생체 안정성을 크게 해치고 비효율적이라는 단점이 있었습니다.

첫 번째 그림은 이러한 문제를 해결하기 위해 제안한 연구 방향을 시각적으로 표현한 것입니다. 연구의 목표는 빛을 제어하여 산란을 극복하고 특정 세포에 빛을 정확하게 전달하는 기술을 개발하는 데 있습니다. 이 그림을 통해 독자가 연구의 필요성과 방향성을 쉽게 이해할 수 있도록 설계했습니다.

논문 작성에서는 항상 독자의 관점에서 생각하는 것이 중요하다고 말했습니다. 위 논문에서 첫 번째 그림을 설계할 때도 독자가 이 그림을 통해 무엇을 알고 무엇을 더 알고 싶어 할지에 대해 끊임없이 고민했습니다. 그림에 작은 디테일을 추가할 때마다 다음과 같은 질문을 던졌습니다.

독자가 무엇을 알고 싶어 할까?
독자가 이 정보를 제공했을 때 어디까지 이해할까?
독자에게 다음에 어떤 결과를 보여줘야 이전 내용이 논리적으로 연결될까?

이처럼 제삼자의 시각에서 독자의 입장을 객관적으로 고민하는 과정은 논문을 더 쉽고 설득력 있게 작성하는 데 필수적입니다. 따라서 논문의 첫 번째 그림은 연구의 전체 맥락을 독자에게 간결하면서도 효과적으로 전달해야 합니다.

앞의 논문에서도 첫 번째 그림은 독자가 연구의 목표를 이해하고 이후 전개를 따라갈 수 있는 기초를 제공합니다. 그림은 독자가 연구의 필요성과 방향성을 직관적으로 파악할 수 있으며 이어지는 결과와 논의를 이해하는 데 도움이 됩니다.

독자는 첫 번째 그림에서 연구의 방향성과 목표를 이해한 뒤 자연스럽게 '그러면 실제로 무엇을 했는가?'라는 질문을 던질 것입니다. 이를 설명하기 위해 첫 번째 실험의 목표와 방법을 그림으로 시각화했습니다. 그림 19는 위 논문의 두 번째 그림으로 첫 번째 실험의 결과를 보여줍니다.

첫 번째 실험은 파면 제어 wavefront shaping 기술을 적용하여 두개

그림 19. 첫 번째 실험의 목표와 방법을 그림으로 시각화

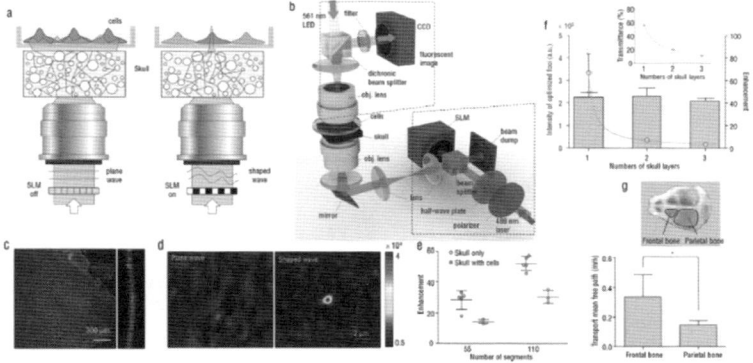

Figure 2. Optical focusing through a skull layer using wavefront shaping technique. (a) Schematic of the experiment. Cells expressing both optoFGFR1 and R-GECO1 are placed above the skull layer. When illuminating with a plane wave through an objective lens, the beam undergoes multiple light scattering as it propagates through the skull and this diffused light may activate optigenetic signals in all cells in an uncontrolled manner (left). By shaping the wavefront of the impinging beam using SLM, optical focus can be generated at the plane of the cells, thus activating optogenetic regulation at the level of individual cells (right). (b) Experimental setup, L1–3 lens: The blue dashed box indicates a wavefront shaping part, and the red dashed box indicates a fluorescence-imaging part. (c) Confocal image of second harmonic generation signals in the used mouse skull on the x-y plane (left) and in the axial direction (right). Scale bar 300 μm. (d) Intensity images of the transmitted beam through the skull without wavefront shaping (left), and with the wavefront shaping (right). (e) Measured intensity enhancements according to segment numbers and samples. (f) Measured intensity of optimized foci ($n = 5$) and intensity enhancements ($n = 5$) according to numbers of skull layers. The graph inset illustrates the optical transmittance according to numbers of skull layers. The circles represent experimental data, and a dashed line is a theoretically expected from Eq. (1). (g) Measured transport mean free path of the frontal ($n = 4$) and parietal bones ($n = 4$), respectively. Schematic of a mouse skull (top) and corresponding transport mean free paths of the mouse skull (bottom).

골을 통해 빛을 전달하는 문제를 해결할 가능성을 탐구한 것입니다. 논문의 첫 번째 그림(그림 18)에서 제시했던 개념은 연구 분야의 궁극적인 목표였고 첫 번째 실험에서는 이를 현실적으로 구현할 수 있는지를 검증하기 위한 실험을 설계했습니다. 저는 독자가 다음과 같은 질문들을 할 것이라 상상했습니다.

Q1: 두개골에서 빛의 산란이 얼마나 심한가?
결과: 두개골의 두께와 산란 정도를 측정한 결과 실제로 빛이 심각하게 산란되는 것을 측정했습니다.
Q2: 파면 제어를 통해 산란을 극복할 수 있는가?
결과 a: 실험 결과 파면 제어를 적용하지 않았을 때는 빛이 두

　　　　개골을 통과하며 심하게 퍼져 특정 세포에 도달하지
　　　　못했습니다.
　　결과 b: 파면 제어를 적용했을 때 빛이 두개골을 지나 작은
　　　　광초점으로 집중되었음을 확인했습니다.
　　Q3: 반복 실험을 통해 신뢰성 검증을 했는가?
　　결과: 동일한 실험을 여러 번 반복했고 매번 안정적으로 동일한
　　　　결과를 얻었음을 입증했습니다. 이를 통해 실험 결과의 신
　　　　뢰성과 타당성을 확보할 수 있었습니다.

　그림의 크기와 순서는 실험 결과의 중요도를 반영해야 합니다. 중요한 내용일수록 먼저 배치하고 설명의 중심에 두어야 합니다. 예를 들어 두 번째 그림에서는 파면 제어를 통해 빛이 산란을 극복하고 특정 세포에 도달할 수 있음을 입증하는 장면을 강조했습니다.
　쉬운 것과 일반적인 것부터 시작합니다. 독자에게 먼저 실험의 전체적인 맥락을 제공한 다음 쉬운 내용과 일반적인 내용에서 점차 세부적인 내용으로 설명합니다. 대화하듯 구성합니다. 독자와 대화한다고 생각하면서 독자가 자연스럽게 다음 질문을 떠올릴 수 있도록 논리적으로 배치합니다.
　논문의 세 번째 그림(그림 20)에서는 이어지는 두 번째 실험의 결과를 보여줍니다. 첫 번째 실험 결과에서는 '이 원리가 실제로 작동한다.'를 입증하는 데 중점을 두었습니다. 두 번째 실험에서는 '그렇다면 실제로 광유전학에 산란 제어 기술을 적용한 결과는 어떠한가?'라는 질문에 답하는 것을 목표로 했습니다.
　여기서는 두개골의 산란을 파면 제어로 극복하여 뒷부분에 위치한 신경세포의 실제 활동을 광유전학을 이용하여 제어할 수 있음

그림 20. 두 번째 실험의 결과를 그림으로 설명

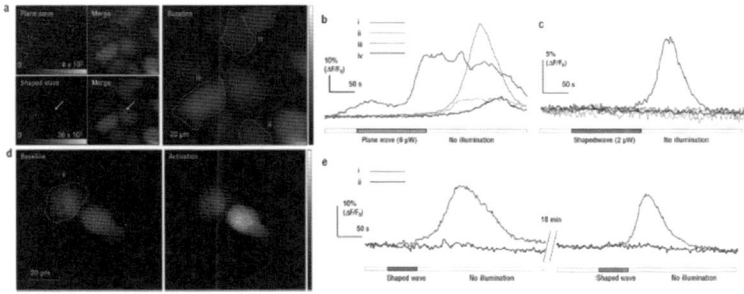

Figure 3. Spatiotemporal regulation of intracellular Ca^{2+} level in HeLa cells co-expressing optoFGFR1 and R-GECO1, using wavefront shaping. (a) Targeted activation of Ca^{2+} signaling in HeLa cells after focusing through the skull. Gray color indicates R-GECO1 fluorescence signals. Green indicates excitation beam intensity through the skull without wavefront shaping, and cyan indicates optimized focus with wavefront shaping. The white arrow indicates the location of the optimized focus. The dashed lines indicate boundaries of individual cells. The red dashed line indicates the target cell. Quantitative analysis of R-GECO1 fluorescence signals obtained from cells i–iv in (a) with a plane wave (b) and with the shaped wave (c). The blue bar and the blue checked bar indicate irradiation time of a plane wave and the shaped wave, respectively. (d) Reversible control of Ca^{2+} level induced by optoFGFR1 in HeLa cells with repeated illumination using a shaped wave. Representative images show the baseline (left, nc illumination) and maximal (right, shaped-wave illumination) R-GECO1 fluorescence signals. The dashed lines indicate each cell boundary. Red indicates the target cell. (e) Quantitative analysis of R-GECO1 fluorescence signals obtained from cells in (d). The cells were repeatedly illuminated using shaped waves. Each color matches the cells in (d). The blue-checked bars indicate irradiation time of the shaped wave.

을 보여주는 결과를 제시했습니다. 이 실험에서는 다음과 같은 방법을 사용했습니다.

1. 신경세포가 포함된 조직을 배치하고 빛이 산란되었을 때와 제어되었을 때의 차이를 비교했습니다.
2. 제어되지 않은 상태에서는 빛이 퍼져 신경세포들이 과도하게 활성화되었습니다.
3. 그런데 파면 제어 기술을 적용한 결과 특정 신경세포에만 빛이 집중되었고 원하는 세포의 활동을 정밀하게 조절할 수 있었습니다.

이 결과를 통해 기술의 실용성과 안정성을 입증하려고 했습니다. 또한 시간이 지나도 빛이 안정적으로 유지됨을 반복 실험을 통해 보여주려고 했습니다. 이 실험 결과는 연구의 신뢰성과 재현 가능성을 높이는 중요한 데이터였습니다.

많은 연구자가 실험을 진행한 순서대로 논문을 작성해야 한다고 생각하지만 그렇지 않습니다. 연구의 결론을 가장 효과적으로 전달하기 위해 데이터를 재구성하고 적절한 순서로 배치해야 합니다.

실험은 A, B, C 순서로 진행했더라도 논문은 다음과 같이 배치합니다.

1. 결론을 먼저 정리하고
2. 결론을 가장 잘 뒷받침하는 데이터를 첫 번째로 배치한 뒤
3. 결론으로 자연스럽게 이어지는 논리적 흐름을 설계합니다.

이 과정에서 중요한 것은 독자가 쉽게 이해할 수 있도록 데이터를 논리적이고 설득력 있게 배치하는 것입니다.

논문 작성 과정은 등산객을 목적지로 안내하는 과정과 비슷합니다(그림 21). 마치 개척자가 아무도 안 오른 산을 다 탐색한 후 뒤따라오는 사람들이 쉽게 정상에 오를 수 있는 최적의 길로 안내하는 지도를 만드는 것과 비슷합니다.

우선 어떤 목적지로 갈 것인지를 정해야 합니다. 연구에서 검증하고자 하는 가설이 무엇인지 정하는 과정이죠(그림 21a). 산을 정확하게 파악하려면 가능한 모든 지점을 탐색해야 합니다. 이런 활동은 연구자가 수많은 실험을 해보는 것과 같습니다(그림 21b). 처음 연구를 하기 전에는 몰랐던 수많은 작은 계곡, 능선, 새로운 지형들을 알게 됩니다.

자, 이제는 내가 가본 정상으로 다른 사람들을 안내하는 지도를 만들어봅시다. 실험 결과들을 가지고 논문을 쓰기 시작하는 것입

그림 21. 논문 작성 과정과 등산객 안내하는 과정

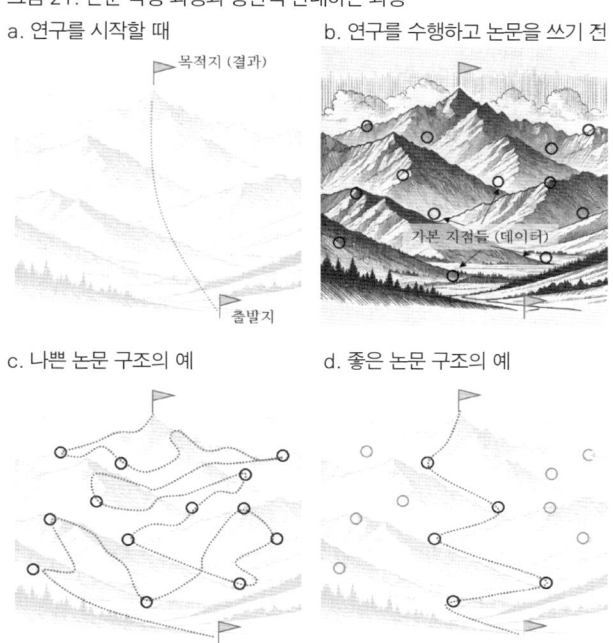

니다. 여러 경로를 탐색하고 많은 지점을 지나왔다면 독자가 논문의 흐름을 쉽게 따라올 수 있도록 연구의 결론으로 이어지는 가장 단순하고 논리적인 경로를 설계해야 합니다. 내가 고생하면서 가본 길들로 체계 없는 지도를 만들면 안 됩니다(그림 21c). 목적지, 즉 결론을 명확하게 정하고 여러 경로 중에 제일 쉬운 길을 안내해야 합니다(그림 21d). 논리 흐름상 불필요한 데이터는 과감히 생략하고 결론을 뒷받침하는 핵심 데이터만 선택하여 효과적으로 배치해야 합니다.

다음 질문을 스스로 던지며 논문의 구조를 설계해야 합니다.

독자가 이 논문을 통해 무엇을 알고 싶어 할까?
독자는 이 데이터를 포함했을 때 어떻게 논리적으로 결론에 이를까?

독자가 가장 쉽게 따라올 수 있는 경로는 무엇일까?

이렇게 독자 입장에서 설계한 논문은 목적지로의 여정을 더욱 명확하고 설득력 있게 만들 것입니다.

정리하면 논문 작성은 단순히 데이터를 나열하거나 실험 과정을 순서대로 나열하는 과정이 아닙니다. 논문은 독자가 최종 결론에 도달할 수 있도록 설계된 논리적 여정입니다. 이를 위해 다음 세 가지를 꼭 기억하세요.

첫째, 결론부터 쓰기입니다. 목적지를 명확히 설정하고 이를 뒷받침할 데이터를 선택합니다. 둘째, 핵심 데이터만 포함하기입니다. 불필요한 데이터는 과감히 생략합니다. 셋째, 그림으로 흐름을 명확히 하기입니다. 독자가 논문의 흐름과 메시지를 쉽게 이해할 수 있도록 그림을 활용합니다.

효과적인 그림 설계와 관련된 기술은 8장에서 자세히 다루겠습니다.

5장

AI 활용하기
: 정확성을 높여주는 스마트한 조력자 사용법

인공지능 기술은 학술 연구와 작문 분야에도 혁신을 일으키고 있습니다. 특히 대규모 언어 모델LLM과 생성형 인공지능은 학문적 글쓰기의 효율과 수준을 높이는 효과적인 도구로 주목받고 있습니다.

이러한 인공지능 기술은 과거의 맞춤법 검사기를 넘어 아이디어 생성, 글 구조 개선, 비평적 피드백 제공 등 다양한 방식으로 연구자의 글쓰기를 지원합니다. 이는 단순히 문장 오류를 교정하는 데 그치지 않고 생산성 증대와 창의성 자극, 학술적 커뮤니케이션 효율 향상을 이뤄내 연구자가 연구에 집중할 수 있도록 돕습니다.

이번 장에서는 학술 논문 작성 과정에서 인공지능을 구체적으로 어떻게 활용할 수 있는지, 이를 활용할 때 고려해야 할 윤리와 정책 이슈는 무엇인지, 그리고 연구자와 인공지능 간 협업 모델은 어떤 형태로 구축될 수 있는지를 다루고자 합니다.

1
인공지능을 활용한 학술 논문 작성의 장점

　인공지능을 활용하면 논문의 완성도를 높일 수 있습니다.
　첫째, 작문 효율성과 정확성을 향상할 수 있습니다. 인공지능 기반 도구는 문법 교정, 문장 구조 개선, 단어 선택 제안 등 기본적인 편집 작업을 신속하고 정확하게 수행합니다. 예를 들어 그래멀리Grammarly나 워드튠Wordtune 같은 도구는 철자, 문법, 어휘 사용을 자동으로 점검합니다. 챗GPT 등은 문장 수준에서 구조적 피드백을 제공합니다. 이를 통해 연구자는 반복되는 언어 교정에 소모되는 시간을 아끼고 글의 주요 내용과 논리 전개에 집중할 수 있습니다.
　둘째, 아이디어를 발전시키고 보완할 수 있습니다. 학술 논문에서 가장 중요한 단계 중 하나는 연구 아이디어를 발굴하고 구체화하는 것입니다. 인공지능은 사용자가 제시한 아이디어를 발전시키거나 예상치 못한 관점과 접근법을 제안하여 연구자의 사고를 넓힐 수 있습니다. 예컨대 인공지능을 '브레인스토밍 도구'로 활용하면 논문에서 다룰 핵심을 보다 다각도로 모색하고 새로운 가설이나 자료 해석 방안을 떠올리기 쉬워집니다.

　셋째, 시간을 절약하고 가독성을 높일 수 있습니다. 참고문헌 작성, 표와 도표 생성, 논문 구조 초안 작성 등 반복적이고 시간이 많이 소요되는 작업을 인공지능이 대신 처리함으로써 연구자는 연구와 분석에 집중할 수 있습니다. 또한 복잡한 문장을 간결하게 바꾸거나 독자 입장에서 수정하는 등 가독성을 개선합니다.

2
인공지능 도구의 윤리적 사용을 위한 가이드라인

학술 논문 작성에서 인공지능을 활용하는 사례가 많아지면서 인공지능 도구의 윤리적 사용을 위한 가이드라인이 제시되고 있습니다. 공통적인 세 가지를 꼽자면 먼저 첫째, 투명성과 책임입니다. 여러 학술지에서 인공지능 도구를 어느 범위까지 활용했는지, 예컨대 초안 작성 혹은 문장 교정 정도인지를 논문에 명시하는 것을 권장하고 있습니다. 둘째, 저작권과 데이터 프라이버시를 준수해야 합니다. 민감한 정보를 인공지능 모델에 입력할 때는 해당 서비스의 데이터 처리 방침을 점검하고 가능하면 데이터 수집 기능을 비활성화하는 것이 좋습니다. 셋째, 연구자와 학생들이 인공지능 도구의 장단점을 제대로 이해하고 윤리적으로 활용할 수 있도록 별도의 교육 프로그램이 필요합니다. 단순히 '인공지능이 편리하다.'라는 인식에 그치지 않고 어떠한 맥락에서 어떻게 쓰이는지 비판적으로 살펴보는 훈련이 중요합니다.

3
인공지능과 인간의 협업 모델

 린즈청은 학술 논문 작성 과정에서 인공지능의 활용을 크게 '아이디어 구상'과 '초안 작성과 편집' 두 단계로 나누어 설명합니다.[26] 1단계는 아이디어 구상입니다. 논문의 핵심 메시지와 구성, 연구 가설 등을 설정하는 과정에서 인공지능이 '브레인스토밍 파트너' 역할을 할 수 있습니다. 2단계는 초안 작성과 편집입니다. 인공지능을 '언어 교정'과 '논리적 흐름 재점검'에 활용하여 완성도를 높일 수 있습니다. 이 과정에서 연구자는 인공지능이 제안한 문장이나 개념을 선택적으로 적용하거나 거부함으로써 인간 고유의 통찰과 비판적 사고를 유지할 수 있습니다.
 인공지능이 줄 수 있는 도움은 다섯 가지로 분류할 수 있습니다.

 1. 기본 편집: 맞춤법, 문법, 어휘 교정 등
 2. 구조 편집: 문단 배열, 문장 간 연결성, 흐름 개선 등
 3. 기존 내용의 요약 또는 추출: 초록과 요약 작성, 제목 제안 등

4. 새로운 내용 생성: 문장 작성과 아이디어 창출, 문단 확장 등
5. 평가와 피드백: 연구 가설 검토, 글의 논리와 구성에 대한 전반 평가 등

연구자는 필요에 따라 인공지능의 도움을 적절히 활용하고 인공지능이 제안한 결과를 비판적 시각으로 취사선택할 수 있어야 합니다.

4
실전 가이드라인: 대규모 언어 모델을 이용한 논문 작성 프롬프트

인공지능은 논문 작성에서 생산성을 높이고 새로운 아이디어를 제시하며 영어 논문 작성의 부담을 크게 낮출 잠재력을 가진 도구입니다. 특히 대규모 언어 모델을 활용하면 기존의 단순 교정 단계에서 벗어나 브레인스토밍부터 비판적 피드백까지 도움을 받을 수 있습니다.

다음은 앞서 제안한 논문의 기획, 작성, 편집을 위한 프롬프트 예시들을 정리한 것입니다. 필요에 따라 { } 부분에 여러분의 연구에 해당되는 구체적인 정보를 넣어 사용하시면 됩니다.

브레인스토밍을 위한 프롬프트 예시
- 'Propose five potential hypotheses for {research topic}, each accompanied by one or two lines of supporting ideas.'
- 'Summarize previous studies on {research topic}, then

brainstorm 3 – 5 ways to identify a knowledge gap.'
- 'Suggest three new study design ideas to bolster the conclusion of {research topic}, considering practical constraints like budget and data accessibility.'
- 'List five possible approaches to tackle {research problem}, providing one brief advantage and one disadvantage for each.'
- 'Propose three interdisciplinary fusion ideas related to {topic}, such as combining sociology with medicine, engineering with biology, etc.'

결론 작성을 위한 프롬프트 예시
1. 연구 결과의 한 줄 요약 요청
- 'Summarize the core finding of {the research outcome} in a single sentence, strictly limiting it to under 20 words.'
- 'Provide a one-sentence summary of {the research outcome} that is immediately clear to first-time readers.'
- 'Condense the main conclusion of {the research topic} into a single sentence.'

2. 연구의 결과와 결론 섹션에서 제목 추천받기
- 'From the conclusion below, suggest five possible titles for the paper, each within 15 words: {conclusion}.'
- 'Using the key terms derived from {the summarized results/conclusion}, propose five scholarly paper titles that pique readers' interest.'

- 'Highlight the element readers would be most curious about in {the conclusion} and generate three paper titles, each under 10 words.'
- 'Suggest five journal-friendly paper titles based on the following conclusion: {conclusion}.'

논문의 구조 짜기를 위한 프롬프트 예시

1. 결론을 중심으로 개요 짜기 요청
- 'Using {research topic} and its conclusion, craft a paper outline with 5-7 main sections and include brief explanations for each.'
- 'Emphasize the conclusion {conclusion} in a standard IMRaD structure (Introduction, Methods, Results, Discussion, Conclusion), adding a one-sentence summary for each part.'
- 'Propose a five-step paper outline that sequentially presents the evidence leading to the main conclusion {conclusion}.'
- 'Suggest a creative paper outline that modifies the methods and discussion sections to highlight the unique perspective of {conclusion}.'

본문 쓰기를 위한 프롬프트 예시

1. 그림 주석 초안 작성 요청
- 'Create a figure legend for the following data {data/figure description} in under 60 words, highlighting key data

points and the analytical method.'
- 'Clarify this figure legend by adding one sentence explaining the statistical results and standard error (or standard deviation): {legend text}.'
- 'Rewrite the existing figure legend {legend text} in simpler terms suitable for a lay audience, removing technical jargon.'
- 'Write a legend for the figure described here {figure description}, explaining the '*' symbols (e.g., $p < 0.05$) and their statistical significance.'

2. 그림 내용을 바탕으로 결과 초안 작성 요청
- 'Summarize the following figure {figure/data} to create a draft for the Results section, emphasizing the key numerical values and group differences.'
- 'Interpret the data shown in Figure {number} and draft it into the Results section, prioritizing hypothesis testing and any significant statistical findings.'
- 'Using {figure/table}, write an initial Results paragraph that translates the visual patterns (increases, decreases, comparisons) into clear language.'
- 'Identify the central takeaway from the figure {figure content} in 2-3 sentences and form it into a coherent Results paragraph.'
- 'Explain how the figure {figure content} aligns or conflicts with existing theories, citing specific data points that

support your argument.'

3. 문체 변환 요청
- 'Transform the following paragraph {original paragraph} into a more concise style by removing repeated or unnecessary words.'
- 'Adapt this text {general text} to a formal academic paper style, using more scholarly vocabulary and sentence structures.'
- 'Rewrite {original text} entirely in third-person passive voice, adjusting verb tense (past or present) as needed.'
- 'Convert this text {original text} into a scientific journal article-style text, using simpler language.'

4. 텍스트 보완 또는 연장 요청
- 'Smoothly finish the following paragraph {incomplete paragraph} so that it entices readers to learn more in subsequent sections.'
- 'Append a concise research question (2-3 sentences) to the end of this introduction paragraph {introduction paragraph}.'
- 'Add one paragraph about {a specific application} to the Discussion section below {discussion paragraph} as a separate new paragraph.'
- 'Extend the following results paragraph {results paragraph} by proposing 3-4 sentences about future re-

search directions.'
- 'Revise the paragraph {original paragraph} to ensure logical flow, add any necessary transitional phrases, and include one relevant example.'

5. 특정 부분 작성 요청
- 'Write a 2-3 paragraph Introduction for {topic}, clearly referencing previous research and stating the study's objective.'
- 'Add a Conclusion section to the following draft {draft content}, briefly mentioning the study's significance and limitations.'
- 'Create a Methods section that summarizes participant recruitment criteria, experimental procedures, and analytical tools in a logical order.'
- 'Draft a Literature Review section for {research topic}, incorporating as many recent (last 5 years) key studies as possible.'
- 'Write two paragraphs for the Results section focusing on numerical values and statistical significance, mentioning p-values as needed: {data}.'

편집을 위한 프롬프트 예시
1. 기본 편집 요청
- 'Read the following draft {draft text} and correct any typos or repeated expressions, but keep the overall length

intact.'
- 'Fix punctuation and spacing in the text {draft text} according to standard English orthography.'
- 'Separate the following text {draft text} into distinct paragraphs. If transitions seem awkward, insert short connector phrases.'
- 'Edit this draft {draft text} into a concise style, ensuring each sentence is under 20 words and removing unnecessary adverbs.'
- 'Check {draft text} for inconsistent terminology and standardize the usage to the most frequent term.'

2. 고급 편집 요청
- 'Analyze the style of this draft {draft text}, identifying overly long sentences, passive constructions, or repetitive words. Provide specific improvement examples.'
- 'Edit the draft {draft text} to comply with {desired citation style} for journal submission, adjusting citations and formatting table/figure labels consistently.'
- 'Rearrange the text {draft text} into a more logical flow, reorganizing paragraphs and adding transitional phrases for coherence.'
- 'Upgrade the vocabulary in this draft {draft text} for a more academic tone, replacing simple adjectives like 'good' with more scholarly equivalents.'
- 'Refine the Discussion section below {draft text} by add-

ing a deeper critical perspective. Include 1-2 sentences that offer alternative viewpoints or counterarguments.'

검토를 위한 프롬프트 예시

1. 평가와 피드백 요청
- 'Assume you are an expert in the field of {research field} and generate a peer-review report for the uploaded manuscript.'
- 'Evaluate the following text {body text} for readability on a scale of 1-10, briefly explaining your score. Suggest two ways to improve.'
- 'Assess this text {body text} on logical coherence, data reliability, and clarity, using a 5-point scale for each. Provide a one- or two-sentence overall remark.'
- 'Review the paper draft {paper draft} in terms of academic rigor, originality, and objectivity. Provide specific examples for improvement in each category.'
- 'Based on the outline/draft {outline/draft}, propose three questions a curious reader might ask, and include short notes on additional info to address them.'
- 'Check whether {text} aligns well with the final conclusion. If there's a gap, offer one sentence suggesting how to bridge it.'

2. 텍스트와 문법 점검 요청
- 'Identify any grammar errors or awkward expressions in

this paragraph {paragraph} and show before/after versions for each correction.'
- 'Pinpoint tense inconsistencies in the text {text} and rewrite it with appropriate tense usage.'
- 'Look for mismatches between subjects and predicates in the following sentences {sentences}, correct them, and provide a brief explanation.'
- 'If this paragraph {paragraph} has an excessive number of passive/causative forms, convert them to active voice when appropriate. Explain briefly why for any exceptions.'
- 'Examine the use of particles and verb endings in the paragraph {paragraph}, and correct any mistakes with proper forms.'

3. 재작성 또는 편집 요청
- 'Rewrite the draft text {draft text} completely, preserving its meaning but diversifying sentence structure and word choice.'
- 'Double the length of this paragraph {draft paragraph} by adding specific examples or further explanations.'
- 'Halve the length of this paragraph {draft paragraph}, keeping only the essential information and removing unnecessary details.'
- 'Restructure the paper draft {paper draft} to meet the submission requirements of {specific academic journal},

including paragraph organization, citations, and references.'
- 'Rewrite the text {text} in a storytelling format to engage readers, but do not alter the core conclusion.'

인공지능을 논문 작성에 활용하면 아이디어를 제안부터 브레인스토밍은 물론 비판적 피드백까지 전반적인 과정에서 도움을 받을 수 있습니다. 그러나 인공지능이 생성한 문장을 그대로 사용하면 부정확한 정보를 생성하거나 연구자의 고유한 역량이 약화될 위험이 있습니다. 따라서 인공지능을 활용할 때는 그 결과를 다양한 각도에서 검토하고 투명성과 윤리를 준수하며 스스로의 학문적 역량을 보완하는 방향으로 접근하는 것이 바람직합니다. 연구자가 인공지능을 올바른 절차와 비판적 사고를 유념하며 활용한다면 글쓰기가 한층 즐거워지고 학문적으로도 진보하는 경험을 할 수 있을 것입니다.

6장
서론과 초록 쓰기
: 독자의 관심과 마음을 사로잡는 첫인상

지금까지 논문의 구조와 AI를 활용한 논문 작성법을 다루었습니다. 이번 장에서는 서론과 초록의 작성법을 다루고 학술 논문의 시작을 어떻게 구성해야 하는지 자세히 살펴보겠습니다. 제가 소개하는 방법이 정답은 아닙니다. 제가 20여 년간 연구와 논문 작성 과정에서 시행착오를 겪으면서 효과적이라고 느낀 경험에 기반한 가이드라인입니다. 여러분은 이를 참고해 필요에 맞게 취사선택할 수 있습니다.

1
서론은 논문의 예고편이다

　서론은 논문의 예고편과 같습니다. 서론의 역할은 독자가 논문의 본문을 읽기 전에 '이 논문, 정말 흥미롭다. 꼭 읽어봐야겠다!'라는 생각이 들도록 만드는 것입니다. 동시에 이 연구가 왜 중요한지, 왜 해야 하는지, 어떤 새로운 기여를 하는지를 독자가 이해할 수 있도록 설득해야 합니다. 서론을 통해 독자와 심사위원이 논문에 대해 궁금증을 갖도록 유도하는 동시에 연구의 필요성과 독창성을 납득시켜야 합니다.

　서론은 보통 세 가지 주요 질문인 무엇What, 왜Why, 어떻게How에 답하는 형식으로 구성합니다.

1. 무엇What: 이 논문에서 다룬 연구 주제가 무엇인가?
2. 왜Why: 이 연구가 왜 중요한가?
3. 어떻게How: 이 연구를 수행한 방법과 결과는 무엇인가?

이 세 가지 요소는 독자가 논문의 목표와 방향성을 빠르게 이해하고 연구의 가치를 파악할 수 있도록 돕습니다. 특히 왜Why와 어떻게How를 연결하는 고리는 선행 연구의 요약입니다. 지금까지 어떤 연구들이 있었는지, 그 연구들이 어디까지 밝혀냈는지를 간결히 서술하면서 왜 이 연구가 필요했는지를 논리적으로 설명하는 것이 중요합니다.

2
1단계(What)
: 연구 주제를 강렬하게 제시한다

강렬하고 짧은 한 문장의 힘

  서론의 첫 문장은 독자의 관심을 사로잡는 강렬한 문장으로 시작해야 합니다. 이 연구가 무엇을 다루는지 독자가 한눈에 파악할 수 있어야 합니다. 따라서 두괄식으로 핵심 주제를 명확히 전달하는 것이 중요합니다. 무엇What을 이야기하기 위해서 강렬하고 짧은 한 문장이나 두 문장으로 쓰는 것을 추천합니다.

  설명을 돕기 위해 하나의 가상적인 상황을 가정해봅시다. 카이스트에 연못이 있는데 여기에 오리들이 살고 있습니다(그림 22). 그 오리들이 도로를 건너가는 걸 보고 누군가 호기심에 연구를 시작했습니다. 그래서 나온 결과를 가지고 논문을 쓰게 되었다고 해봅시다.

  이 경우 무엇What은 '연구 주제가 무엇인가'라는 거겠죠. 다음과 같은 문장으로 시작할 수 있습니다.

그림 22. 카이스트 오리, 아니 거위들

'카이스트 캠퍼스에서 오리들이 왜 도로를 건너는지는 여전히 풀리지 않은 미스터리 중 하나다.'

이 문장은 독자의 호기심을 자극하며 논문의 핵심 주제를 단번에 전달합니다. 강렬한 첫 문장은 독자가 논문의 흐름에 자연스럽게 몰입하도록 돕는 출발점이 됩니다. 연구의 배경이나 세부 사항은 그다음 문장들에서 천천히 풀어나가면 됩니다.

3
2단계(Why)
: 연구의 중요성을 설명한다

서론의 두 번째 단계는 왜Why를 다루는 부분입니다. 앞 문장의 무엇What을 자연스럽게 이어받아 왜Why에서는 '이 연구가 왜 중요한가?'라는 질문에 논리적으로 답해야 합니다. 연구의 중요성을 설명할 때는 독자가 연구의 가치를 쉽게 이해할 수 있도록 구체적이고 설득력 있는 근거를 제시해야 합니다. 먼저 연구 주제를 구체적으로 확장하며 독자의 흥미를 유도합니다.

'카이스트 캠퍼스의 오리들은 매일 오전 9시경에 동쪽으로 도로를 건너고, 오후 4시경에는 서쪽으로 도로를 건너는 행동을 반복한다.'

이어서 이 연구가 중요하다는 것을 여러분이 독자에게 직접 설명해야 합니다. 독자에게 이 연구가 중요하다는 것을 마치 숟가락으로 밥을 떠먹이듯이 쉽게 알려주어야 합니다. 그래서 왜Why를 쓸 때 다음과 같은 설명을 이어서 할 수 있습니다.

'이는 단순히 오리들의 생태 습성과 관련된 것일 뿐만 아니라 교내 교통 안전과도 밀접한 연관이 있다.'

이후 논문에서는 이 연구가 이렇게 중요한 주제라서 '우리가 의미 있는 결론에 도달할 수 있도록 할 수 있는 실험을 다 했다.'라는 것을 보여주어야 합니다.

다음으로 기존 연구와의 차별성을 명확히 해야 합니다. '남들이 안 해본 질문을 우리가 던진다.' '남들이 모르는 연구를 우리가 해봤다.'라는 것은 왜Why의 강력한 주장이 될 수 있습니다. 다음과 같은 문장을 쓸 수 있겠죠.

'왜 오리들이 연못을 헤엄쳐서 이동할 수 있는데도 위험을 무릅쓰고 도로를 건너는지는 전혀 알려진 바가 없다.'

이렇게 쓰면 독자가 더 궁금해하겠죠. 그래서 '이 연구는 중요하다!'라고 설득되기 시작할 것입니다.

다음 문단에서는 지금까지 알려진, 그리고 과거에 연구된 기존 선행 연구 결과에 대해서 설명하는 것이 좋겠습니다. 이 부분은 독자 입장에서는 공부할 수 있는 중요한 부분입니다. 그래서 지식 전달의 내용이 되어야 합니다. 그런데 이때 '과거 A라는 사람은 무엇을 했고 B라는 사람은 뭘 했다.'라고 무미건조하게 나열하면 재미가 없습니다. 선행 연구를 언급할 때는 단순히 나열하지 말고 기존 연구와 어떤 점에서 차별화되는지 명확히 드러내세요.

'카이스트 오리들의 동·서측 유영 이동 경로는 연구된 바 있으나[주석], 도로를 횡단하는 행동의 주기성과 이유를 체계적으로 분석한 연구는 전혀 시도되지 않았다.'

이러한 방식으로 왜Why를 설명하면 독자는 이 연구가 왜 흥미롭고 중요한지 납득하게 됩니다.

신중한 강조: 연구의 독창성을 표현하는 방법

연구가 세계 최초이거나 기존에 없던 창의적인 시도라고 하더라도 이를 강조할 때는 신중해야 합니다. 아무리 철저히 선행 연구를 조사했더라도 혹시 빠뜨린 연구가 있을 가능성을 완전히 배제할 수는 없습니다. 강렬한 표현으로 연구를 강조하고 싶은 마음은 이해합니다. 하지만 지나치게 확신적인 문장은 논문 심사 과정에서 불리하게 작용할 수 있습니다.

예를 들어 'This is the first experimental study(이 연구는 세계 최초의 실험적 연구다).'라는 표현은 매우 강한 주장입니다. 이런 표현은 나중에 심사위원이 '비슷한 연구가 이미 존재한다.'라며 지적할 경우 해명하거나 수정하기가 매우 어렵습니다. 실제로 많은 학생이 논문 초안에서 지나치게 강한 어조로 연구를 강조하다가 문제가 되는 경우를 자주 봅니다.

확신을 가지고 연구를 설명하되 틀릴 가능성을 염두에 둔 완곡한 표현을 사용하는 것이 좋습니다. 예를 들어 'No experimental study has been reported to our best knowledge(우리가 조사한 바로는 이와 같은 연구는 보고된 적이 없다).'와 같은 문장이 대안이 될 수 있습니다. 과도한 자신감 대신 신중함이 드러납니다.

이런 완곡한 표현은 강력한 주장보다 독자와 심사위원에게 더 신뢰감을 줄 수 있습니다. 그러나 이런 표현조차 꼭 필요한 경우가 아니라면 굳이 사용할 필요가 없습니다. 연구가 기존 연구와 명확히 차별화되고 논리적으로 그 중요성을 설득할 수 있다면 지나친 강조는 오히려 역효과가 날 수 있습니다.

독자는 이미 '비슷한 연구가 없었어야 한다.'라는 점을 전제하고 있을 수 있습니다. 당연한 사실을 강조하는 것은 독자에게 불필요한 논리로 보일 수 있습니다. 예를 들어 네이처 출판 그룹 자매지의 편집장들은 초록과 서론에 '독창적인Novel' '혁신적인Innovative'과 같은 표현을 삼가라고 조언합니다. 당연한 것은 굳이 강조하지 말라는 뜻이죠. 연구의 독창성을 표현할 때는 간결하고 논리적으로 차별성을 강조하는 데 초점을 맞추세요.

기존 연구를 언급하는 방법: 중요도 vs 시간

기존 연구를 언급할 때는 중요한 것부터 시작해 관련성이 낮은 내용으로 확장하는 것이 좋습니다. 먼저 논문의 핵심 주제와 직접적으로 관련된 연구를 언급하고 점차 간접적으로 연관된 내용을 추가적으로 다루며 연구의 폭을 넓히는 방식입니다.

예를 들어 카이스트 오리 연구를 다룬 논문에서 기존 연구를 언급할 때 다음과 같은 순서를 따를 수 있습니다.

1. 가장 먼저 카이스트 오리와 관련된 연구를 다룹니다.
2. 이어서 서울대학교의 오리와 같은 국내 유사 연구를 언급합니다.
3. 그다음으로 미국 대학 오리와 관련된 연구 등 국제적인 사례를 추가합니다.
4. 마지막으로 오리와는 다른 종인 카이스트 고양이와 관련된 연구를 예로 들어 생태적 상호작용의 폭넓은 맥락을 보여줍니다.

이처럼 중심 주제에서 시작해 덜 직접적인 예시로 확장하는 방식은 독자의 관심을 유지하면서도 연구의 맥락을 폭넓게 전달하는 데 효과적입니다.

기존 연구를 언급할 때는 시간 순서로 정리하는 것도 좋은 방법입니다. 과거 연구부터 시작해 최신 연구로 이어지는 방식은 연구의 발전 과정을 자연스럽게 보여줍니다. 이는 특히 최신 연구가 현재 논문과 어떤 면에서 유사한지, 어떤 점에서 더 진보된 내용을 다루고 있는지를 강조하는 데 효과적입니다. 예를 들어 '최근에recently' '좀 더 최근에more recently'를 써서 '최근에 무슨 연구가 되어 있었고 더 최근에는 사람들이 이런 연구를 했다.'라고 표현합니다. 이때 강조해야 할 게 이런 연구가 수없이 시도되었는데도 본 연구가 어떤 이유로 가치가 있다는 점을 다시 한번 환기하는 것입니다. '여전히 남아 있다still remained.' '답이 나오지 않았다unanswered.' '탐구되지 않았다unexplored.'라는 표현을 써서 '과거에는 X라는 연구가 있었고, 최근에는 Y와 같은 연구가 수행되었다.'라고 서술한 뒤 '그럼에도 이 연구는 여전히 해결되지 않은 질문을 다루고 있다.'라고 언급하면 독자는 연구의 필요성을 명확히 이해할 수 있습니다. 다음과 같이 쓸 수 있겠습니다.

> '이와 관련하여 미국 대학 오리나 카이스트 고양이의 도로 횡단 활동에 대한 연구가 최근 다수 보고되었습니다. 그러나 카이스트 오리들이 왜 도로를 건너는지에 대한 질문은 여전히 미답 상태로 남아 있습니다.'

논문은 교과서가 아니다

기존 연구를 언급할 때 주의해야 할 점은 마치 교과서를 쓰듯이 너무 기초적인 지식부터 상세히 설명할 필요는 없다는 것입니다. 학술 논문은 특정 주제에 관한 심도 있는 연구 결과를 전달하는 것이 목적이지 학부 교과서를 집필하는 것이 아닙니다. 따라서 독자가 이미 잘 알고 있을 내용은 불필요하게 반복하지 말고 적절히 인용하는 방식으로 간략히 언급하는 것이 좋습니다.

예를 들어 첨단 레이저 기술에 관한 논문을 작성한다고 가정해 봅시다. 이 경우 맥스웰의 파동 방정식이나 레이저의 기본 원리 같은 기초 지식을 상세히 설명하는 것은 논문 작성의 목적에 맞지 않습니다. 독자는 이미 해당 분야에 익숙한 학자들이기 때문에 이런 내용은 교과서나 주요 리뷰 논문을 간략히 인용하는 방식으로 처리하면 충분합니다. 여러분의 논문에서는 여러분이 한 연구를 자세히 설명하는 데 집중해야 합니다.

중요성을 다시 한번 환기한다

기존 연구를 언급한 후에는 연구의 중요성을 다시 한번 강조하는 것이 좋습니다. 독자가 연구의 맥락과 가치를 기억할 수 있도록 중요한 내용은 반복해 언급하는 것이 효과적입니다. 한 번만 이야기하면 독자가 중요한 내용이라고 인식하지 못합니다. 예를 들어서 기존 연구를 설명한 다음에 다음과 같이 써서 강조할 수 있겠죠.

'오리들이 도로를 건너는 이유를 밝혀낸다면 오리들의 하루 일과를 파악하는 데 도움이 될 뿐만 아니라 교내 교통 안전 시스템 향상에 기여할 수 있을 것이다.'

이와 같은 표현은 독자에게 연구가 얼마나 중요한지 상기시키는 동시에 논문의 설득력을 높여줍니다.

정리하면 기존 연구를 언급할 때는 중요도와 관련성에 따라 순서를 정리합니다. 필요할 경우 시간 순서대로 나열하여 연구의 발전 과정을 보여주는 것도 효과적입니다. 또한 기존 연구의 한계를 짚으며 논문의 중요성을 반복적으로 환기하는 것도 독자와 심사위원을 설득하는 데 도움이 됩니다. 기존 연구를 잘 정리해 언급하는 것은 논문의 맥락을 명확히 전달하면서도 연구의 독창성과 필요성을 효과적으로 강조할 수 있는 중요한 전략입니다.

4
3단계(How)
: 연구 방법과 주요 결과를 소개한다

한 줄 요약 결론으로 시작한다

서론의 마지막 단계는 어떻게How를 다룹니다. 이 부분에서는 연구 방법과 주요 결과를 간략히 소개하면서 논문의 본문으로 자연스럽게 연결해야 합니다. 새로운 내용이 시작되니 새 문단으로 바꾸어야겠죠. 우리가 어떻게 연구를 했고 뭐를 해서 어떤 결과가 나왔다 등 논문의 핵심 방법론을 기술하는 것입니다. 이 문장이 바로 앞에서 다루었던 논문의 한 줄 요약 결론입니다. '그래서 너희들이 어떻게 연구를 했는데?'라는 질문에 한 줄로 답변하는 문장입니다.

'우리가 GPS가 탑재된 드론을 이용해서 카이스트 오리들이 도로를 건너는 패턴과 이유를 실험적으로 밝혀냈어.'라는 연구를 했다고 가정해봅시다. 이 문장이 한 줄 요약 결론입니다. 'GPS가 탑재된 드론' '도로를 건너는 패턴' '실험 결과' 이렇게 핵심어 세 개로 구성한 것입니다. 이 핵심어들을 재조합하면 제목이 나옵니다.

어떻게How를 시작하는 첫 문장, 즉 한 줄 요약 결론을 다음과 같이 써봅시다.

'여기에서는 GPS가 장착된 드론을 사용해 오리가 카이스트 주요 도로를 횡단하는 패턴과 이유를 조사하기 위한 실험 연구를 제시한다Here, we present an experimental study to systematically investigate the patterns and reasons behind ducks crossing KAIST main roads, using GPS-equipped drones.'

이 가상 논문의 제목을 다음과 같이 지어볼 수 있습니다.

'GPS가 장착된 드론을 이용해 오리가 카이스트 주요 도로를 횡단하는 패턴과 이유에 대한 실험적 연구Experimental study on the patterns and reasons behind ducks crossing KAIST main road using GPS-equipped drone'

실험과 결과를 요약한다

그다음 문장들에서는 구체적으로 우리가 어떤 실험을 했고 그 결과가 어떠했는지를 소개해야 합니다. 이렇게 해야 독자가 더 흥미를 느끼고 연구에 관심을 갖게 됩니다. 앞 문장에서 핵심 주제를 간략하고 확실하게 전달했다면 이어지는 문장에서는 독자가 궁금해할 만한 내용을 조금씩 더 구체적으로 풀어서 설명하는 것이 중요합니다. 예를 들어 다음과 같이 쓸 수 있습니다.

'카이스트 오리들이 6개월 동안 매일 오전과 오후에 걸쳐 도로를 건너는 패턴을 GPS가 탑재된 드론을 이용하여 측정했고 이를 우리가 개발한 알고리즘을 통해 분석했다.'

이어서 결과를 구체적으로 설명합니다.

'오리들의 도로 횡단은 주변 산책로에 서식하는 고양이들의 행동 양식과 매우 밀접한 관계가 있다는 것을 밝혀냈다.'

이 문장은 연구의 첫 번째 결과를 제시하는 중요한 부분입니다. 더 자세히 풀어쓰면 자연스럽게 다음 문장으로 넘어갑니다.

'더 구체적으로 고양이들이 오리 연못 근처로 이동하는 오전 9시 30분(±15분)에는 오리들이 동쪽으로 이동하는 것을 발견했다. 그리고 고양이들이 산으로 올라가는 오후 4시 30분(±15분)에는 다시 서쪽으로 횡단하는 것을 확인했다.'

이와 같이 앞에서 제시한 내용을 더 구체적으로 설명하면 독자가 연구 결과를 더 잘 이해할 수 있습니다. 마지막으로 결과를 요약하며 연구의 주요 논의를 제시합니다.

'고양이들을 강제로 이주시킨 한 달 동안 오리들은 이러한 횡단 패턴을 보이지 않았다. 또한 오리들이 연못을 헤엄쳐서 이동할 수 있는데도 위험한 도로를 건너는 행동은 위협을 느낀 상태에서 오리의 뇌에서 분비되는 카이스트로닌kaistronin 호르몬의 분비와 밀접한 관련이 있는 것으로 보인다.'

카이스트로닌 호르몬은 실제로 존재하지 않아요. 제가 가상으로 지어낸 설정 요소입니다. 이와 같은 연구를 실제로 진행한다고 가정한다면 컨트롤 실험도 필요했을 것이고 행동의 원인을 파악하기 위해 다양한 실험을 추가적으로 진행했을 것입니다. 이러한 연구 과정을 서론에서 간략히 언급하면 독자의 이해를 돕고 연구의 타당성을 강화할 수 있습니다.

서론 마무리: 연구의 중요성을 재강조한다
서론을 마무리할 때는 연구의 중요성을 다시 한번 강조하며 논문의 전체적인 방향성을 제시합니다.

'오리들이 도로를 건너는 이유를 밝히는 것은 오리들의 생태 습성을 이해하는 데 도움이 될 뿐만 아니라 캠퍼스 내 교통 안전 시스템 개선에도 기여할 것이다.'

5
서론 쓰기: 예시

앞에서 보여드렸던 무엇What, 왜Why, 어떻게How 문장을 정리해서 서론을 준비하면 다음과 같이 됩니다. '우리가 무엇을 했다. 왜 했다. 기존 선행 연구 정리. 우리가 어떻게 연구했다.' 그럼 깔끔한 세 개의 문단으로 구성된 하나의 서론 섹션이 완성되는 것입니다.

GPS 장착 드론을 이용한 도로를 건너는 패턴과 이유에 대한 실험적 연구

카이스트 캠퍼스에 서식하는 오리들이 도로를 건너는 행동은 오랫동안 미스터리로 남아 있다. 매일 오전 9시경 오리들은 동쪽으로 도로를 건너고 오후 4시경에는 서쪽으로 도로를 건너는 행동을 반복한다. 이러한 행동은 단순히 오리들의 생태 습성뿐만 아니라 교내 교통 안전과도 밀접한 관련이 있는 중요한 문제다. 특히 오리들이 연못을 헤엄쳐서 이동할 수 있는데도 굳이 위험을 무릅쓰고 도로를 건너는 이유는 전혀 알려

진 바가 없다.

카이스트 오리들의 동·서측 이동에 관한 유영 경로의 주기성에 대해서는 연구가 진행된 바 있으나[인용1], 도로를 이동하는 주기성과 그 이유를 체계적으로 관찰하고 분석한 연구는 아직 보고된 적이 없다. 이와 관련하여 미국 대학 오리나 카이스트 고양이의 도로 횡단 활동에 대한 연구가 최근 다수 보고되었으나[인용2], 카이스트 오리들이 왜 도로를 건너는지에 대한 질문은 여전히 미답 상태로 남아 있다. 오리들이 도로를 건너는 이유를 규명한다면 오리들의 하루 일과와 생태 습성을 이해하는 데 도움이 될 뿐만 아니라 카이스트 캠퍼스의 교통 안전 시스템을 개선하는 데도 기여할 수 있을 것이다.

이에 본 연구는 GPS 장착 드론을 활용하여 카이스트 오리들의 도로 횡단 패턴과 그 이유를 체계적으로 조사하고 분석한 실험적 연구를 제시한다. 6개월 동안 매일 오전과 오후에 걸쳐 GPS 장착 드론을 이용하여 오리들의 도로 횡단 패턴을 측정하고 이를 자체 개발한 알고리즘을 통해 분석했다. 그 결과 오리들의 도로 횡단 행동은 주변 산책로에 서식하는 고양이들의 행동 양식과 밀접한 관계가 있다는 것을 밝혀냈다. 더 구체적으로 오전 9시 30분 ± 15분에 고양이들이 오리 연못 근처로 이동하면 오리들은 동쪽으로 도로를 건넜고 오후 4시 30분 ± 15분에 고양이들이 산으로 이동하면 오리들은 다시 서쪽으로 도로를 건너는 패턴을 확인했다. 또한 고양이들을 강제로 이주시킨 한 달 동안 오리들은 이러한 횡단 패턴을 보이지 않았다. 아울러 오리들이 연못을 수영하지 않고 위험한 도로를 건너는 행동은 위협 상황에서 오리의 뇌에서 분비되는 카이스트로닌 호르몬의 분비와 밀접한 관련이 있는 것으로 나타났다. 오리들이 도로를 건너는 이유를 밝힌 본 연구의 결과는 오리들의 생태 습성을 이해하는 데 도움이 될 뿐만 아니라 캠퍼스 내 교통 안전 시스템 개선에도 기여할 것이다.

Experimental study on the patterns and reasons behind ducks crossing KAIST main road using GPS-equipped drone

One of the longstanding mysteries associated with KAIST campus involves the behavior of ducks crossing roads. Every morning around 9:00 AM, the ducks cross the road eastward, and in the afternoon around 4:00 PM, they cross westward. This behavior is not only closely related to the ecological habits of ducks and birds in general but also has significant implications for campus traffic safety. Notably, despite the option to swim across the pond, the ducks consistently choose the more dangerous route of crossing roads, and the reasons behind this behavior remain entirely unknown.

While prior studies have investigated the periodic swimming patterns of KAIST ducks between the east and west sides of the campus [Ref. 1], no research has systematically observed or analyzed their road-crossing behavior. Although studies on road-crossing activities of university ducks in the United States and KAIST cats have recently been reported [Ref. 2], the question of why KAIST ducks cross roads remains unanswered and unexplored. Understanding the reasons behind ducks crossing roads could not only provide insights into their daily routines but also contribute to improving campus traffic safety systems.

Here, we present an experimental study that systematically investigates the patterns and reasons behind ducks crossing KAIST's main roads using GPS-equipped drones. Over a six-month period, the road-crossing behavior of ducks was observed twice daily, in the morning and afternoon, using GPS-equipped drones, and the collected data were analyzed using a custom-developed algorithm. The findings reveal a strong correlation between the ducks' road-crossing patterns and the behavioral habits of cats inhabiting nearby walking trails. Specifically, at 9:30 AM $\pm$ 15 minutes, when cats moved toward the duck pond, the ducks consistently crossed the road eastward. Conversely, at 4:30 PM $\pm$ 15 minutes, as the cats retreated toward the hills, the ducks crossed the road westward. During a one-month period when the cats were relocated, these crossing patterns disappeared. Furthermore, the ducks' choice to cross the road instead of swimming across the pond was found to be closely associated with the secretion of kaistronin, a hormone released in the brain under perceived threat. This study sheds light on the ecological and behavioral dynamics of ducks on campus and highlights the interplay between wildlife activity and campus safety.

어때요? 이런 서론이면 한번 본문을 읽어보고 싶지 않으세요? 서론은 독자를 논문의 본문으로 자연스럽게 이끄는 역할을 합니다. What, Why, How를 기억한다면 여러분도 설득력 있고 논리적인 서론을 쓰는 일이 어렵지 않을 것입니다. What, Why, How라는 세 가지 질문에 답하며 연구의 배경과 중요성을 명확히 설명하고 연구 방법과 주요 결과를 간결히 소개해보세요.

6
초록 쓰기: 서론의 간결한 요약

초록은 서론과 마찬가지로 독자가 논문을 읽을지 말지 결정하는 중요한 부분입니다. 논문의 내용을 간결하게 요약하면서 독립된 글로 작성해야 합니다. 그림-결과-논의-서론을 작성한 뒤 마지막으로 초록을 작성하는 것이 가장 효과적입니다. 서론에서 언급한 내용을 요약하되 단순히 복사해서 붙여넣기 하는 것은 금물입니다. 반드시 다르게 고쳐 다시 작성해야 합니다.

초록 작성의 기본 원칙

무엇What, 왜Why, 어떻게How를 포함하되 간결하게 작성합니다. 상황에 따라 무엇What과 어떻게How만 언급해도 충분하며 더 간단히 쓰고자 한다면 어떻게How만으로도 작성할 수 있습니다. 예를 들어 '이 연구는 카이스트 캠퍼스에 서식하는 오리들의 도로 횡단 행동의 패턴과 이유를 조사한다This study investigates the patterns and reasons behind the road-crossing behavior of ducks inhabiting the KAIST campus.'와 같이 시작할 수 있습니다.

독립된 글로 작성한다

초록은 서론과 이후의 다른 섹션들과는 독립된 글로 작성해야 하므로 특별한 경우를 제외하고 참고문헌을 포함하지 않습니다. 초록에서 약어가 서너 번 이상 반복될 때만 약어를 정의합니다. 본문에서 많이 사용하는 약어라도 초록에서 반복 사용하지 않는다면 약어를 정의하지 않습니다. 초록에서 정의한 약어는 서론 이후의 섹션에서 다시 정의해야 합니다. 초록과 서론 이후의 다른 섹션들은 서로 독립된 글이기 때문에 독자가 처음 읽는다고 가정해야 합니다.

앞부분에서 작성한 서론을 가지고 초록을 만들어봅시다. 다음과 같이 서론의 내용을 요약해서 초록을 작성할 수 있습니다.

> 본 연구는 카이스트 캠퍼스에 서식하는 오리들의 도로 횡단 패턴과 그 이유를 분석한다. GPS 장착 드론을 이용해 관찰한 결과 오리들의 도로 횡단 행동은 주변 산책로에 서식하는 고양이들의 활동과 밀접하게 연관되어 있음을 확인했다. 구체적으로 오전 9시 30분 ± 15분에는 고양이들이 오리 연못 근처로 이동하면 오리들이 동쪽으로 도로를 건넜고 오후 4시 30분 ± 15분에는 고양이들이 산으로 이동하면 오리들이 서쪽으로 도로를 건너는 패턴을 보였다. 한 달간 고양이들을 강제로 이주시킨 결과 이러한 횡단 패턴이 사라졌다. 또한 오리들이 연못을 헤엄쳐 이동하지 않고 위험한 도로를 건너는 행동은 위협을 느낄 때 오리의 뇌에서 분비되는 카이스트로닌 호르몬과 밀접한 관련이 있는 것으로 나타났다. 본 연구는 카

이스트 오리들의 생태 습성을 이해하는 데 도움이 될 뿐만 아니라 캠퍼스 교통 안전 시스템 개선에도 기여할 수 있을 것이다.

This study investigates the patterns and reasons behind the road-crossing behavior of ducks inhabiting the KAIST campus. Using GPS-equipped drones, we observed that the ducks' road-crossing behavior is closely associated with the activities of cats inhabiting nearby walking trails. Specifically, the ducks crossed eastward around 9:30 AM ± 15 minutes when the cats approached the duck pond and westward around 4:30 PM ± 15 minutes when the cats moved toward the hills. These behavioral patterns disappeared during a one-month period when the cats were relocated. Additionally, we explored the role of kaistronin, a hormone released during perceived threats, in influencing the ducks' decision to cross roads instead of swimming across the pond. This research provides new insights into the daily routines and ecological behaviors of KAIST ducks and highlights potential applications for improving campus traffic safety systems.

초록은 연구에서 무엇을 했고 무엇을 발견했는지를 명확히 전달하는 것입니다. 예를 들어 '본 연구는 카이스트 캠퍼스에 서식하는 오리들의 도로 횡단 패턴과 그 이유를 분석한다This study investigates the patterns and reasons behind the road-crossing behavior of ducks inhabiting the

KAIST campus.'라는 문장이 초록의 핵심 문장이라고 할 수 있습니다.

이번 장에서는 서론과 초록을 작성하는 방법에 대해서 다루었습니다. 무엇What, 왜Why, 어떻게How를 중심으로 일관된 흐름을 유지하는 것이 관건입니다.

1. What: 이 논문에서 다룬 연구 주제가 무엇인가?
2. Why: 이 연구가 왜 중요한가?
3. How: 이 연구를 수행한 방법과 결과는 무엇인가?

다른 섹션에서도 무엇What, 왜Why, 어떻게How 원칙을 적용하면 논문의 전반적인 품질을 크게 향상할 수 있습니다.

7장

결과와 논의 쓰기
: 단순 데이터 나열을 넘어선 스토리 완성하기

이번 장에서는 그다음 단계인 결과와 논의 섹션을 어떻게 작성해야 하는지에 대해 설명하겠습니다. 특히 결과 섹션은 연구의 성과를 명확히 전달하는 데 매우 중요합니다.

1
결과: 그림의 모든 결과를 차근차근, 빠짐없이, 논리적으로

결과 섹션은 연구 성과를 명확히 전달하는 중요한 부분입니다. 그림이 완성되었다면 이제 결과 섹션을 작성합니다. 결과 섹션에서는 그림에 포함된 모든 결과를 차근차근, 빠짐없이, 논리적으로 설명해야 합니다.

그림 23. 그림의 모든 결과를 차근차근, 빠짐없이, 논리적으로

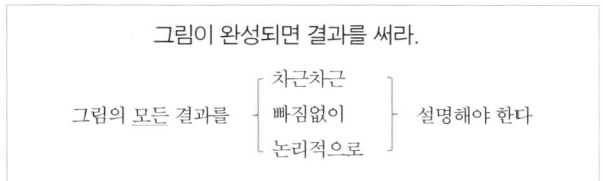

결과를 차근차근 쉽게 설명하기

연구자는 자신의 연구에 대해 잘 알고 있기 때문에 독자도 이를 쉽게 이해할 것이라고 착각하는 경우가 많습니다. 하지만 그렇지 않습니다. 논문의 독자는 여러분의 연구를 처음 접합니다. 여러분

이 수년간 연구를 해왔더라도 독자는 그 연구 결과를 처음 보기에 논리적 비약이 생길 수 있습니다. 따라서 논문은 독자가 쉽게 이해할 수 있도록 차근차근 설명하는 것이 중요합니다.

논문 작성에서 연구자가 흔히 저지르는 몇 가지 실수들이 있습니다(자세한 내용은 2장 참고). 다음에 소개하는 실수들은 특히 논문의 결과 부분을 작성할 때 논문의 전달력을 떨어뜨리고 연구 가치를 독자에게 제대로 전달하지 못하게 할 수 있기 때문에 주의해야 합니다.

실수 1: "내가 얼마나 똑똑한지 보여주마."

많은 연구자가 자신의 지적 능력을 과시하려는 마음에 글을 어렵게 쓰곤 합니다. 불필요하게 복잡한 단어와 표현을 사용하거나 간단히 설명할 수 있는 내용을 수식과 기호로 과도하게 채우는 경우가 대표적입니다. 이는 독자를 배려하지 않은 오만한 접근입니다.

'똑똑함은 나를 위해 쓰는 지능이고 배려는 상대를 위해 쓰는 지능이다.'

이 사실을 기억하세요. 연구 과정에서는 여러분의 지적 능력을 최대한 발휘해 창의적이고 깊이 있는 통찰력으로 의미 있는 결론을 도출하세요. 그러나 논문 작성 과정에서는 독자의 입장에서 생각하며 배려심을 발휘해야 합니다. 독자가 자연스럽게 연구의 핵심을 이해할 수 있도록 간결하고 명확하게 표현하는 것이 중요합니다. 진정한 고수는 쉬운 단어를 사용해 통찰력 있는 내용을 효과적으로 전달합니다.

실수 2: "내가 얼마나 고생했는지 보여주마."

또 다른 흔한 실수는 자신의 노력을 과시하려는 태도입니다. 그래서 온갖 의미 없는 데이터들을 잔뜩 보여줍니다. 연구 과정에서 얻은 모든 데이터와 결과를 논문에 다 담으려는 시도는 혼란을 줄 뿐입니다. 상대방은 여러분이 얼마나 고생했는지 관심 없습니다. 여러분도 다른 저자가 고생한 이야기를 알고 싶어서 논문을 읽는 게 아니잖아요? 독자가 원하는 것은 새로운 지식을 배우는 것입니다. 연구 과정에서 얻은 수많은 데이터 중 어떤 결과를 선택해 독자에게 보여줄지 결정하는 것은 연구자의 몫입니다. 논문의 목적은 독자에게 의미 있는 데이터를 전달해 연구의 가치를 설득력 있게 설명하는 것입니다.

어렵게 쓴 논문은 상대방이 이해하지 못하게 되고 이해하지 못하면 평가하지 못합니다. 좋은 연구인지 나쁜 연구인지 도무지 알아볼 수 없죠. 논문을 차근차근 쉽게 쓰는 게 중요합니다. 정말 쉽게 작성해야만 독자가 더 많은 내용을 이해할 수 있습니다. '이렇게 너무 자세히 풀어서 쓰는 것은 불필요할 것 같은데?' '이렇게 쉽게 설명해도 되나?'라는 생각이 들 때 그 논문을 처음 본 독자는 80% 정도 이해합니다. 그러면 독자가 '이 저자들은 무슨 논문을 이렇게 쉽게 쓰는 거야? 우리를 바보로 아나?'라고 생각할 것 같나요? 전혀 아닙니다. '와, 이 저자들은 정말 설명을 쉽게 잘한다.'라고 칭찬합니다.

그림의 모든 결과를 빠짐없이 설명하기

결과 섹션에서 그림에 포함된 모든 내용을 하나도 빠짐없이 설명해야 합니다. 그림에 소그림subfigure이 여러 개 포함되어 있다면 하나하나 빠짐없이 순서대로 설명해야 합니다. 예를 들자면 그림 1에 소그림 A, B, C, D, E가 있는데 A부터 D까지는 설명하고 E는 쉬워서 그림만 보고도 이해할 수 있을 것 같으니까 그냥 넘어가는 경우가 있습니다. 그러면 안 됩니다. 각각의 소그림이 무엇을 의미하는지 본문에서 빠짐없이 설명하세요. '소그림 E는 직관적으로 보이기 때문에 설명을 생략해도 되겠지.'라는 생각은 금물입니다.

또한 그림에 수식이나 그래프가 있다면 본문에서 그 의미를 해석해야 합니다. 그래프에 나오는 데이터는 축, 단위, 데이터 포인트를 구체적으로 서술하고 그래프의 주요 경향을 정량적으로 기술하세요. 그림에 있는 모든 것을 설명해야 합니다. 그림에 수식이 나왔다면 본문에서 설명해야 합니다. 그림에 그래프가 나왔다면 수치들을 본문에서 명확하게 정량적으로 기술해야 합니다. 그리고 그림에 있는 결과들은 다시 한번 논리적으로 설명해야 합니다. 설명에서 '이런 결과가 나왔으니까 내가 이런 논의를 할 수 있다.'라는 식의 문장에 논리적으로 비약은 없는지, 과장은 없는지, 아니면 일반화한 것은 아닌지 치밀하게 고민해보기 바랍니다.

2
결과 섹션에서의 문단 구성하기

한 문단에 하나의 내용만 담는다

한 문단에는 하나의 내용만 담는 것이 기본 원칙입니다. 논문 전체를 큰 그림으로 봤을 때 여러 개의 문단이 모여 논문을 구성합니다. 각 문단은 하나의 주제를 중심으로 명확하게 작성해야 합니다. 한 문단 안에 여러 이야기를 담으면 독자가 문단의 중심 내용을 파악하기 어려울 수 있습니다.

결과 섹션의 문단 구성은 다음과 같은 단계로 설계할 수 있습니다.

- 문단 1: 논문에서 다루고자 하는 핵심 아이디어와 원리를 명확히 제시합니다.
  예: 이 논문의 핵심 아이디어는 X이다. 이것은 X-1이라는 개념과 X-2라는 원리에 기반을 두고 있다.
- 문단 2: 핵심 아이디어를 검증하기 위한 방법과 장치를 설명합니다.

예: X를 검증하기 위해 Y 장치를 설계했으며 주요 구성은 다음과 같다.
- 문단 3: 구체적인 실험 과정을 서술합니다.
예: A를 알아보기 위해 A-1 조건에서 실험을 수행하였다.
- 문단 4: 결과를 소개하고 의미를 설명합니다.
예: A-2라는 결과가 나왔는데 이 결과의 의미는 A-3이다.
- 문단 5: 추가적인 질문과 이를 확인하기 위한 실험을 설명합니다.
예: 위 결과를 보고 B라는 질문이 생길 수 있다. 이를 검증하기 위해 B-1이라는 조건에서 실험을 수행하였다.
- 문단 6: 결과를 소개하고 의미를 설명합니다.
예: B-2라는 결과가 나왔는데 이 결과의 의미는 B-3이다.
- 문단 7: 확장성에 대한 질문과 이를 확인하기 위한 실험을 설명합니다.
예: C라는 상황에도 적용되는지 검증하기 위해 C-1이라는 조건에서 실험을 수행하였다.
- 문단 8: 결과를 소개하고 의미를 설명합니다.
예: C-2라는 결과가 나왔는데 이 결과의 의미는 C-3이다.
- 문단 9: 추가적인 검토가 필요한 실험 과정을 기술합니다.
예: D라는 문제가 생길 수는 없는지 살펴보기 위해 D-1 조건에서 실험을 수행하였다.
- 문단 10: 결과의 의미와 추가적인 질문을 논의합니다.
예: D-2라는 결과가 나왔는데 이 결과의 의미는 D-3이다. 이 결과는 D 가설을 지지하며 추가적으로 E 상황에서 적용 가능성을 시사한다.

앞 예시에서는 A, B, C, D 네 가지 실험 결과를 가지고 결과 부문을 작성할 때 어떻게 문단 간 구성을 효과적으로 설계하는지를 볼 수 있습니다. '네 가지 실험을 해봤다. 결과가 이렇다.'를 4문단 정도로 글을 쓰면 독자가 이해하면서 따라오기 어려운 논문이 될 가능성이 높습니다. 앞 예시에서는 결과적으로 차근차근 설명하느라 10문단이 되었지만 독자가 이해하기 편한 스토리로 짜여져 좋은 길잡이가 됩니다.

그리고 문단 간 연결은 논리적이고 자연스러워야 합니다. 앞선 문단에서 제기한 질문에 대해 다음 문단에서 답변하거나 새로운 발견으로 이어지는 식으로 독자가 글의 흐름을 따라가며 흥미를 느낄 수 있도록 구성해야 합니다. 예를 들어 '이 결과는 다른 분야에 적용될 수 있을까?'라는 질문이 생기면 답하기 위한 새로운 실험과 결과를 다음 문단에서 다룹니다. 문단 간 연결의 논리가 질문과 답변이 꼬리를 무는 구조로 자연스럽게 이어지면 독자가 이해하기 쉽습니다. 각 문단은 독립적인 주제를 담되 서로 긴밀히 연결하여 전체적으로 하나의 스토리를 만들어야 합니다.

각 문단은 항상 두괄식으로

학술 논문은 기본적으로 두괄식으로 작성합니다. 두괄식은 핵심 내용을 첫 문장에 배치하므로 독자가 문단의 첫 문장만 읽어도 해당 문단의 요점을 이해하고 다음 문장들을 건너뛰거나 필요한 경우 세부 내용을 확인할 수 있습니다. 그림 24에서 보듯 결과 섹션에 들어가는 각 문단은 역피라미드 구조를 따르는 것이 효과적입니다. 가장 중요한 정보를 먼저 제시하고 뒷받침하는 세부 내용을 논리적으로 전개하는 방식입니다.

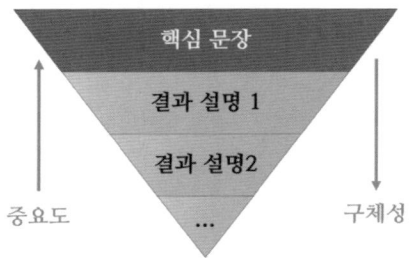

그림 24. 결과 섹션의 문단 구조

- 문단의 첫 문장: 문단에서 주장하고자 하는 핵심 요약을 담습니다.
  (예: 그림 1은 X 실험 결과를 나타내며 Y 조건에서 Z 패턴이 관찰되었습니다.)
- 뒤 문장들: 첫 문장을 뒷받침하는 추가 설명과 구체적인 데이터를 서술합니다.
- 마지막 문장: 가장 구체적인 정보나 다음 문단과의 연결을 제시합니다.

한 문단은 하나의 생각을 담아야 합니다. 그리고 문단 내 여러 개의 문장들은 항상 두괄식으로 배치해야 합니다. 독자가 문단의 첫 문장을 보고 '아, 이 문단에서 어떤 이야기를 하겠구나.'라고 이해할 수 있다면 다음 문장들은 건너뛰거나 필요하다면 모두 읽을 수 있도록 해야 합니다.

3
결과를 설명하는 논리 전개

문단 내 논리 흐름

역피라미드 구조를 활용하여 독자가 결과의 핵심 내용을 쉽게 이해할 수 있도록 결과 섹션을 작성할 때는 다음과 같은 흐름을 따릅니다.

1. 문단의 첫 문장은 두괄식으로 요약하기
2. 그림과 데이터를 빠짐없이 설명하기
3. 결과의 타당성 설득하기
4. 논리적으로 전개하기

첫째, 문단의 첫 문장은 두괄식으로 요약합니다. 해당 문단에서 어떤 내용을 다룰지 한 줄 요약을 먼저 합니다.

둘째, 그림과 데이터는 빠짐없이 설명합니다. 그림과 표에 포함된 모든 데이터를 차근차근 설명함으로써 독자가 데이터를 통해 연구의 주요 성과를 이해할 수 있도록 해야 합니다. 그림에 나타난 수치, 그래프, 수식 등은 본문에서 구체적으로 서술하여 연구의 논리적 근거를 제시합니다.

셋째, 결과가 신뢰할 만하다는 점을 독자에게 납득시키기 위해 다양한 근거를 제시합니다.

- 컨트롤 실험: 추가 실험을 통해 본 결과가 정확함을 확인했다.
- 대체 측정 방식: 다른 방법으로 측정했을 때도 동일한 결과를 얻었다.
- 기존 문헌과의 일치: 이 결과는 기존 연구와 일관성을 보인다.
- 수식 및 시뮬레이션 활용: 수학적 모델링과 수치 시뮬레이션을 통해 결과를 뒷받침했다.

넷째, 글을 논리적으로 전개합니다. 이 문단에서 제공한 결과가 결론을 뒷받침한다는 논리적인 연결 고리를 설명합니다. 결과 섹션을 작성할 때는 항상 결론을 염두에 두어야 합니다. 결과와 논문에서 주장하고자 하는 결론 사이의 연결을 논리적으로 설명하여 독자가 자연스럽게 연구의 가치를 이해할 수 있도록 해야 합니다. 확신의 단계별로 다음과 같은 다양한 표현을 적절하게 사용하면 결과 섹션을 더 논리적으로 탄탄하게 쓸 수 있습니다.

1. 명확한 확신 Definitive Confident: 결과가 명백하고 데이터가 충분히 검증되었을 때 사용합니다. 예시 표현: 이 결과는 다음과 같은 사실을 증명한다 This result proves that. 이 결과는 분명히 다음과 같은 사실을 말해준다 This clearly demonstrates that. 이 발견들은 다음 사실을 확인해준다 These findings confirm that.

2. 높은 가능성High Probability: 결과가 매우 신뢰할 만하지만 추가적인 검증이 여전히 필요할 때 사용합니다. 예시 표현: 이는 다음을 강력하게 시사한다This strongly suggests that. 이것은 다음에 대한 설득력 있는 증거를 제공한다This provides compelling evidence for. 이것은 아마도 다음을 나타낸다This likely indicates that.

3. 중간 수준의 가능성Moderate Probability: 데이터가 가설을 뒷받침하지만 결과 해석에 일부 제한이 있거나 추가적인 데이터를 필요로 할 때 사용합니다. 예시 표현: 이것은 다음을 시사한다This suggests that. 이것은 다음을 나타내는 것 같다This appears to indicate that. 이는 다음을 의미한다This implies that.

4. 약한 가능성Low Probability: 데이터가 초기 단계에 있거나 불확실성이 큰 경우 제한적으로 시사할 때 사용합니다. 예시 표현: 이것은 다음을 시사할 수 있다This might suggest that. 이것은 다음을 의미할 수 있다This could imply that. 이는 다음과 같은 가능성을 제기한다This raises the possibility that.

5. 잠재적 가능성Speculative Hypothesis: 명확한 결론을 내리기에는 데이터가 부족하거나 가설 단계에 머무르는 경우 사용합니다. 예시 표현: 이는 다음과 같은 가능성을 열어준다This opens the possibility that. 이는 다음과 같은 가설을 제기한다This hypothesizes that. 이것은 추가 조사가 필요하다This warrants further investigation into.

요약하자면 결과 섹션에 들어가는 각 문단은 그림 25와 같은 구조로 설명할 수 있습니다.

그림 25. 결과 문단의 구성

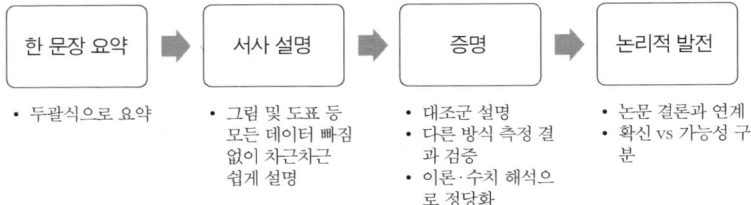

4
결과 섹션 쓰기: 예시 1

제 연구실에서 2014년에 출판한 논문[27]을 예로 들어보겠습니다. 염색이나 전처리를 하지 않고 세포의 3차원 형상을 관찰할 수 있는 홀로토모그래피Holotomography* 기술로 적혈구의 여러 성질을 측정한 논문입니다. 논문의 자세한 배경과 내용이 궁금하신 분은 원문을 찾아서 읽어보는 것을 추천합니다. 여기서는 논문의 결과 부분에서 작성한 문단 하나를 예로 들어 구성을 설명하겠습니다.

우선 논문의 그림에서 핵심 결과들을 정리해서 표현했습니다. 그림 26을 보면 개별 적혈구의 부피Volume, 헤모글로빈Hb, Hemoglobin, 단백질 양Hb content, 헤모글로빈 농도Hb concentration, 세포의 표면적Surface area, 구형도Sphericity, 세포막 떨림Membrane fluctuation과 같은 물리량을 다양한 조건의 환자들로부터 추출한 적혈구에서 분석했습니다. 정상인Healthy의 적혈구, 철분 결핍성 빈혈환자IDA, Iron

---

* 홀로그래피와 단층 촬영 기술을 결합하여 살아 있는 세포와 조직의 3D 굴절율 분포를 비침습적이고 염색 없이 고해상도로 시각화하는 영상 기술

그림 26. 결과 부분 쓰기: 예시 1 그림

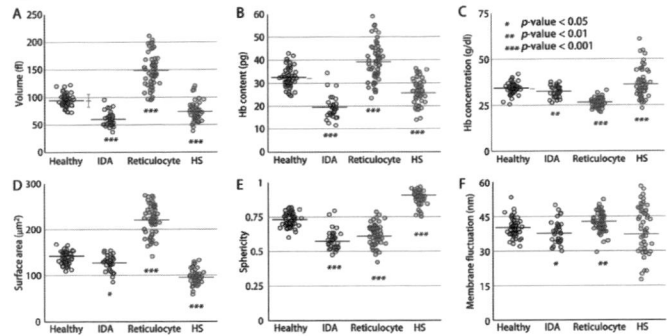

Fig. 3. Six red cell indices for healthy, IDA, reticulocyte and HS red blood cells: (A) volume, (B) Hb content, (C) Hb concentration, (D) surface area, (E) sphericity and (F) membrane fluctuation. The open circles correspond to individual RBC measurements. The horizontal lines in the open circles represent the mean values of each group. In the healthy RBCs, the gray horizontal lines correspond to the results of the relevant CBC measurement.

Deficiency Anemia에서 추출한 적혈구, 높은 망상적혈구Reticulocyte 비율을 가진 환자의 망상적혈구, 유전구형적혈구증HS, Hereditary Spherocytosis으로 진단된 환자의 적혈구입니다.

이 결과 그림을 가지고 어떻게 설명하는 것이 효과적일까요? 제 연구팀은 그림 27과 같이 구성했습니다.

그림 27. 결과 부분 쓰기: 예시 1

본문	설명
In order to validate the performance of cDOT with regard to single cell profiling, the volume, surface area, sphericity, Hb content, Hb concentration and membrane fluctuation of individual RBCs with different pathophysiological conditions were measured.	핵심 문장: X를 목표로, A실험 했다
As presented in Fig. 3, the morphological, chemical and mechanical properties of individual RBCs were retrieved from 57, 34, 58 and 53 cells of healthy, IDA, reticulocyte and HS patients, respectively.	결과 설명: 그림 해설
The RBCs of the healthy, IDA, reticulocyte and HS groups were classified based on their morphologies and other hematologic tests by a pathologist.	결과 설명: 보충
For the healthy RBCs, the mean values for the volume, Hb content and concentration were 94.8 ± 11.4 fl, 32.2 ± 4.2 pg and 34.1 ± 2.9 g/dl, respectively.	결과 설명: 구체화
These values agree very well with the relevant values of MCV, MCH and MCHC measured using an automatic blood cell counter (XE-2100™, Sysmex, Kobe, Japan).	결과 설명: 다른 측정과 비교
In addition, the mean values of the surface area (137.8 ± 13.3 μm²), sphericity (0.731 ± 0.05) and membrane fluctuation (40.1 ± 3.9 nm) of the healthy RBCs were also in good agreement with the previous results.	결과 설명: 선행 연구와 비교

핵심 요약으로 시작하기

결과 섹션의 첫 문장은 문단의 핵심 내용을 요약해야 합니다.

'단일 세포 프로파일링과 관련하여 cDOT의 성능을 검증하기 위해In order to validate the performance of cDOT with regard to single cell profiling,'가 이 문단에서 보여줄 결과의 목적입니다. 특히 '단일 세포 프로파일링single cell profiling'이라는 점을 강조하고자 앞쪽에 배치했습니다. '적혈구의 … 부피와 표면적이 … 측정되었다... the volume and surface area ... of red blood cells were measured.'는 측정한 데이터에 대한 간결한 표현입니다. 이 문장이 이 문단의 핵심입니다. 두괄식으로 핵심을 제시하면 독자가 해당 문단의 요지를 바로 파악할 수 있습니다.

이 핵심 문장은 수동태를 사용해 작성했습니다. '측정되었다... were measured.' 능동태로도 쓸 수 있습니다. '우리가 측정했다We measured ....'와 같이 표현할 수 있습니다. 하지만 결과 섹션에서 능동태 표현 '우리We'는 연구자의 관점이 부각하여 객관성이 떨어진다는 인상을 줄 수 있습니다. 이 때문에 많은 연구자가 결과를 서술할 때 수동태를 선호합니다. 수동태를 사용하면 연구의 초점이 연구자보다 결과 자체에 맞춰지므로 독자에게 객관적인 인상을 줄 수 있습니다. 이러한 수동태 사용은 절대적인 규칙은 아닙니다. 하지만 결과 섹션에서는 수동태로 작성하면 더 전문적이고 객관적인 톤을 유지하는 데 도움이 됩니다.

그림과 데이터를 차근차근 설명하기

이어서 그림을 먼저 설명했습니다. 연구에서 사용한 그림과 표의 데이터는 빠짐없이 설명해야 합니다. 그림에 포함된 모든 수치와 그래프를 본문에서 논리적으로 연결하고 구체적으로 서술해야 합니다. 결과를 설명할 때 독자가 궁금해할 질문을 예상하며 세부 정보를 추가했습니다. 그리고 마지막 문장에서는 독자가 결과를 신뢰할 수 있도록 다양한 근거를 제시했습니다. 다른 장비로 측정한 결과를 바탕으로 검증을 한 내용을 설명했습니다. 이어서 마지막 문장에서는 기존 문헌의 선행 연구 결과들과 우리가 제시한 결과들을 비교했습니다.

결과 섹션에서 어떤 문장을 써야 할지 고민된다면 독자가 무엇을 궁금해할지를 먼저 생각해보는 게 중요합니다. 예를 들어 '우리가 적혈구의 부피를 측정했다.'라고 하면 독자는 '어떻게 측정했지?' '얼마나 많은 샘플을 사용했지?'와 같은 질문을 떠올릴 것입니다. 이런 질문들에 답하는 방식으로 결과 섹션을 구성합니다.

먼저 데이터를 어떻게 수집했는지 구체적으로 설명합니다. '그림 3의 A에 나타난 것처럼 정상 적혈구 100개의 부피를 측정했다.'라는 식으로 데이터를 수집한 방법과 양을 명확히 알려줍니다. 이렇게 하면 독자가 데이터를 더 신뢰하게 됩니다.

그다음 독자가 궁금해할 만한 세부 정보를 채워 넣습니다. '정상 적혈구의 평균 부피는 94.9±11.4 펨토 리터이고 헤모글로빈 단백질의 농도는 34.1±2.9 데시리터당그램으로 관찰됐다.'라고 데이터를 구체적으로 서술하면 독자가 수치와 의미를 바로 이해할 수 있습니다. 특히 분산이나 표준 편차처럼 데이터의 정확성을 보여줄 수 있는 정보도 함께 제시하면 더욱 설득력이 있습니다.

결과의 신뢰성을 높이기 위해 검증 과정을 설명하는 것도 중요합니다. '우리는 다른 장비를 사용해 독립적으로 측정했는데 기존 결과와 동일한 값을 얻었다.'라는 식으로 설명하면 독자는 데이터가 신뢰할 만하다고 확신할 수 있습니다. 이런 식으로 추가적인 근거를 제공하면 결과 섹션이 훨씬 더 탄탄해집니다.

그림과 본문을 연결하는 표현도 신경 써야 합니다. '그림 A의 회색 선에 표시된 바와 같이As indicated in the gray line in figure A.'라고 쓰면 그림을 보고 있는 독자가 본문에서 데이터를 쉽게 찾고 이해할 수 있습니다. 그림과 본문을 긴밀히 연결하면 독자가 데이터를 더 명확히 받아들일 수 있습니다.

독자 입장에서 생각하고 대화하듯이 설명하기

결과 섹션을 쓸 때는 항상 독자 입장에서 생각하는 게 중요합니다. 데이터를 룸메이트에게 설명한다고 생각하면서 '우리가 어떤 실험을 했어. 이런 결과 데이터를 얻었어. 이 데이터는 기존 연구와 잘 맞아. 그래서 이 결과가 신뢰할 만하다고 결론을 내릴 수 있었어.'라고 말하듯 쓰는 것입니다. 이런 대화형 접근은 글을 읽는 사람이 더 친근하게 느낄 수 있습니다.

글을 쓰면서 너무 빨리 넘어가거나 그렇다고 너무 느리게 설명해서도 안 됩니다. 문장과 문장 사이에서 논리적 비약이 없도록 차근차근 풀어나가야 독자가 자연스럽게 따라올 수 있습니다. 모든 그림과 데이터는 본문에서 빠짐없이 설명함으로써 독자가 납득할 수 있도록 세심하게 배려해야 합니다. 이런 방식으로 결과 섹션을 작성하면 독자에게 설득력 있고 이해하기 쉬운 글을 전달할 수 있을 것입니다.

5
결과 섹션 쓰기: 예시 2

다른 예를 하나 들어보겠습니다. 제가 학위과정 동안 작업했던 논문으로 2010년 『미국 국립과학원 저널PNAS』에 게재되었습니다.[28] 이 논문에서는 전체 섹션을 요약하는 부제목Subtitle을 사용했습니다. 부제목은 섹션의 주요 내용을 간결하게 제시하면서 독자가 해당 섹션의 목적을 빠르게 이해할 수 있도록 돕습니다.

결과 섹션의 첫 번째 문단을 살펴보겠습니다. 첫 문장은 항상 핵

그림 28. 결과 섹션 쓰기: 예시 2

Enhanced Membrane Fluctuations in the Presence of ATP. To probe dynamic membrane fluctuations, we analyzed the membrane displacement map by subtracting the averaged shape from the cell thickness map, Δh(x,y,t) = h(x,y,t) - ⟨h(x,y)⟩ (Fig. 1E-H and Supporting Information Movies S1-4). Compared to healthy RBCs, the fluctuation amplitudes were decreased in both ATP-depleted groups. Reintroducing ATP, however, increased the fluctuation amplitudes to healthy RBC levels. We calculated the RMS displacement of membrane fluctuations, sqrt(⟨Δh²⟩) that covers the entire cell area for 2 s at 120 frame/s (Fig. 2). The RMS displacement of healthy RBCs is 41.5 ± 5.7 nm. Fluctuations significantly decreased to 32.0 ± 7.8 nm and 33.4 ± 8.7 nm in both the irreversibly and metabolically ATP-depleted groups, respectively. However, the fluctuations in the ATP-repleted group returned to the level of healthy RBCs (48.4 ± 10.2 nm). This is in agreement with an earlier report using the point measurement technique (9, 10).	핵심 문장: X를 목표로 A실험 했다 결과 설명: 그림 해설 결과 설명: 중요 결과 결과 설명: 구체화 결과 설명: 선행 연구 비교

심 문장입니다. '동적 막 변동을 조사하기 위해 막 변위를 분석했습니다To probe dynamic membrane fluctuation, we analyzed the membrane displacement.' 연구에서 수행한 작업의 목적과 방법을 간결하게 요약한 내용입니다. 무엇을 하기 위해 무엇을 했는지를 분명히 밝혀주는 문장이죠.

수식이 필요한 경우에는 본문에 모든 내용을 길게 설명하기보다는 추가적인 설명을 보조 자료나 방법론 섹션으로 연결하는 것도 방법입니다. 이렇게 하면 본문을 간결하게 유지하면서도 독자가 필요할 경우 세부 내용을 참고할 수 있습니다.

핵심 문장을 제시한 후에는 다음 단계로 결과를 설명해야 합니다. 독자는 당연히 '결과가 뭐냐?'라는 질문을 떠올릴 테니 그에 답하는 방식으로 작성해야 합니다. 첫 번째 결과와 두 번째 결과를 차례대로 제시하며 데이터를 서술합니다. 그 뒤로는 조금 더 세부적인 내용을 추가하거나 정량적 분석을 통해 데이터를 뒷받침하는 내용을 덧붙입니다. 예를 들어 특정 분석 도구를 사용한 방법이나 이를 통해 추가로 얻은 결과를 설명합니다.

결과를 서술할 때는 '그림의 어디를 봐라.'와 같이 그림과 본문을 연결하고 '이 결과는 기존의 결과와 일치한다.'라는 식으로 의미를 해석하는 것이 중요합니다. 한 문단의 구성은 매우 단순합니다.

1. 핵심 문장은 맨 처음에 둡니다.
2. 그다음에 결과를 차례대로 설명합니다.
3. 마지막에 데이터를 정량적으로 분석하거나 기존 연구와의 비교를 통해 의미를 확장합니다.

이런 방식으로 결과를 치밀하고 구체적으로 서술하면 문단이 자연스럽게 완성됩니다.

문단 간 자연스러운 흐름 만들기

문단 간 논리적인 연결은 굉장히 중요합니다. 앞 문단과 뒤 문단이 자연스럽게 이어져야 독자가 "그래. 맞아!"라고 반응하며 재미있게 글을 따라갈 수 있습니다. 반면 앞 문단의 내용을 이해하고 나서 다음 문단에서 엉뚱한 이야기가 나오면 당황하거나 흥미를 잃게 됩니다. 이런 혼란을 방지하려면 문단 간 흐름을 잘 설계해야 합니다.

문단 간 연결을 매끄럽게 하기 위해서는 몇 가지 중요한 스킬이 필요합니다. 먼저 핵심 결과를 가장 먼저 보여줍니다. 독자는 중요한 내용을 먼저 알고 싶어 합니다. 핵심 내용을 맨 앞에 배치하고 이어서 부차적인 설명이나 세부 사항을 추가하는 것이 효과적입니다. 또한 단순한 결과는 먼저 제시하고 심화된 내용은 나중에 다루는 것이 좋습니다. 처음부터 너무 복잡하거나 심화된 내용을 던지면 독자가 따라오지 못할 가능성이 높습니다. 쉬운 내용부터 시작해 점진적으로 어려운 내용을 다루는 방식이 독자의 이해를 돕는 데 가장 좋습니다.

예를 들어 예상되는 결과를 먼저 제시한 뒤 이를 기반으로 독자의 이해를 끌어내는 방식이 효과적입니다. '우리가 이런 결과를 예상했는데 실제 실험을 하다 보니 예상치 못한 결과가 나왔다.'라고 설명하면 독자는 예상과 다르게 나타난 결과를 더 흥미롭게 받아들일 수 있습니다. 독자가 실험의 과정을 이해하고 연구가 어떤 방식으로 발전했는지를 자연스럽게 받아들일 수 있습니다.

결론적으로 문단 간의 연결을 잘 설계하려면 세 가지를 기억하세요. 먼저 핵심 내용을 제시합니다. 단순한 내용에서 심화된 내용으로 점진적으로 발전시킵니다. 예상한 결과와 예상치 못한 결과를 적절히 배치해 독자의 관심을 유지합니다. 이렇게 구성하면 독자가 글을 더 쉽고 흥미롭게 읽게 될 것입니다.

결과를 넘어 깊이 있는 분석으로

결과 섹션을 쓰다 보면 초반에는 예상 가능한 결과들을 주로 서술하게 됩니다. 그리고 후반부로 갈수록 실험을 조금 더 깊이 있게 진행한 내용을 다루게 됩니다(그림 29).

그림 29. 결과 섹션 글쓰기의 흐름

전반부		후반부	
중요한 단순한 예상되는	결과 →	부차적인 심화된 예상 어려움	결과

이렇게 하는 이유는 논문의 완성도를 높이고 연구를 더욱 철저히 수행하기 위함입니다. 결과를 더 자세히 들여다보고 분석한 내용을 추가하면서 연구의 깊이를 더할 수 있습니다.

'양면이 오목한 모양은 ATP 의존성 강화 막 변동과 결합돼 있습니다. 능동 운동의 공간적 측면을 더 연구하기 위해 우리는 세포 중심에 기원을 둔 극좌표계에서 RBC의 형태와 변동을 분석했습니다.Biconcave Shapes Are Coupled With ATP-Dependent Enhanced Membrane Fluctuations. To study further spatial aspects of active motion, we analyzed the morphologies and fluctuations for RBCs in a polar coordinate system with its origin at cell center.'

위 문단을 보면 '공간의 측면을 연구하기 위해to study spatial aspect'라는 표현이 있는데 여기에 '더further'라는 단어를 사용해 기존의 분석에서 한 단계 더 나아간 내용을 서술했습니다. 첫 문장에서도 알 수 있듯이 '뭘 하기 위해 뭘 했다.'라는 구조로 연구의 목표와 방법을 명확히 제시합니다. 예를 들어 '우리는 분석했다we analyzed……'와 같은 표현으로 분석 과정을 간결하게 설명합니다. 이어지는 문장에서는 사용한 방법론을 구체적으로 제시합니다. '원통형 대칭을 가정하면Assuming cylindrical symmetry'이라는 가정을 바탕으로 특정 분석법을 활용했고 이로부터 얻어진 결과를 표현했습니다.

그다음으로는 독자가 그림을 보며 결과를 이해할 수 있도록 수치를 포함해 차근차근 설명해야 합니다. 예를 들어 '막 변동의 평균값은The mean value of membrane fluctuation is……'이라는 문장을 통해 구체적인 수치와 그 결과의 의미를 설명합니다. 이어서 이 결과가 기존 연구와 얼마나 일치하는지 간단히 언급하면 독자가 결과의 신뢰성을 이해하는 데 도움이 됩니다. 이런 방식으로 한 문단을 구성할 수 있습니다.

'강화된 변동의 기원. 그렇다면 ATP가 세포골격 부착의 동적 재구성을 어떻게 일으킬 수 있을까 하는 물음이 생긴다. 이는 막의 안정성을 제어하는 생리학적 과정 중 하나인 ATP에 의해 구동되는 단백질 인산화와 관련이 있을 수 있다. 한 가지 가능한 후보는 포스포이노시타이드PI의 인산화로, 모든 막 단백질의 결합된 인산화보다 더 많은 ATP를 소비하기 때문이다Origin of the Enhanced Fluctuations. The question then arises: how can ATP cause this dynamic remodeling of the cytoskeletal attachment? This may be related to protein phosphorylation powered by ATP that is one of the physiological processes that control membrane stability. One possible candidate is the phosphorylation of the phosphoinositides (PI) because it consumes more ATP than the combined phosphorylation of all the membrane proteins (23).'

제가 자주 사용하는 기법 중 하나는 결과를 설명한 후 논의로 자연스럽게 연결하는 방식입니다. 질문을 던지며 다음 내용을 이어가는 표현을 사용합니다. 위 문단에서 '질문이 생긴다. 어떻게 ATP가 세포골격 부착의 동적 재구성을 일으킬까?The question then arises: how can ATP cause this dynamic remodeling of the cytoskeletal…?'와 같은 질문을 던지면 독자는 '왜 이런 일이 일어났을까?' '이건 어떤 메커니즘과 관련이 있을까?'라는 생각을 하게 됩니다. 이렇게 독자가 궁금해할 만한 질문을 제시하고 하나의 가설을 바탕으로 논의를 시작하면 논의 섹션으로 자연스럽게 이어집니다.

결국 결과를 설명하면서 독자가 다음 내용을 궁금해하도록 유도하는 것이 중요합니다. 예상 가능한 결과에서 시작해 점점 심화된 내용을 다루고 독자의 호기심을 자극할 질문을 통해 논의로 이어갑니다. 이 방식을 활용하면 논문을 더욱 흥미롭고 논리적으로 구성할 수 있습니다.

6
결과 섹션의 문단 구성하기

결과 섹션의 문단 구성 방식은 논문마다 다양할 수 있습니다(그림 30). 크게 보면 결과와 논의 섹션을 구성하는 방식은 두 가지입니다. 첫 번째 방식은 결과 A를 한 문단에서 설명한 뒤 바로 다음 문단에서 결과 A에 대한 논의를 진행하는 방법입니다. 그런 다음 새로운 문단에서 결과 B를 설명하고 이어지는 문단에서 결과 B에 대한 논의를 이어가는 방식입니다. 이처럼 결과와 논의를 바로 연결하는 구성은 독자가 각 결과와 그 의미를 쉽게 이해하는 데 도움이 됩니다.

두 번째 방식은 결과 A, B, C를 차례대로 설명한 다음 별도의 논의 섹션을 시작해 모든 결과를 한꺼번에 해석하고 분석하는 방법입니다. 다시 말해 결과를 독립적으로 나열한 후 논의에서 결과 간의 상호 연관성을 제시하거나 특정 결과를 확장하는 방식입니다. 예를 들어 A와 B를 묶어 논의하거나 B의 세부 내용을 확장해 논의하는 방식도 가능하고 결과 A, B, C를 모두 종합적으로 엮어 새로

그림 30. 결과 섹션의 문단 간 구성

형식1: 결과와 논의 통합	형식2: 결과와 논의 분리
결과 A + 논의 A' 결과 B + 논의 B' 결과 C + 논의 C'	결과 A 결과 B 결과 C 논의 X 논의 Y 논의 Z

운 관점을 제시하는 방식도 가능합니다.

 이러한 구성은 학술지의 포맷이나 연구자가 결과를 얼마나 흥미롭고 논리적으로 풀어내느냐에 따라 달라질 수 있습니다. 중요한 것은 독자가 글을 읽으면서 '지금 이 문단은 결과를 다루고 있구나.' '여기서는 논의로 넘어가는구나.'라는 것을 명확히 파악할 수 있어야 한다는 점입니다. 문단 간 구성이 복잡하거나 미묘하게 설계되어 독자가 '지금 읽는 게 결과인지 논의인지' 헷갈린다면 좋은 논문이라고 보기 어렵습니다. 쉽게 읽히는 논문은 각 섹션의 의도가 분명하며 독자가 지금 어디에 집중해야 하는지 명확히 알 수 있도록 구성됩니다.

결과 섹션의 문장 시제

 문장을 작성할 때는 가능한 한 현재형으로 쓰는 것이 좋습니다. 물론 과거형으로 써도 문법적으로 문제가 되지는 않습니다. 하지만 현재형이 글을 더 생동감 있게 읽히게 만듭니다. 저 역시 어떤 경우 '우리가 어떤 실험을 했다.'와 같이 과거형으로 쓰기도 합니다. 하지만 현재형으로 쓸 때 논문이 더 실감 나고 독자와 가까이 느껴지는 것 같습니다. 특히 결과 섹션은 현재형으로 작성하는 경우가 많습니다. 반면 논문 뒤쪽의 논의 섹션에서는 앞에서 다뤘던 결과를 회고적으로 언급할 때 과거형을 사용할 수 있습니다. 또한 기존 연구나 선행 문헌을 인용할 때는 과거 완료형을 사용해 연구의 맥락을 명확히 드러내는 것이 좋습니다.

7
논의 쓰기
: 연구의 가치를 명확히 전달하기

논의 섹션에서는 결과가 왜 중요한지, 어떤 의미를 가지는지, 연구의 결론에 어떻게 기여하는지를 설명합니다. 이 섹션은 연구 결과를 해석하고 독자에게 그 가치를 전달하는 공간입니다. 논의에서 다룰 주요 질문은 다음과 같습니다.

이 연구가 왜 중요한가?
새로 알게 된 것이 무엇인가?
이 결과가 어떤 의미를 가지는가?
연구의 한계는 무엇인가?
어떻게 극복할 수 있는가?
앞으로 어떤 가능성을 열 수 있는가?

논의는 연구 결과가 어떻게 결론으로 이어지는지를 명확히 설명해야 합니다. 독자가 결과를 읽고 나서 가질 수 있는 의문이나

의혹을 모두 해소할 수 있도록 논리적으로 서술합니다. 예를 들어 '이 결과는 기존 연구와 일치하며 우리의 가설을 뒷받침한다.'라는 식으로 결과와 결론의 관계를 구체적으로 제시합니다.

이 연구가 왜 중요한가를 강조한다

이 연구가 왜 중요한지 왜Why를 한눈에 명확하게 드러나게 써야 합니다. 겸손하게 써야 한다고 생각해 연구의 중요성을 간접적으로 표현하거나 눈에 잘 띄지 않는 곳에 숨기면 안 됩니다. 그렇게 하면 독자 입장에서 읽기 불편한 글이 됩니다.

독자는 이 논문이 왜 중요한지, 무엇이 좋은 건지 쉽게 이해할 수 있어야 합니다. 물론 한참 읽다 보면 '이 연구가 이래서 중요한 것이구나.'라고 깨달을 수도 있습니다. 하지만 대부분의 독자는 그 정도로 인내심이 많지 않습니다. 논문을 읽으면서 독자가 '이게 왜 중요한 거지?'라고 생각하게 만들어선 안 됩니다.

논의 섹션에서는 왜 이 연구가 중요한지를 명확하고 직접적으로 설명해야 합니다. 이 논문의 장점이 무엇인지, 기존 연구와 어떤 점이 다른지, 그리고 어떤 점에서 개선이 이루어졌는지를 독자가 쉽게 찾을 수 있어야 합니다. 이러한 내용들이 논의 섹션에서 바로 드러난다면 독자는 글을 읽으며 연구의 가치를 빠르게 이해할 수 있습니다.

예: "이 연구는 기존 기술보다 100% 더 높은 효율을 달성하며 과거에 제안되었던 방법들의 문제점들을 모두 해결했습니다." "This study achieves a 100% improvement in efficiency compared to existing technologies, effectively addressing and overcoming all the limitations of previously proposed methods."

여러분이 수행한 연구가 중요하다는 것을 명확히 주장해야 합니다. 연구의 핵심 기여를 강조하면 독자와 심사위원이 논문의 가치를 쉽게 이해할 수 있습니다. 중요한 점은 연구의 기여를 독자가 스스로 찾도록 맡기지 말고 논문에서 명확히 드러내는 것입니다.

새로운 발견과 장점을 반복적으로 강조한다

논문의 핵심인 중요한 새로운 발견은 논의 섹션에서 여러 번 반복해서 강조할 필요가 있습니다. 중요한 내용을 단 한 번만 언급하면 독자가 그 중요성을 간과할 수 있습니다. 연구의 발견이 얼마나 중요한지, 어떤 기여를 했는지를 독자에게 명확히 전달하려면 반복적으로 그리고 다양한 방식으로 강조해야 합니다.

> 예: "이 연구는 처음으로 Y 현상을 정량적으로 분석했으며 이는 기존 연구에서 다루지 못한 중요한 부분입니다." "This study is the first to quantitatively analyze the Y phenomenon, addressing a critical aspect that has been overlooked in previous research."

이처럼 연구의 핵심 기여를 명시적으로 반복해 언급하면 독자가 연구의 가치를 명확히 이해할 수 있습니다.

장점을 이야기할 때도 단순히 '우리 연구는 대단하다.'라고 추상적으로 표현하지 말고 구체적이고 논리적으로 설명하는 것이 중요합니다. 예를 들어 '이 방법론은 X라는 장점이 있습니다. A와 B라는 원리를 이용했기 때문에 가능했습니다.'와 같이 왜 그런 장점이 생겼는지를 설명합니다. 이렇게 하면 독자가 논리적으로 납득할 수 있을 뿐만 아니라 연구의 강점을 명확히 파악할 수 있습니다.

또 다른 장점을 언급할 때는 첫 번째 장점과 자연스럽게 연결하여 서술합니다.

> 예: "또한 Y라는 장점도 있습니다. 이는 C라는 현상에서 비롯된 결과로 Z 응용 분야에서 강점으로 활용될 수 있습니다." "Additionally, it offers the advantage of Y, stemming from the C phenomenon, which can serve as a significant strength in Z applications."

이렇게 장점을 구체적으로 설명하고 응용 가능성까지 언급하면 독자에게 연구의 실질적인 중요성과 잠재력을 더욱 명확히 전달할 수 있습니다.

독자에게 장점이 무엇인지, 왜 그런 장점이 생겼는지, 그 장점이 어떤 맥락에서 중요한지를 효과적으로 전달하기 위해 고민해보세요. 장점의 그 배경과 맥락을 구체적으로 설명함으로써 독자가 논문을 읽는 과정에서 자연스럽게 파악할 수 있도록 해야 합니다. 이런 방식의 글쓰기는 연구의 강점을 설득력 있게 전달하고 독자의 이해를 돕는 데 큰 도움이 됩니다.

기존 연구들을 소개하면서 이 논문의 장점을 강조한다

지금 쓰는 논문이 무엇이 새롭고 중요한지를 확실히 강조해야 합니다. 독자가 과거에 어떤 연구가 있었는지, 여러분의 연구에서 새롭게 제시된 참신함novelty이 무엇인지 명확히 알 수 있어야 합니다. 하지만 일반 독자나 비전문가는 선행 연구를 모두 찾아보고 읽어가며 차이점을 파악하기 어렵습니다. 기존 연구들의 특징과 장단점을 비교하고 여러분의 연구와의 차이점을 정리하는 것은 상당한 시간과 노력이 드는 작업이기 때문입니다. 독자가 이런 수고를 하지 않도록 여러분이 논문에서 이를 대신해야 합니다.

예를 들어 독자가 여러분의 연구를 얼핏 보고 '이 기술은 예전에 나온 다른 기술과 비슷한 거 아니야?'라고 생각할 수도 있습니다. 물론 여러분은 이 연구가 기존 연구와 다르다는 점을 알고 있기 때문에 논문을 작성하고 있을 것입니다. 하지만 독자는 그 차이를 바로 알 수 없을 수도 있습니다. 따라서 여러분이 머릿속에 있는 내용을 논문을 통해 독자에게 명확히 전달해야 합니다. 다음과 같은 표현을 활용할 수 있습니다.

"이전 논문에서는 비슷한 목적을 달성하기 위해 X라는 기술을 사용했지만 Y라는 한계가 있었습니다. 반면 본 연구에서는 Z라는 접근 방식을 도입하여 이러한 한계를 극복했습니다." "Previous studies employed the X technique to achieve similar objectives, but it was limited by Y. In contrast, this study introduces a Z approach, effectively overcoming these limitations."

"기존 연구는 X라는 원리를 기반으로 했기 때문에 Y라는 문제점이 있었지만, 본 연구는 물리적 현상 A를 활용하여 기존 방법들과는 근본적으로 다릅니다." "Previous studies were based on the principle of X, which led to the issue of Y. In contrast, this study leverages the physical phenomenon A, making it fundamentally different from existing methods."

이처럼 구체적이고 명시적으로 논문의 장점과 기존 연구와의 차이점을 서술하면 독자가 연구의 가치와 중요성을 명확히 이해할 수 있습니다. 기존 연구를 적절히 인용하며 차별점을 강조하는 것은 논문의 설득력을 높이는 데 매우 효과적입니다. 따라서 선행 연구와의 비교를 논리적으로 잘 풀어낼 필요가 있습니다.

연구의 한계를 솔직히 서술한다

연구의 한계를 인정하고 개선할 방안을 제시하는 것은 논문 작성에서 매우 중요합니다. 단점과 한계점을 명확히 기술하지 않으면 논문 심사 과정에서 심사위원이 이를 지적하며 부정적인 인상을 받을 수 있습니다. '이런 단점이 명확히 보이는데 왜 언급하지 않았지?'라는 의문은 논문에 대한 신뢰를 떨어뜨릴 수 있습니다. 따라서 약점이 있다면 솔직하게 다뤄야 합니다.

한계를 서술할 때 중요한 점은 극복할 수 있는 대안도 같이 기술하는 것입니다. 약점만 나열하고 끝내면 독자와 심사위원이 연구에 대해 부정적인 인상을 가질 수 있습니다. 반대로 약점을 솔직히 인정하면서도 해결할 대안과 보안 방법을 함께 제시하면 연구의 신뢰도가 높아지고 긍정적인 평가를 받을 가능성이 커집니다.

예: "이 기술의 단점 중 하나는 제한된 민감도입니다. 이는 A라는 소재를 사용하기 때문입니다. 이 민감도를 극복하기 위해 최근 연구되고 있는 B라는 재료를 사용하거나 C라는 신호 처리 방법을 고려할 수 있습니다." "One limitation of this technology is its restricted sensitivity, primarily due to the use of material A. To overcome this limitation, the use of the emerging material B or the adoption of the signal processing method C could be considered."

이처럼 단점을 명확히 언급한 뒤 이를 해결하기 위한 대안을 제시하면 독자는 연구자의 솔직함과 문제 해결 능력을 높이 평가할 것입니다.

단점을 극복할 수 있는 아이디어들을 언급할 때 확신할 수 없는 부분에 대해 '사용 가능하다may be used' '고려할 수 있다could be considered'와 같은 신중한 표현을 사용하는 것이 좋습니다. 이는 독자와 심사위원이 과도한 확신에 대해 불필요한 반박을 하지 않도록 예방할 수 있습니다.

솔직한 서술의 효과

모든 기술과 연구에는 장점과 단점이 공존합니다. 단점이나 한계를 솔직히 서술하는 것은 연구자의 신뢰도를 높이는 데 매우 중요합니다. 독자와 심사위원은 연구자가 자신의 연구를 얼마나 객관적으로 평가하는지를 높이 평가합니다. 또한 독자가 가질 수 있는 의문이나 궁금증을 미리 해소하는 글쓰기는 논문의 가독성과 설득력을 크게 향상합니다.

이처럼 솔직하게 단점을 언급하고 해결 방안에 대해 설명하는 것이 좋은 논문 작성법입니다. 독자가 글을 읽으며 편안함을 느낄 수 있도록 독자가 가질 수 있는 모든 궁금증과 의혹을 미리 해소해야 합니다. 즉 미리 약점을 인정하고 대안을 제시하는 것입니다. 또한 많은 정보를 효과적으로 전달하는 것이 중요합니다.

다시 강조하지만 모든 기술에는 장점과 단점이 있습니다. 따라서 자신의 연구에서 알고 있는 한계를 정확하고 솔직하게 이야기할 수 있어야 합니다. 독자가 나보다 더 똑똑하다고 생각하고 진심을 담아 글을 쓰면 불필요한 실수를 줄일 수 있습니다. 이렇게 솔직하게 서술하면 연구자에 대한 신뢰가 높아지고 독자와 심사위원에게 긍정적인 인상을 남길 수 있습니다.

미래의 가능성과 의미를 다룬다

논의는 현재 결과뿐만 아니라 이 결과가 앞으로 어떤 가능성을 열어줄 수 있는지도 다뤄야 합니다.

> 예: "이 결과는 Z 응용 기술의 개발 가능성을 시사하며 향후 X 분야의 연구에 중요한 기반이 될 것입니다." "These findings indicate the feasibility of developing Z-related applications and are expected to provide a significant basis for future investigations in the X fields."

이처럼 결과가 학문적 또는 실용적 측면에서 어떤 기여를 할 수 있는지 서술하면 연구의 가치를 더욱 높일 수 있습니다.

논의 섹션은 연구의 가치를 독자에게 설득력 있게 전달하는 부분입니다. 연구의 중요성을 명확히 설명하고 새로운 발견과 의미를 강조하며 연구의 한계와 미래 가능성을 솔직히 다뤄야 합니다.

8
논의: 놓치지 말아야 할 점들

연구실의 지속적 연구 결과들에 대한 차이점을 강조한다

연구실에서 특정 연구 분야를 지속적으로 탐구하다 보면 비슷한 주제를 다루는 논문이 여러 편 나올 수 있습니다. 이런 경우 심사위원과 독자는 새로운 논문이 기존에 발표된 논문들과 어떻게 다른지 명확히 이해하지 못할 수 있습니다. 논문을 대충 훑어보고 '그림도 비슷하고 결과도 비슷한 것 같은데 뭐가 다르지?'라는 의문을 가질 가능성이 높습니다. 이러한 오해를 방지하려면 결과 섹션에서 기존 연구와의 차이점을 분명히 짚어주는 것이 중요합니다.

예를 들어 결과 문장에서 '우리는 사용했다We used...'와 같은 과거형 표현으로 연구 방법을 설명하면서 연구 결과를 언급할 수 있습니다. 이어서 '우리 그룹이 이전에 했던 것과 비슷한 측면도 있지만 근본적으로 다른 측면도 있다Some aspects are similar to what our group has previously done, but there are certain aspects that are fundamentally different.'와 같이 이 논문 이전에 발표된 연구를 '이미 완료되었다

has previously done'와 같이 과거완료형 문장을 사용해 같은 연구실의 기존 연구와의 유사성과 차이점을 구체적으로 언급하면 효과적입니다. 이때 단순히 차이점을 나열하는 것에서 그치지 말고 왜 그런 차이가 발생했는지 설명하는 것이 필요합니다.

> 예: "이번 연구에서는 X를 다루었습니다. 우리 연구실에서 과거에 발표했던 방식과 이런 점에서 유사하지만 근본적으로 다른 점은 Y라는 새로운 원리를 사용했다는 것입니다." "In this study, we addressed X, which shares some similarities with the approaches previously reported by our group [Ref]. However, the fundamental distinction lies in the use of the novel principle Y."

이처럼 차이점을 논리적으로 설명하면 독자와 심사위원이 연구의 독창성과 기여도를 쉽게 이해할 수 있습니다. 심사위원과 독자가 가질 수 있는 질문을 예상해 미리 답변을 제공하는 것도 중요합니다. 다음과 같이 서술하면 '연구의 방법론이 유사한 것 아닌가?' 하는 독자의 의문을 미리 해소할 수 있습니다.

> 예: "이번 논문에서는 우리가 X 방법을 사용했습니다. 이는 과거 연구에서 사용한 접근과 이런 부분은 유사하지만, 핵심적으로 다른 점은 A와 B라는 새로운 원리를 적용했다는 것입니다." "In this paper, we employed the X method, which shares certain similarities with approaches used in previous studies. However, the key distinction lies in the application of the novel principles A and B."

기존 연구와의 차이점을 명확히 서술하는 것은 논문의 가독성과 설득력을 크게 높입니다. 이를 통해 연구의 독창성을 강조하고 심사위원과 독자가 자연스럽게 논문의 가치를 이해할 수 있을 것입니다. 따라서 논문의 결과 섹션을 활용해 기존 연구와의 연결성과 차이점을 효과적으로 설명하기 위해 노력해야 합니다.

논문의 마무리: 후속 연구와 전망을 제시한다

논문의 마지막 부분은 단순히 연구를 요약하는 데서 그쳐선 안 됩니다. 앞으로의 가능성과 후속 연구에 대해 언급함으로써 논문의 가치를 한층 더 높여야 합니다. 연구라는 것은 결코 여기서 끝나는 것이 아니며 항상 새로운 질문과 탐구로 이어지는 과정입니다. 따라서 논문의 결론부에서는 지금까지의 연구를 바탕으로 다음에 무엇이 가능할지, 어떤 방향으로 연구가 확장될 수 있을지를 제안하는 것이 중요합니다.

연구라는 것을 학문적 밥상으로 비유한다면 논문은 그 밥상에 새로운 반찬이나 숟가락을 하나씩 추가하는 과정이라고 할 수 있습니다. 연구자들이 해온 일은 항상 다음 연구의 기반이 되며 새로운 아이디어를 제공하는 역할을 합니다. 따라서 논문의 마지막 문단에서 후속 연구의 가능성을 열어주는 내용을 포함하면 더 깊이 있고 완성도 높은 논문을 작성할 수 있습니다.

결론부에서는 다음과 같은 흐름으로 하나의 문단을 구성할 수 있습니다.

1. 현재 연구가 제시한 성과

"우리가 이번 연구에서 개발한 기술은 X와 같은 응용 분야에서 활용될 가능성을 보여줍니다." "The technology developed in this study demonstrates potential for applications in fields such as X."

2. 확장 가능한 적용 분야

"특히 이 기술은 Y라는 현상에 적용될 수 있으며 이를 통해 Z 문제를 해결하는 데 기여할 수 있습니다." "Notably, this technology can be applied to the phenomenon of Y, contributing to addressing the issue of Z."

3. 더 나아가 가능성 있는 미래 연구

"더욱이 이 접근법을 통해 A와 같은 분야에서 새로운 방향성을 탐구할 수 있을 것입니다." "Moreover, this approach opens up new avenues for exploration in fields such as A."

이와 같은 구조로 작성하면 논문의 흐름이 자연스럽고 독자가 미래 가능성을 명확히 이해할 수 있습니다. 이렇게 논의가 계속 발전하며 흐르는 문단에서는 '더욱이 Moreover' '덧붙여 In addition' '더 나아가 Furthermore'와 같은 표현을 적절히 활용하여 문장을 유기적으로 연결할 수 있습니다.

"우리의 연구는 이러한 성과를 달성했지만, 더 나아가 이 방법이 다른 응용 분야에서도 사용될 수 있습니다." "While our study has achieved these results, this method has the potential to be applied to other areas as well."

"더 나아가 이 접근법은 A와 같은 추가적인 문제 해결에 대한 통찰을 제공하고 기여할 수 있을 것입니다." "Furthermore, this approach could offer insights and contribute to solving additional challenges such as A."

이런 표현으로 문장 간의 논리적 연결을 강화하면 결론부의 흐름이 더욱 유려하고 설득력 있게 느껴질 것입니다.

독자에게 아이디어를 제안한다

결론부에서 독자에게 새로운 연구 아이디어를 제안하는 것도 효과적인 방법입니다.

"이 기술은 아직 B 영역에서 적용되지 않았지만 향후 이를 기반으로 추가적인 실험을 수행한다면 C와 같은 문제 해결에도 기여할 수 있을 것입니다." "This technology has not yet been applied in the field of B. However, with further experiments based on this approach, it could contribute to solving challenges such as C."
"우리가 제안한 모델은 다른 물리적 환경에서도 검증될 수 있으며 이 과정에서 새로운 발견을 할 가능성이 있습니다." "The proposed model can be validated in different physical environments, with the potential to lead to new discoveries in the process."

대가들의 논문에서는 이런 제안을 자주 볼 수 있습니다. 이처럼 연구가 끝이 아니라 시작이라는 점을 강조하며 독자에게 도전 과제를 던집니다. 그러면 논문이 단순히 결과를 제시하는 데 그치지 않고 학문적 대화를 이어가는 역할을 할 수 있습니다.

논문의 마지막은 연구의 마침표가 아니라 새로운 탐구를 위한 출발점입니다. 결론부에서 후속 연구의 가능성을 제시하고 연구의 응용 분야와 잠재력을 명확히 드러냄으로써 독자에게 연구의 가치를 더욱 강하게 전달할 수 있습니다. 독자에게 '우리가 이만큼 해냈으니 이제 여러분은 이 아이디어를 가지고 더 멀리 나아가 보세요.'라는 메시지를 전달하는 것입니다. 이는 논문의 완성도를 높이고 연구자로서의 책임감을 보여주는 중요한 자세입니다.

9
결과와 논의 작성법
: 논문을 쉽게 그러나 깊이 있게

이번 장에서는 연구의 결과와 논의 부분을 어떻게 작성해야 하는지에 대해 다루었습니다. 논문에서 결과와 논의는 연구의 핵심을 전달하는 매우 중요한 부분입니다. 이 섹션들을 잘 작성하려면 몇 가지 기본 원칙을 염두에 두어야 합니다.

두괄식으로 작성하고 독자 입장에서 쓴다

결과와 논의를 쓸 때는 항상 두괄식으로 작성합니다. 각 문단의 첫 문장에서 핵심 내용을 먼저 제시한 후 뒷부분에서 이를 뒷받침하는 세부 정보를 설명하면 독자가 논문의 구조를 쉽게 이해할 수 있습니다. 중요한 점은 다음과 같이 독자 입장에서 글을 쓰는 것입니다.

1. 여러분이 전달하고 싶은 내용을 쓰기보다는 독자가 궁금해하고 듣고 싶어 하는 내용을 중심으로 문단을 구성합니다.

2. 독자가 이미 알고 있을 개념은 간결하게 설명하고 복잡한 내용은 최대한 쉽게 풀어 씁니다.

결론을 중심으로 결과를 취사선택한다

모든 실험 결과를 논문에 포함할 필요는 없습니다. 핵심은 결론에 기여하는 결과만 선택하여 서술하는 것입니다. 실험을 10개 했다면 그중 가장 논리적으로 결론을 뒷받침할 수 있는 3~4개의 결과만 선택합니다. 불필요한 데이터를 모두 포함하면 글이 산만해지고 독자가 중요한 메시지를 파악하기 어렵습니다.

쉬운 단어로 깊은 내용을 전달한다

어려운 단어나 복잡한 표현을 사용하지 않아도 연구의 깊이를 전달할 수 있어야 좋은 논문입니다. 표현은 쉽되 내용은 깊이가 있어야 합니다.

1. 어려운 단어 대신 쉽고 명확한 단어를 사용해 내용을 전달합니다.
2. 복잡한 단어 사용을 줄이고 누구나 이해할 수 있는 언어로 과학적 깊이를 표현합니다.

이 두 가지를 동시에 충족하는 것이 훌륭한 논문 작성의 핵심입니다.

연구 과정을 드러내지 말고 결과에 집중한다

많은 대학원생이 처음 논문을 쓸 때 저지르는 실수 중 하나는 자신이 얼마나 고생했는지를 드러내고 싶어 하는 것입니다. 그러나 논문은 고생담이 아니라 연구 결과와 그 의미를 전달하는 공간입니다. 독자는 '이 연구가 무엇을 발견했는가?'에 관심이 있을 뿐 '이 연구를 수행하며 얼마나 힘들었는가?'에는 관심이 없습니다. 연구 과정은 배제하고 결론을 중심으로 논리적이고 유려하게 서술합니다.

중요한 부분은 반복해서 강조한다

논문에서 중요한 부분은 여러 번 강조합니다. 핵심 결과와 주요 발견은 다양한 방식으로 반복적으로 언급해 독자에게 각인할 필요가 있습니다. 그림이나 표와 같은 시각 자료와 본문을 긴밀히 연결해 독자가 결과의 중요성을 직관적으로 이해할 수 있도록 구성합니다.

독자와 대화한다고 가정하며 논문을 작성한다

논문은 독자와의 대화라는 점을 항상 기억해야 합니다. 독자가 논문을 읽으면서 어떤 질문을 던질지 미리 예상하고 그 질문에 답할 수 있도록 글을 구성합니다. '왜 이 결과가 중요한가?' '이 연구가 기존 연구와 어떻게 다른가?'와 같은 질문을 염두에 두고 논리를 전개합니다.

결과와 논의 섹션을 논리적으로 작성했다면 논문의 90%를 완성한 것과 같습니다. 결론을 효과적으로 뒷받침할 수 있는 데이터를 선택하고 독자 입장에서 쉽게 이해할 수 있도록 서술하세요. 다음 장에서는 논문의 구조를 완성하는 방법과 함께 서론, 초록, 결론 섹션을 어떻게 작성해야 하는지 다루겠습니다. 논문 작성의 마지막 단계를 함께 완성해봅시다.

8장

그림 그리기
: 복잡한 내용을 한눈에 보여주는 시각적 설득 전략

논문 작성에서 그림은 단순한 시각 자료 그 이상의 역할을 합니다. 독자, 심사위원, 그리고 편집자에게 강렬한 첫인상을 남기는 중요한 요소이자 연구 내용을 시각적으로 전달하면서 동시에 연구자의 신뢰성과 전문성을 드러내는 수단입니다. 이번 장에서는 논문에서 그림이 갖는 중요성과 더불어 효과적이며 설득력 있는 그림을 제작하는 방법을 살펴보겠습니다.

1
논문에서 그림의 중요성
: 연구의 신뢰성을 높이는 시각적 전달

심사위원과 편집자가 투고된 논문을 처음 검토할 때는 가장 먼저 저자와 소속을 확인한 뒤 곧바로 그림을 살펴보는 경우가 많습니다. 이때 그림이 조악하거나 오류가 있다면 '이 연구팀은 그림 하나도 제대로 정리하지 못했는데 실험은 과연 제대로 했을까?'라는 부정적인 선입견을 줄 수 있습니다. 반대로 그림이 깔끔하고 체계적으로 정리되어 있다면 '이 연구팀은 실험과 데이터 관리도 꼼꼼하게 했겠구나.'라는 긍정적인 인상을 줄 가능성이 높습니다. 이처럼 그림은 단순히 데이터를 시각적으로 보여주는 데 그치지 않고 연구의 신뢰도를 높이는 역할을 합니다.

따라서 그림에는 과학적 정확성scientific rigor뿐만 아니라 예술적 완성도artistic quality와 전문성professionalism이 균형 있게 반영되어야 합니다. 사실상 그림 하나가 연구의 세부 사항을 전달함과 동시에 연구 전체의 품질을 대변한다고 해도 과언이 아닙니다.

효율적인 그림 제작을 위해서는 다음과 같은 워크플로를 추천합

그림 31. 논문 그림 작성 및 관리 워크플로

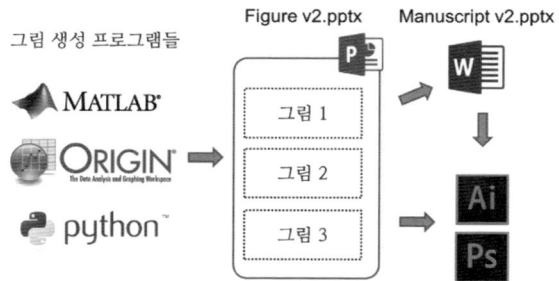

니다(그림 31). 이 방법은 제가 주로 활용하는 방식이지만 연구자마다 사용하는 툴과 프로세스는 다를 수 있습니다. 특히 새로운 소프트웨어와 앱 기반 툴이 계속 출시되고 있으므로 본인 자기에게 맞는 툴을 선택해 활용하면 됩니다.

데이터 정리와 소프트웨어 활용하기

실험 결과를 분석하고 처리할 때 사용하는 소프트웨어는 연구 분야와 데이터 유형에 따라 다양합니다. 다음과 같은 소프트웨어를 활용하여 분석 결과를 시각화합니다.

매트랩MatLab	복잡한 실험 데이터 분석과 그래프 제작. 유료.
파이썬Python	다양한 확장성을 가진 언어로 데이터 분석과 그래프 제작. 무료.
오리진Origin	데이터 시각화와 통계 분석에 특화된 소프트웨어. 유료.
포토그래피	실험 장비나 결과를 카메라로 촬영.

파워포인트를 활용하여 그림 설계하기

논문을 쓰기 시작할 때 파워포인트를 활용하여 그림을 설계합니다. 다음은 제가 사용하는 방법입니다.

1. 파일 이름을 Figure_v1.pptx처럼 버전으로 관리할 수 있도록

설정합니다.
2. 그림 수에 맞게 슬라이드를 미리 구성합니다. 예를 들어 그림이 5개라면 슬라이드를 5개로 나눕니다.
3. 각 슬라이드에는 해당 그림에 들어갈 데이터를 임시로 배치하고 논문의 전개와 결론에 맞게 조정합니다.
4. 그림 캡션은 워드에서만 관리하는 것을 추천합니다. 그림을 제작하는 파워포인트에서도 캡션이 있고 문서를 작성하는 워드에도 캡션이 있으면 나중에 업데이트가 엉키는 경우가 많이 생깁니다.
5. 이후 공저자들과 논의하여 그림의 구성과 내용을 수정합니다. 수정한 버전은 Figure_v2.pptx처럼 업데이트해 나갑니다.

최종 그림 제작하고 파일 관리하기

논문 투고 시에는 일반적으로 고해상도 그림이 필요하지 않습니다. 많은 학술지가 그림이 포함된 워드 파일이나 PDF 형식을 요구합니다. 따라서 논문을 투고할 때는 파워포인트에서 제작한 그림을 워드에 삽입하여 제출합니다. 논문 게재가 확정되면 학술지 편집부에서 고해상도 그림 파일 형식을 요구합니다. 이 단계에서 어도비사의 일러스트레이터와 포토샵 프로그램을 사용해 tiff, ai, pdf 등 고해상도 파일로 전환하며 최종적으로 편집합니다. 이 과정은 학술지의 지침에 따라 정확히 맞춰야 합니다.

논문 그림 제작 시 흔히 하는 실수들

논문 그림은 연구 내용을 시각적으로 전달하는 도구일 뿐만 아니라 논문의 전문성과 품질을 보여주는 중요한 지표입니다. 논문의 투고 단계에서는 고해상도 그림을 요구하지 않습니다. 하지만 최종 게재를 위해서는 학술지의 요구 사항에 따라 고해상도와 포맷에 맞게 조정하는 작업을 꼼꼼히 진행해야 합니다. 다음은 논문 그림 제작 시 흔히 하는 실수들입니다.

1. 해상도 부족입니다. 흐릿하거나 픽셀화된 그림은 논문의 가독성과 품질을 떨어뜨립니다.
2. 데이터 왜곡입니다. 그래프와 이미지를 과장하거나 잘못된 방식으로 조작하면 연구의 신뢰성을 잃게 됩니다.
3. 일관성 부족입니다. 폰트 크기, 색상, 축 레이블 등이 그림마다 다르면 전체적으로 산만한 인상을 줄 수 있습니다.
4. 사소한 오류입니다. 축 단위 표기 오류, 스케일바 생략, 잘못된 데이터 범위 등은 연구자의 신뢰성을 크게 떨어뜨립니다.

논문 그림은 독자, 심사위원, 편집자에게 연구의 첫인상을 주는 중요한 요소입니다. 깔끔하고 설득력 있는 그림은 논문의 내용을 명확히 전달할 뿐만 아니라 연구자의 전문성과 신뢰성을 한눈에 보여줍니다. 그림 제작은 단순히 데이터를 시각화하는 작업이 아니라 연구의 가치를 극대화하는 중요한 과정임을 기억하세요.

이 장에서 소개한 방법과 워크플로를 참고하여 여러분의 논문을 더 설득력 있고 높은 품질로 완성하기를 바랍니다. 다음으로는 그림 디자인에서 중요한 시각적 요소와 레이아웃 구성법에 대해 다루겠습니다.

2
논문 그림 그리기
: 벡터 포맷으로 효과적으로 깔끔하게

논문에서 그림은 단순히 시각적 자료를 넘어 연구의 핵심 메시지를 효과적으로 전달하는 중요한 도구입니다. 그런데 그림을 그리는 방식에 따라 그 전달력이 크게 달라질 수 있습니다. 이번 장에서는 그림을 제작할 때 벡터 포맷을 사용하는 것이 왜 중요하고 또 어떻게 활용할 수 있는지 알아보겠습니다.

그림 파일에는 벡터와 비트맵이라는 두 가지 주요 포맷이 있습니다. 비트맵Bitmap은 픽셀로 구성된 그림으로 해상도가 고정되어 있어 확대하면 이미지가 깨지고 흐릿해집니다. jpeg와 png가 여기에 해당합니다. 벡터Vector는 선과 곡선으로 구성되어 있어 확대해도 이미지가 깨지지 않습니다. eps, pdf, svg가 대표적입니다.

벡터 포맷의 가장 큰 장점은 그림의 확장성과 편집 가능성입니다. 확대해도 선명한 화질을 유지할 수 있고 세부적인 수정을 할 수 있어 논문 그림에 최적화된 포맷이라고 할 수 있습니다.

실제로 매트랩, 오리진, R, 파이썬 등 다양한 소프트웨어를 활용해 그래프와 이미지를 생성하는 연구자가 많습니다. 이때 얻은 결과물을 논문에 포함할 때는 먼저 벡터 포맷으로 변환하여 파워포인트에 삽입하는 방법을 권장합니다. 매트랩에서 파워포인트로 벡터 포맷을 가져오는 방법은 다음과 같습니다.

1. 매트랩에서 복사하기: 원하는 그래프나 그림을 복사합니다.
2. 파워포인트에 붙여넣기: 파워포인트에 'Paste Special(선택하여 붙여넣기)'를 사용해 그림을 붙여넣기 합니다. 이때 비트맵 포맷을 벡터 포맷으로 변환하여 저장할 수 있는 'Enhanced Metafile(확장 메타파일)' 옵션을 선택합니다.

파워포인트는 간단한 그림 편집과 수정 작업을 빠르고 효율적으로 처리할 수 있는 도구입니다. 벡터 포맷으로 가져온 그림을 세부적으로 수정하고 꾸밀 수도 있습니다.

1. 그림의 편집 가능성 확인하기

벡터 포맷으로 붙여넣기 한 그림에서 오른쪽 버튼을 클릭해 'Ungroup(그룹 해제)'을 선택하면 그림의 요소가 개별적으로 편집 가능한 상태로 바뀝니다. 선의 두께, 색상, 폰트, 기호 등 세부 요소를 자유롭게 수정합니다.

2. 효율적인 편집 작업하기

선의 굵기를 조정하거나 색상을 변경하여 그림의 가독성을 높일 수 있습니다. 그래프의 숫자와 기호도 수정할 수 있어 필요한 정보를 명확히 전달할 수 있습니다.

그림 32는 제가 출판한 논문에 사용한 그림입니다. 파워포인트

그림 32. 파워포인트에서 벡터 포맷의 그림 편집

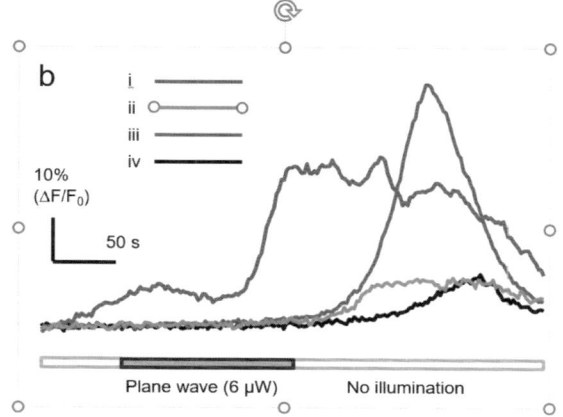

에서 벡터 포맷으로 작업했기 때문에 각각의 선과 텍스트가 객체화되어 있습니다. 마우스로 선을 클릭하면 그 선만 선택되어 추가 편집을 할 수 있습니다. 예를 들어 위의 그림에서는 'ii'에 해당하는 그래프의 범례에 해당하는 선을 파워포인트에서 객체화하여 선택함을 볼 수 있습니다.

벡터 포맷을 사용하지 않고 비트맵으로 그림을 삽입하면 다음과 두 가지 문제가 발생할 수 있습니다. 첫째, 해상도 저하입니다. 확대하면 그림이 깨져서 전문성이 떨어지는 인상을 줄 수 있습니다. 둘째, 편집 불가능입니다. 폰트, 선, 색상 등을 수정할 수 없어 데이터 오류를 수정하지 못하거나 메시지를 명확히 전달할 수 없는 경우가 있습니다.

이러한 문제를 피하려면 그림은 항상 벡터 포맷으로 관리하고 필요한 수정 작업은 파워포인트에서 처리하는 것이 좋습니다. 파워포인트는 생각보다 편리한 편집 도구입니다. 논문 그림을 제작할 때 그림의 폰트 스타일과 크기를 일관성 있게 맞출 수 있고 복잡한 데이터의 색상과 배치를 조정해 더 명확히 전달할 수도 있습니다. 최종적으로 학술지에서 요구하는 그림 형식(tiff, ai, pdf 등)으로 변환할 때도 파워포인트에서 제작한 벡터 포맷 그림을 어도비 일러스트레이터와 포토샵으로 내보내어 쉽게 변환할 수 있습니다.

벡터 포맷의 장점을 극대화하려면 그림 제작 과정에서 파워포인트와 같은 도구를 적극적으로 활용하고 데이터를 시각적으로 명확히 표현할 수 있도록 작업을 정교하게 다듬어야 합니다. 그림이 연구의 얼굴이라는 점을 기억하며 디테일을 꼼꼼히 신경 써야 합니다. 이렇게 완성한 그림은 독자와 심사위원에게 긍정적인 인상을 주고 연구의 가치를 효과적으로 전달할 수 있는 도구가 됩니다. 벡터 포맷을 활용한 그림 제작은 선택이 아니라 필수입니다.

3
간결함과 정확성
: 논문 그림 제작의 원칙과 팁

이번에는 논문 그림을 만들 때 간결함과 정확성을 모두 충족하는 방법에 대해 살펴보겠습니다. 가장 중요한 원칙은 그림을 가능한 한 단순하게 구성하는 것입니다. 복잡하고 불필요한 요소를 제거하고 핵심 메시지만 담아내면 그림을 통해 전달하려는 내용을 독자가 훨씬 쉽게 이해할 수 있습니다.

그림 33은 제가 작성한 논문 그림 중 하나입니다. 레이저 스페클 Laser Speckle이라고 불리는 복잡한 무늬를 통과한 레이저 빔을 실험적으로 측정한 결과를 나타낸 것입니다. 위쪽 그림은 논문 초안 단계에서 만든 것이고 아래쪽 그림은 최종본입니다. 아래쪽 최종본 그림이 더 깔끔하고 시각적으로 정돈되어 있죠? 무엇이 어떻게 달라졌는지 함께 알아보겠습니다.

종횡비는 지키되 스케일은 명확하게

그림을 수정할 때 가장 먼저 주의해야 할 사항 중 하나가 바로

그림 33. 논문 그림은 단순하게 구성하고 편집

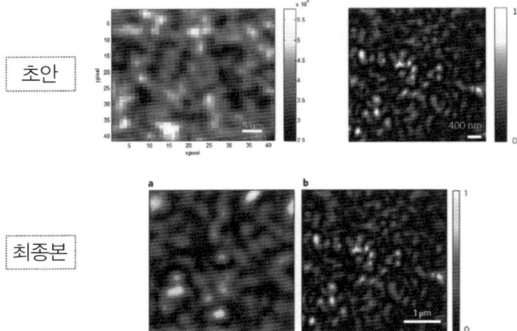

종횡비Aspect Ratio의 유지입니다. 즉 가로세로 비율을 고정하는 것입니다. 그림 33에서 초안의 왼쪽 그림을 보면 가로와 세로 픽셀 수가 각각 40으로 동일함에도 실제 이미지는 가로가 더 긴 직사각형 형태로 표현되어 있습니다. 이는 매트랩에서 생성한 그림을 파워포인트로 가져와 크기를 조정하는 과정에서 생긴 오류입니다. 이는 단순히 미적 차원이 아니라 데이터의 시각적 왜곡이 문제가 될 수 있습니다. 따라서 파워포인트에서 그림 크기를 조정할 때는 종횡비를 확인한 후 고정해야 합니다.

또한 그림에 사용한 스케일 정보를 표시하는 것도 매우 중요합니다. 예를 들어 그림 속 선이 1마이크로미터μm를 의미한다면 이를 정확하게 계산해 스케일바를 표시해야 합니다. 매트랩 등에서 자동으로 스케일바를 생성할 수도 있습니다. 하지만 파워포인트에서 직접 그리는 편이 간편하고 관리하기가 쉽습니다. 특히 벡터 포맷으로 그림을 가져오면 모든 객체를 각각 편집할 수 있어 스케일바 조정이 훨씬 자유롭습니다.

예를 들어 초안 그림에서 400나노미터nm에 해당하는 스케일바가 0.54센티미터라면 이를 800나노미터로 표시하기 위해서는 0.54센티미터의 두 배인 1.08센티미터 길이로 선을 늘려 800나노미터라고 표기하면 됩니다. 이와 같은 방식으로 값을 환산하면 원하는 길이에 맞춰 정확한 스케일 정보를 표시할 수 있습니다. 최종적으로는 이 스케일바를 1마이크로미터로 조정하고 이에 해당하는 선의 길이를 계산하여 그림에 적용했습니다.

정보의 간소화

데이터를 시각적으로 표현하는 데 유용한 컬러맵Colormap은 범위와 의미를 명확히 설명해야 합니다. 예를 들어 초안의 왼쪽 그림에서는 카메라로 측정된 이미지의 픽셀 카운트의 범위를 2.5×10^4 부터 5.5×10^4까지로 표시했습니다. 그런데 굳이 이 정보가 필요할까요? 최종 그림에서는 이 정보를 제거하고 0에서 1까지 정규화한 값을 사용해 간소화했습니다. 그래도 학술적으로는 같은 정보를 제공하는 것입니다. 또 왼쪽 그림과 오른쪽 그림 모두 비슷한 형태의 이미지를 제공하기 때문에 왼쪽 컬러맵은 삭제하고 오른쪽 컬러맵 하나만 남겨두었습니다. 그래도 같은 정보를 제공하니까요.

간소화한 정보가 하나 더 있습니다. 초안의 왼쪽과 오른쪽 그림에 각각 다른 스케일바를 사용했습니다. 왼쪽 그림의 스케일바는 5밀리미터고 오른쪽 그림의 스케일바는 400나노미터입니다. 비슷한 실험을 한 결과인데 굳이 다른 스케일바를 사용할 필요가 있을까요? 더욱이 두 그림을 보여준 목적은 다른 상황에서 영상이 어떻게 다르게 보이는가를 비교하기 위함이어서 스케일을 같게 맞춰야 독자가 정확하게 판단할 수 있겠죠. 그래서 영상의 크기를 조정해서 두 그림 모두 같은 스케일인 1밀리미터로 맞추었습니다.

그리고 픽셀 정보도 지웠습니다. 초안의 왼쪽 그림에는 픽셀 번호가 있습니다. 매트랩에서 그린 그림을 파워포인트로 가져오면서 이런 픽셀 번호가 생긴 것입니다. 이 번호는 의미가 없습니다. 이 픽셀의 물리적 크기를 설명하려면 한 픽셀의 크기를 독자에게 알려줘야 하는데 이미 스케일바가 포함되어 있죠. 그러니 픽셀 정보는 군더더기에요. 불필요한 정보는 다 지워버리세요.

독자에게 불필요한 정보를 전달하기보다는 핵심 메시지만 명확히 전달하는 것이 훨씬 효과적입니다. 불필요한 정보는 빼고 더 빼고 계속 빼야 합니다. 더 이상 같은 정보를 제공하는 게 없다고 판단되면 그때는 멈추어야 합니다.

정렬, 간격, 그리고 통일

앞의 그림에서 또 다른 점을 찾으셨나요? 네. 그림과 컬러맵 사이의 간격입니다. 초안에서는 이 간격이 들쑥날쑥합니다. 그런데 최종본에서는 이 간격을 줄이고 정렬했습니다. 그림에서 요소들이 어긋나 있거나 제대로 정렬되지 않으면 전체적으로 산만한 인상을 줄 수 있습니다. 파워포인트의 'Align(정렬)' 기능을 활용하면 그림의 요소를 깔끔하고 균일하게 배치할 수 있습니다. 예를 들어 여러 요소를 위쪽으로 정렬하는 'Align Top(위쪽 정렬)'과 요소 간 간격을 균일하게 설정하는 'Distribute Horizontally(동일한 간격으로 분배)'와 같은 기능을 사용하면 손으로 일일이 배치할 때 발생할 수 있는 미세한 어긋남을 방지할 수 있습니다.

단, 과학적 데이터 자체를 변형하지 않는 선에서만 편집해야 합니다. 예컨대 그림 크기를 조정하고 싶다면 종횡비를 고정한 상태에서 크기를 바꿔야 합니다. 단순히 '더 예쁘게 보이기 위해' 과학적 데이터를 왜곡하는 편집은 금물입니다. 그래프의 특정 부분만 축 스케일을 변경하거나 과도한 색 보정을 통해 이미지 데이터를 실제와 다르게 보이게 만드는 행위는 데이터 조작으로 간주될 수 있으므로 주의해야 합니다.

4
중요한 결과는 먼저 그리고 크게

 논문의 그림에서 중요한 결과는 가장 먼저 그리고 눈에 띄게 크게 배치해야 합니다. 그림은 논문의 메시지를 시각적으로 전달하는 핵심 도구로 그림의 크기와 배치는 논문 전체의 설득력과 직결됩니다.

 예를 들어 그림 34에서 두 그림을 비교해 보겠습니다. 상단 그림은 논문의 초안 단계에서 제작한 그림이고 하단 그림은 최종본입니다. 상단 a와 b 그림은 크기가 동일하지만 하단 그림에서는 중요한 결과는 크게, 부가적인 내용은 작게 배치해 그림을 깔끔하고 명확하게 구성했습니다.

 초안 그림에서는 광초점Optical Focus의 크기를 나타낸 a 그림과 이를 공간 주파수Spatial Frequency 영역으로 변환한 b 그림을 같은 크기로 배치했습니다. 하지만 물리적으로 a 그림과 b 그림은 같은 정보의 다른 표현입니다. 이 논문에서 b 그림은 부가적인 설명에 불과했기 때문에 최종본에서는 a 그림을 더 크게 중심에 배치하고

그림 34. 중요한 결과 크게 배치

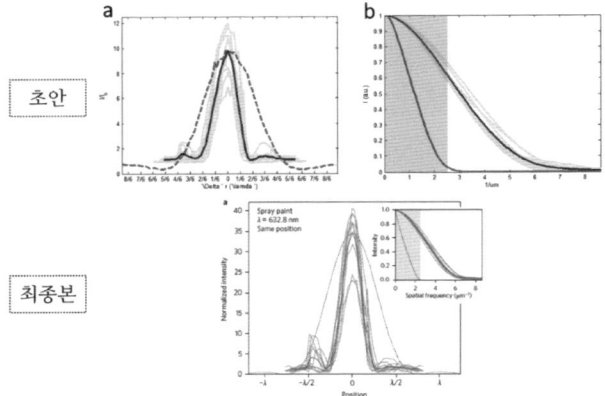

b 그림은 축소해 작게 삽입했습니다. 이렇게 중요한 내용을 강조하고 덜 중요한 내용을 축소하면 그림의 메시지가 명확히 드러나 독자가 핵심 내용을 빠르게 이해할 수 있습니다. 추가로 선 굵기와 색을 단순화했습니다. 사소하지만 파란색과 빨간색을 같이 사용하면서 그림이 조잡해 보여 빨간색 계열로 색을 조정했습니다.

하나의 단락이 하나의 주장만 다뤄야 하듯 하나의 소그림 subfigure도 하나의 내용을 명확히 전달해야 합니다. 초안에서는 a와 b 그림이 동일한 정보를 반복적으로 보여주는 문제가 있었습니다. 이러한 중복된 정보는 불필요하므로 하나의 소그림으로 통합하거나 덜 중요한 정보를 축소하여 정리하면 그림이 훨씬 간결해집니다.

벡터 포맷으로 그림을 제작하면 선 굵기, 색상, 축 레이블 등 여러 요소를 세부적으로 수정할 수 있어 그림을 더 깔끔하고 전문적으로 다듬을 수 있습니다. 파워포인트는 다음과 같은 작업을 하면서 수정 결과를 바로 확인할 수 있기 때문에 효율적이고 편리합니다.

- 쓸데없는 요소 제거하기: Y축과 X축의 불필요한 눈금이나 텍

스트가 많으면 그림이 지저분해 보일 수 있으므로 과감히 삭제합니다.
- 축 정리하기: X축이나 Y축 레이블이 복잡하게 보일 경우 간결하게 다시 그리거나 파워포인트에서 직접 수정할 수 있습니다.
- 선 굵기와 색상 조정하기: 선의 굵기와 색상을 조정하여 시각적 가독성을 높일 수 있습니다. 선이 너무 두껍거나 색이 잘 보이지 않는다면 선을 얇게 수정하거나 색상을 변경합니다.

그림을 배치할 때는 설명 순서와 중요도에 따라 배치해야 합니다. 앞에서부터 설명을 차근차근 진행할 수 있도록 A→B→C→D→E 순서로 정리하면 독자가 논문의 흐름을 쉽게 따라갈 수 있습니다. 그림의 순서는 곧 논리의 순서가 되며 논문 전체의 설득력을 높이는 데 중요한 역할을 합니다. 그림을 배치할 때는 다음과 같은 원칙에 따라 배치합니다.

먼저 논리적인 설명 순서대로 그림을 나열하여 독자가 자연스럽게 논문의 흐름을 이해하도록 구성합니다. 그다음 논리적 연결성을 고려하여 각 그림이 다음 그림으로 이어지는 구조를 설계합니다. 그리고 중요한 그림이 먼저 그리고 크게 나오도록 배치합니다.

정리하면 논문에서 그림은 독자에게 연구의 핵심 메시지를 효과적으로 전달하고 논문의 설득력을 높이는 중요한 도구입니다. 중요한 결과는 강조하고 덜 중요한 정보는 축소하여 핵심 내용을 명확히 전달해야 합니다. 또한 벡터 포맷을 활용해 그림의 디테일을 다듬고 그림을 설명 순서와 논리 흐름에 따라 배치하여 독자에게 자연스럽게 연구 내용을 전달하는 데 집중하세요.

5
어떤 도구로 그림을 그릴 것인가

논문에서 그림을 제작할 때 복잡한 디자인 소프트웨어가 필요하다고 생각하는 경우가 많습니다. 하지만 파워포인트만 잘 활용해도 대부분의 그림을 효과적으로 제작할 수 있습니다. 파워포인트에는 생각보다 좋은 기능이 많습니다. 이를 활용하면 간단한 시각 자료부터 고품질의 그림까지 작업할 수 있습니다.

파워포인트의 숨은 가능성

그림 35는 제가 학생 시절 작성한 논문에서 사용한 광학 장비의 모식도를 파워포인트로 제작한 그림입니다. 이 그림은 벡터 포맷으로 되어 있어 확대해도 깨지지 않고 각 요소를 개별적으로 편집할 수 있습니다. 선, 박스, 마름모꼴, 타원 등 파워포인트의 기본 도형만으로도 복잡해 보이는 그림을 충분히 제작할 수 있습니다.

특히 파워포인트의 'Edit Points(포인트 편집)' 기능을 활용하면 간단한 도형을 원하는 형태로 수정하여 다양한 그림을 만들 수 있

그림 35. 파워포인트로 그린 실험 장치 구성도

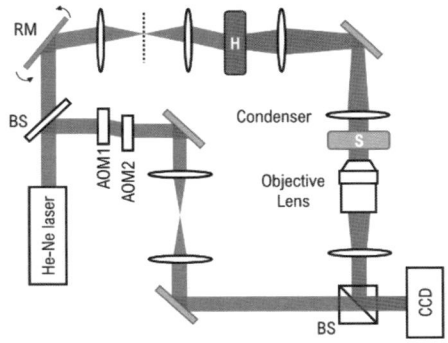

습니다. 박스를 기본으로 그리고 포인트를 조정하는 것만으로도 여러분이 상상하는 많은 도형을 표현할 수 있습니다.

파워포인트로 제작한 고품질 그림

파워포인트로 정교한 그림도 제작할 수 있습니다. 그림 36은 학생들과 같이 작성한 리뷰 논문의 그림으로 파워포인트만을 이용해서 그렸습니다. 그림 a의 모기 모식도와 적혈구 그림도 모두 간단한 도형들을 조합해서 그렸습니다.

1. 모기 모식도 그리기

① 타원을 이용해 날개, 머리, 몸통을 그립니다. ② 선, 삼각형 등을 조합하여 입, 앞다리 등을 표현합니다. ③ 이미지를 반쪽만 그린 뒤 미러 복사를 통해 대칭 형태를 만듭니다.

2. 적혈구 그리기

① 원으로 외곽선을 그립니다. ② 두 번째 원을 내부에 겹쳐서 도넛 모양을 만든 뒤 'Shape Effects(도형 효과)'에서 'Glow(발광)'를 추가하여 적혈구의 입체감을 표현합니다. ③ 원을 약간 비대칭으로 수정해 실제 적혈구처럼 보이도록 조정합니다.

그림 36. 파워포인트로 그린 복잡한 그림 예

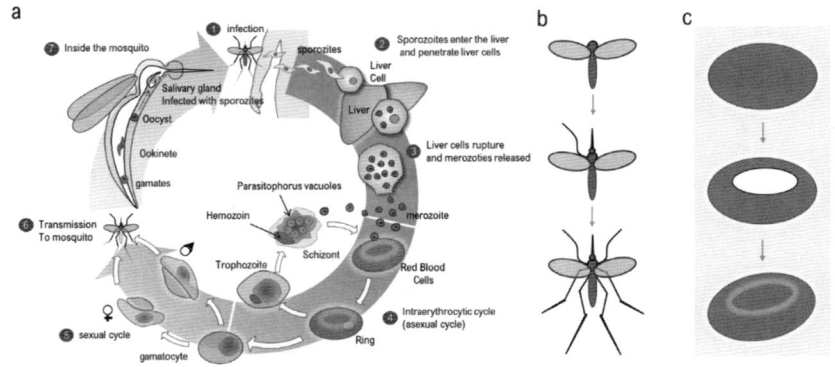

파워포인트는 직관적이고 수정하기 쉬운 장점이 있어 복잡한 소프트웨어를 배워야 한다는 부담을 줄여줍니다. 연구 내용에 집중하면서도 효율적으로 그림을 제작할 수 있는 도구입니다.

3D 소프트웨어의 활용

더 정교하고 입체적인 그림이 필요할 경우 3D 소프트웨어를 활용하는 것도 좋은 방법입니다. 3D 모델링 소프트웨어로 3D맥스3D Max, 라이노Rhino, 스케치업SketchUp과 같은 프로그램을 사용하면 입체감 있는 모식도나 장비 그림을 제작할 수 있습니다. 렌더링 소프트웨어로 V레이V-Ray와 같은 렌더링 도구를 사용하면 그림에 색감과 질감을 추가하여 더욱 프로페셔널한 결과물을 얻을 수 있습니다.

그림 37은 이전에 작업한 논문[29]에서 라이노와 V레이의 조합으로 광학 장비를 입체적으로 표현한 다음 파워포인트에서 추가 편집을 한 그림입니다. 이런 그림은 독자가 연구 장비나 실험 절차를 쉽게 이해할 수 있는 역할을 합니다.

그림 37. 3D 모델링과 렌더링 소프트웨어를 이용해 그린 과학 장비

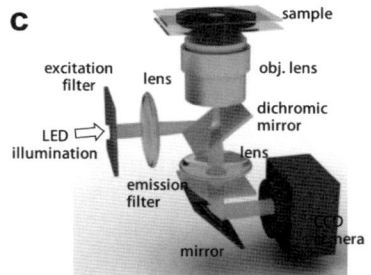

다만 3D 소프트웨어는 따로 사용법을 익히는 데 시간과 노력이 많이 듭니다. 그 때문에 반드시 필요한 경우에만 사용하고 연구의 과학적 내용을 우선시하는 편이 좋습니다. 너무 많은 시간을 투입해 시각적 표현에만 집중하면 정작 연구의 본질적인 부분이 소홀해질 수 있으니 주의해야 합니다.

컬러와 해상도: 기본 용어와 기준

컬러 포맷과 해상도에 대해서도 알아야 합니다.

1. 컬러 포맷

RGB는 온라인 논문이나 웹에 사용되는 그림의 기본 컬러 포맷이고 CMYK는 인쇄물에 사용하는 컬러 포맷입니다. 학술지에서 RGB 또는 CMYK 포맷을 요청하면 해당 포맷으로 변환하여 제출합니다.

2. 해상도

해상도Resolution는 DPI(인치당 도트 수)로 측정됩니다. 학술지 가이드라인에 따르면[30] 컬러 이미지는 최소 300dpi, 글자와 기호가 포함된 이미지는 600dpi, 라인 아트(선으로 그린 그림)는 1,000dpi 이상이어야 인쇄 시 품질을 보장할 수 있습니다. 해상도가 낮으면

그림이 픽셀화되어 깨지거나 흐릿하게 보일 수 있으므로 해상도 기준을 반드시 준수해야 합니다.

칼럼 폭에 맞춘 그림 제작

일반적으로 학술지는 투 칼럼two-column 형식으로 논문을 구성합니다. 그림 크기를 조정할 때 사용하는 단위는 센티미터, 인치, 파이카* 등으로 다양합니다. 학술지에서 요구하는 단위에 따라 정확히 맞추어 제작해야 합니다. 이에 따라 그림의 크기를 다음과 같이 조정할 수 있습니다.

- 한 칼럼One Column: 한 칼럼 폭에 맞춘 그림으로 상대적으로 작은 크기의 그림
  8.7센티미터 / 3.42" / 20.5파이카
- 두 칼럼: 두 칼럼을 가로지르는 폭으로 제작된 큰 그림
  17.8센티미터 / 7" / 27파이카
- 1.5칼럼: 한 칼럼과 두 칼럼의 중간 크기의 그림
  11.4센티미터 / 4.5" / 27파이카

논문 그림을 제작할 때 가장 중요한 것은 과학적 내용을 명확히 전달하는 것입니다. 복잡한 소프트웨어를 배우는 것도 좋지만 파워포인트 같은 간편한 도구만으로도 대부분의 작업을 충분히 효과적으로 할 수 있습니다. 물론 필요하다면 3D 소프트웨어를 활용해 입체적인 그림을 제작할 수도 있지만 연구의 정확성과 신뢰성을 지키는 것이 우선입니다.

---

* 파이카는 타이포그래피와 인쇄 디자인에서 사용하는 전통적 단위입니다. 주로 글자 크기나 줄 길이 등을 측정할 때 활용되며 1파이카는 6분의 1인치(약 4.23 mm)입니다.

컬러 포맷, 해상도, 칼럼 폭 등 기본적인 가이드라인을 준수하여 그림을 제작하면 논문의 전반적인 품질을 한층 높일 수 있습니다. 적절한 도구와 기법을 활용하여 독자에게 연구의 핵심 메시지를 더욱 선명하게 전달해보세요.

6
출판 과정에서 그림 교정하기

　논문 게재가 승인되고 난 후 출판 과정에서 그림을 학술지에서 요구하는 포맷으로 변환해야 합니다. 이 과정은 학교에서도, 연구실에서도 따로 안 가르쳐주죠. 각자 알아서 인터넷을 검색해서 방법을 찾아야 합니다. 출판 과정에서의 그림 교정 방법을 이해하면 시간을 절약하고 고품질의 결과물을 얻을 수 있습니다.

　학술지 출판팀은 보통 그림 파일을 tiff, ai, pdf와 같은 파일을 요청합니다. tiff 파일은 비트맵 포맷으로 주로 고해상도의 이미지를 처리하는 데 적합합니다. ai와 pdf 포맷은 벡터 포맷으로 확대해도 품질이 유지됩니다. 비트맵 작업에는 포토샵이, 벡터 작업에는 일러스트레이터가 효과적입니다.

파워포인트에서 그린 PPT를 TIFF로 변환하기

　많은 연구자가 파워포인트에서 그린 그림 파일을 그대로 사용하면 해상도에 문제가 생길 수 있습니다. 이 문제는 다음과 같이 파

그림 38. 파워포인트 슬라이드 크기 조정

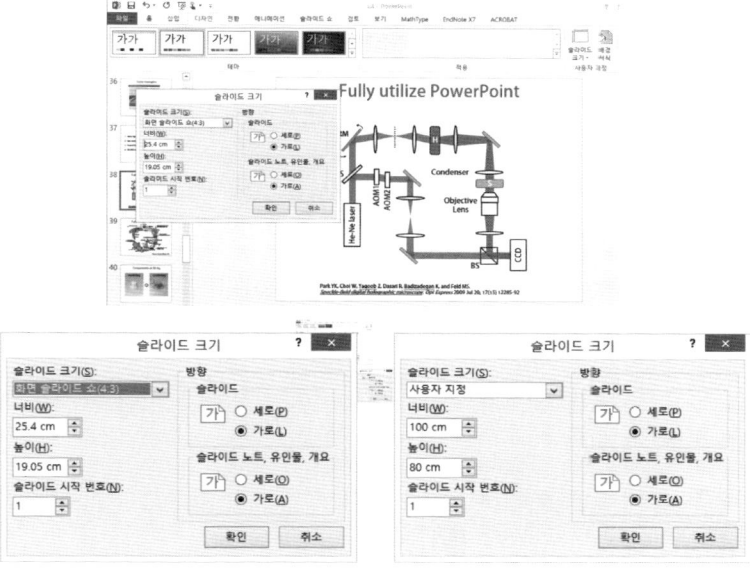

워포인트에서 슬라이드 크기를 조정하면 해결할 수 있습니다.

1. 파워포인트에서 슬라이드 크기 조정하기

디자인 탭에서 '슬라이드 크기'를 선택한 다음 너비와 높이를 각각 4배(예: 100센티미터×80센티미터)로 확장합니다(그림 38). 이 작업은 이미지 해상도를 높이는 데 편합니다. 논문 그림을 작업하기 전에 슬라이드 크기를 조정하는 것을 추천합니다. 이미 그림을 다 그린 다음 슬라이드 크기를 조정하면 폰트 크기와 선 굵기 등을 별도로 조정해야 하는 경우가 있습니다. 파워포인트에서 실제 논문 크기(A4 또는 레터 등)로 슬라이드 크기를 설정하고 dpi를 원하는 수준(예를 들면 600 정도)으로 조정하는 방법도 있습니다. 하지만 그럴 경우 윈도의 레지스트리를 수동으로 변경하는 작업 등이 필요하기 때문에 권하지 않습니다.

2. 파워포인트에서 그림 복사하기

파워포인트에서 그림을 선택하고 복사(Ctrl+C)합니다.

3. 포토샵에서 새 파일 생성하기

포토샵을 실행하고 새 파일을 만들면 클립보드 데이터를 기반으로 크기가 설정됩니다. 그림 39에서는 파워포인트에서 슬라이드 크기 조정을 하지 않았을 때 발생하는 상황입니다. 해상도가 72dpi로 매우 낮은 것을 볼 수 있습니다. 이미지 크기도 896.9킬로바이트밖에 되지 않습니다. 이 상태로는 해상도가 낮으므로 1단계에서 설명한 것처럼 슬라이드 크기를 조정해서 다시 복사해야 합니다.

그림 39. 포토샵에서 새 파일 생성

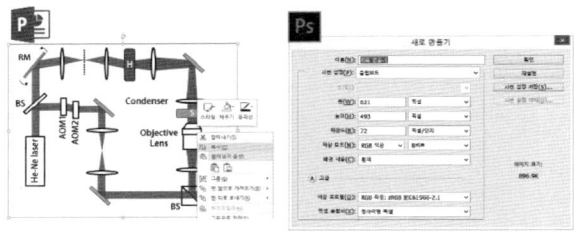

4. 포토샵에 붙여넣기

확대한 그림을 다시 복사해 포토샵에 붙여넣기 하면 해상도가 개선됩니다. 이제 이미지 크기가 충분히 커져 해상도 손실 없이 작업할 수 있습니다.

ai나 pdf 포맷은 일러스트레이터에서도 비슷한 방식으로 작업이 가능합니다.

이미지의 해상도와 크기 조정하기

출판용 이미지는 일반적으로 300~600dpi 해상도를 요구합니

그림 40. 포토샵에서 해상도와 이미지 크기 조정

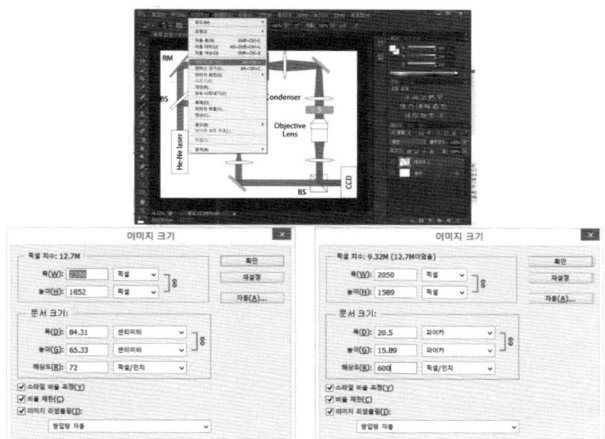

다. 포토샵에서 이미지 크기를 조정할 때 해상도를 600dpi로 설정하고 논문에서 사용할 크기(예: 한 칼럼, 두 칼럼)에 맞게 조정합니다(그림 40). 이 과정에서 최종 파일 크기가 원본보다 커지지 않아야 합니다. 파일 크기가 불필요하게 큰 것은 해상도만 인위적으로 확대된 것이므로 처음부터 적절한 크기로 작업해야 합니다.

그림의 빈 공간 제거하기

포토샵에서 'Trim(재단)' 기능을 활용하면 그림의 불필요한 빈 공간을 제거할 수 있습니다. 깔끔한 그림은 학술지의 요구 사항을 충족하고 전체적인 시각적 품질을 높입니다. 포토샵에서 'Trim' 기

그림 41. 포토샵에서 그림의 빈 공간 제거와 트림

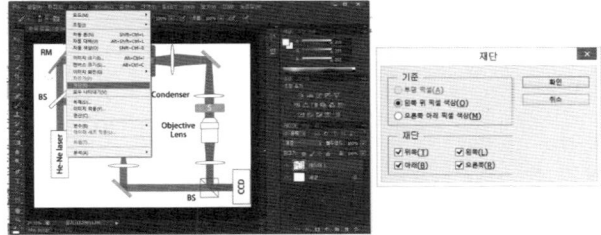

능을 이용해서 빈 공간을 제거한 다음 필요하면 이미지 사이즈를 다시 조정합니다.

그림 저장하기

최종 그림은 학술지에서 요구하는 포맷으로 생성합니다. 그림 42는 TIFF 포맷으로 저장하는 방법을 설명한 것입니다. 저장할 때 레이어는 제거하고 학술지의 요구 사항(예를 들면 레이어 압축 옵션)을 확인하여 옵션을 설정합니다.

그림 42. 포토샵에서 그림을 TIFF 형식으로 저장

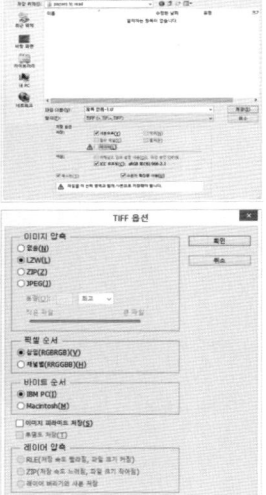

멋진 논문 그림을 그리기 위한 팁

연구 내용을 효과적으로 전달하는 그림은 논문의 수준을 높이는 데 큰 영향을 미칩니다. 그림 그리는 실력을 늘리거나 그림의 완성도를 높이는 데 도움이 될 만한 팁을 소개합니다. 첫째, 다른 논문의 그림을 참고해보세요. 좋은 그림을 발견하면 따로 저장해두고 참고 자료로 활용합니다. 최근 출판되는 논문과 20년 전이나 40년 전에 출판된 논문에 있는 그림들을 보면 트렌드를 볼 수 있습니다. 데이터를 시각화하는 기술의 발달이 여기에 한몫하고 있습니다. 또한 영향력이 높은 학술지와 그렇지 않은 학술지에 실리는 논문 그림들을 보면 품질 차이가 확연하게 납니다. 여러분이 연구하는 분야의 최상위 학술지에 게재된 좋은 논문들에 있는 그림들을 잘 보고 참고하세요.

둘째, 중요한 요소를 강조하기 위해 색상과 선 굵기를 조절해보세요. 한눈에 보기 좋고 내용을 파악하기 쉽게 그린 그림은 선 하나하나의 두께와 색상 그리고 폰트의 종류와 크기 선정에 공들인 결과물입니다. 명작을 만든다는 마음가짐으로 세심한 디테일까지 챙겨야 합니다.

셋째, 간결하고 직관적으로 그리기 위해 노력해보세요. 복잡한 그래프와 도표는 독자가 이해하기 쉽게 단순화합니다. 더 이상 뺄 수 없는 가장 간단한 형태가 제일 좋은 시각화입니다. '이 선이 필요한가?' '이 기호가 필요한가?'를 계속 고민해보세요. 이 객체를 제거해도 같은 정보를 독자에게 제공한다면 제거하는 것이 맞습니다.

기관 라이선스, 무료 라이선스 활용하기

대학과 연구기관에서는 어도비사의 일러스트레이터와 포토샵 같은 소프트웨어를 무료로 제공하는 경우가 많습니다. 예를 들어 카이스트는 KFTP 포털을 통해 라이선스를 제공하고 있으니 활용하면 됩니다. 하지만 기관 라이선스를 이용할 수 없거나 개인 라이선스 구매가 부담되는 경우 다음과 같이 무료 라이선스, 애플리케이션, 웹사이트들을 활용하면 됩니다.

- 구글 슬라이드Google Slides: 무료로 제공되는 웹 기반 프레젠테이션 도구로 논문 그림을 제작하고 편집하는 데 유용하게 활용할 수 있습니다. 구글 슬라이드는 간단하면서도 직관적인 인터페이스를 제공하여 초보자도 쉽게 사용할 수 있습니다. 웹 기반 도구이므로 인터넷만 연결되면 어디서든 접근할 수 있습니다. 홈페이지 docs.google.com
- 바이오렌더BioRender: 생물학과 의학 분야의 일러스트레이션에 특화된 도구로 다양한 템플릿과 아이콘을 활용하여 전문적인 다이어그램을 제작할 수 있습니다. 웹 기반으로 작동하며 무료 버전과 유료 버전을 제공합니다. 홈페이지 biorender.com
- 마인드 더 그래프Mind the Graph: 과학 논문과 포스터를 위한 전문적인 일러스트레이션을 제작할 수 있는 온라인 플랫폼입니다. 다양한 과학적 아이콘과 템플릿을 제공하여 그래픽 초록graphical abstract이나 다이어그램을 쉽게 만들 수 있습니다. 홈페이지 mindthegraph.com
- 잉크스케이프Inkscape: 오픈 소스 벡터 그래픽 도구로 어도비 일러스트레이터와 유사한 기능을 제공합니다. SVG 파일 포맷을 기본으로 사용하며 다양한 파일 포맷을 지원합니다. 윈도, 맥, 리눅스 등 여러 플랫폼에서 사용 가능하며 개인 및 상업적 용도로 무료로 이용할 수 있습니다. 홈페이지 inkscape.org
- 캔바Canva: 웹 기반 그래픽 디자인 도구로 직관적인 드래그 앤 드롭 인터페이스를 통해 초보자도 쉽게 제작할 수 있습니다. 다양한 무료 템플릿과 소셜 미디어에 최적화한 디자인 도구를 제공하며 온라인에서 바로 작업이 가능합니다. 홈페

이지 canva.com

- 크리타~Krita~: 디지털 페인팅과 일러스트레이션어 특화된 무료 소프트웨어로 다양한 브러시와 애니메이션 기능을 제공합니다. 특히 디지털 아티스트에게 인기가 있으며 윈도, 맥, 리눅스에서 모두 사용할 수 있습니다. 홈페이지 krita.org
- 김프~GIMP~: 무료 이미지 편집 소프트웨어로 포토샵의 대안으로 널리 사용됩니다. 다양한 편집 기능과 플러그인을 지원하며 윈도, 맥, 리눅스에서 모두 사용할 수 있습니다. 홈페이지 gimp.org

이러한 도구들을 활용하면 논문에 필요한 고품질의 시각 자료를 비용 부담 없이 제작할 수 있습니다. 각 도구의 특징과 기능을 고려하여 자신의 연구 분야와 목적에 맞는 적절한 도구를 선택하는 것이 중요합니다. 효율적인 그림 작업은 논문 준비 과정에서 시간을 절약하고 품질을 높이는 데 필수적입니다. 꾸준히 다른 논문의 그림을 참고하며 자신의 기술을 발전시키는 노력을 기울여야 합니다. 좋은 그림은 좋은 과학의 출발점이 될 수 있습니다.

좋은 학술지에 논문을 게재하기 위해서는 그만큼의 고민과 노력이 필요합니다. 심사위원과 편집자의 입장에서 생각해보세요. 수준 높은 그림들로 가득한 논문들 속에서 눈에 띄게 부족한 품질의 그림이 실린 논문을 접하면 선입견이 생길 수 있습니다. '그림 하나 제대로 그리지 못하고 성의가 없구나.'라는 인상이 심사 과정에 부정적인 영향을 미칠 수 있습니다. 이러한 선입견 때문에 여러분이 열심히 연구한 결과를 정당하게 평가받지 못하는 일이 없길 바랍니다.

이번 장에서는 어떻게 하면 효과적으로 메시지를 전달하는 그림을 제작할 수 있는지, 논문 그림 제작 시 실수할 수 있는 지점은 무엇인지를 알아보고 학술지가 요구하는 그림 포맷에 맞게 작업하는 기술적인 방법을 다루었습니다.

3부

논문 쓴 후 알았더라면 좋았을 것들

9장
교정하기
: 좋은 논문에서 완벽한 논문을 위한 최종 점검

여기까지 오면서 우리는 한 편의 논문을 작성하는 과정 전반을 살펴보았습니다. 그림을 그리고 결과, 논의, 그리고 결론을 작성하고 서론, 제목, 초록까지 알아보았습니다. 이제 남은 건 결론입니다.

이제 여러분은 학술지에 투고할 만한 논문의 큰 틀을 완성했다고 느낄 것입니다. 하지만 논문은 작성하는 것으로 끝나지 않습니다. 투고 전 교정과 검토 작업이 무엇보다도 중요합니다.

이번 장에서는 논문을 완성하고 검토하는 단계가 왜 중요하고 연구자들이 어떤 실수를 주로 하는지 설명하고 점검 방법들을 소개하겠습니다.

1
논문 교정
: 작은 차이가 큰 결과를 만든다

논문 심사 과정은 짧게는 한 달에서 길게는 6개월에서 1년까지 걸립니다. 이 긴 과정 동안 불필요한 교정Revision 작업을 최소화하려면 최대한 완벽하게 논문을 준비해서 제출해야 합니다. 이 교정 작업은 시간과 노력이 많이 들어가는 데 반해 논문의 완성도는 눈에 띄게 오르지 않아 지치기 쉬운 단계입니다.

그림 43에서 보듯 가로축을 논문 작업에 투입된 노력 × 시간으로 하고 세로축을 논문의 완성도로 하는 그래프를 생각해봅시다.

초기에 그림을 그리고 결과와 논의를 작성할 때 논문의 완성도가 빠르게 올라갑니다. 50%, 75%, 90%까지 눈에 띄게 발전하는 것을 느낄 수 있죠. 그러나 교정 작업에 들어가면 완성도는 95%, 98%, 99%로 서서히 상승합니다. 여기서 중요한 점은 마지막 5%의 완성도를 끌어올리는 것이 논문의 질을 결정짓는다는 사실입니다. 이 마지막 단계가 여러분의 논문을 거절에서 채택으로 바꿀 결정적인 차이를 만들어냅니다.

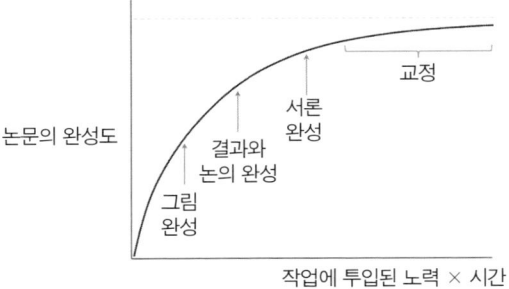

그림 43. 논문 작업에 투입되는 노력, 시간, 그리고 완성도

교정 단계를 효과적으로 진행하는 팁

교정 과정에서 많은 연구자가 쉽게 지칩니다. 저는 이 지난한 교정 과정을 거쳐 논문의 완성도를 효과적으로 끌어올리기 위해 다음과 같은 방법으로 진행합니다. 다양한 사람들에게 보여주거나 구성을 바꾸거나 독자 입장에서 이해하기 쉽게 글을 고쳐보는 것입니다.

먼저 첫째, 다양한 사람들에게 보여줍니다. 논문 작성 후 가능한 한 많은 사람에게 검토를 요청해야 합니다. 특히 지도교수님의 의견은 필수적입니다. 한두 번의 피드백으로 모든 것이 해결되리라 기대하지 마세요. 최소한 서너 번의 검토 과정을 거치며 논문이 점점 개선되는 과정을 경험해보세요. 다양한 시각에서 받은 피드백은 논문의 완성도를 높이는 데 큰 도움이 됩니다.

둘째, 구성을 바꾸는 것을 두려워하지 않아야 합니다. 논문이 어렵거나 흐름이 부자연스럽다는 피드백을 받았다면 소소한 수정에 집착하지 말고 처음부터 다시 작성하는 것이 더 효과적일 수 있습니다. 부분적인 수정은 시간만 많이 들고 문제를 근본적으로 해결하지 못할 때가 많습니다. 전체 구성을 다시 잡는 과감한 접근이 장기적으로 시간을 절약하고 논문의 질을 높이는 방법이 될 수 있습니다.

셋째, 독자의 시각으로 다시 한번 쉽고 명확하게 수정합니다. 논문의 내용은 학문적으로 깊이가 있어야 합니다. 하지만 사용한 단어와 문장이 명확하고 쉽게 이해되는지 점검해야 합니다. 처음 논문을 접하는 독자 입장에서 논문을 읽으며 모든 내용을 한 번에 이해할 수 있는지 자문해보세요. 내용의 흐름이 쉽고 명확해야 학술지 심사위원을 설득하고 신뢰를 얻을 수 있습니다.

2
체크리스트
: 완성도를 높이는 세부 점검 사항

 논문 작성은 단순히 초안을 완성하는 것으로 끝나지 않습니다. 검토와 교정 작업은 논문의 완성도를 끌어올리는 단계입니다. 여기서는 논문 교정 과정에서 반드시 점검해야 할 사항들을 구체적으로 정리한 체크리스트를 소개합니다.

 그림 점검 사항
 그림은 논문에서 독자의 이해를 돕는 중요한 요소입니다. 하지만 자칫하면 그림 하나 때문에 논문 전체가 전문성이 부족해 보일 수 있습니다. 다음 사항들을 꼼꼼히 점검하세요.
 첫째, 스케일바, 컬러바, 단위 확인합니다. 스케일바와 컬러바가 누락되거나 단위가 표시되지 않은 그림은 자주 발생하는 실수입니다. 편집자로 활동하며 관찰한 결과 투고된 논문 중 약 30%가 이 실수를 포함하고 있었습니다. 이러한 실수는 '실험도 제대로 했을까?'라는 부정적 선입견을 갖게 할 수 있습니다.

둘째, 그림 속 약어를 정의합니다. 그림에 사용한 약어는 반드시 본문이나 캡션에서 정의해야 합니다. 독자가 약어를 추측하게 만들지 마세요.

셋째, 그림에 포함한 모든 내용은 본문에서 자세히 설명해야 합니다. 설명이 부족하거나 일부 내용을 생략하는 경우가 없어야 합니다. 예를 들어 그림 1Figure 1의 소그림sub-figure이 (A), (B), (C), (D)로 구성되어 있다면 (A), (B), (C)만 설명하고 (D)는 자명하다는 이유로 생략하면 안 됩니다. 모든 요소를 차분하고 명확하게 설명하세요.

넷째, 본문에서 먼저 그림을 언급하고 그다음 그림을 배치하세요. 예를 들어 본문에서 '결과는 그림 1에서 나타난다the result was shown in Figure 1.'라고 서술했으면 그 문장이 있는 문단 바로 뒤에 그림을 배치하세요. 언급하기 전에 그림이 나타나거나 언급한 후 여러 문단 뒤에서나 그 그림이 등장하면 독자가 내용을 따라가기 어려워집니다. 독자 입장에서 쉽게 찾을 수 있도록 그림을 적절히 배치하세요.

다섯째, 표기 통일성입니다. 소그림의 레이블링 방식은 본문과 그림에서 통일해야 합니다. 예를 들어 그림에서 (a), (b)를 사용했다면 본문에서도 'Fig. 1(a)'처럼 동일한 표기를 사용해야 합니다. 'Fig. 1A'나 'Fig. 1a'처럼 다른 방식으로 언급하지 마세요.

여섯째, 그림 언급 시 단수·복수 점검합니다. 여러 그림을 언급할 때는 'figures'라고 작성하고 이를 축약할 때는 'figs.'로 표기하세요. 실수로 'fig.'처럼 단수형으로 축약하는 일이 없도록 주의하세요.

일곱째, 문장 첫 단어는 약자 사용 자제합니다. 문장을 시작할 때 첫 단어로 'Figure'를 축약해서 'Fig.'라고 쓰지 말고 풀어서 작성하세요. 또한 문장을 시작할 때는 심벌로 시작하지 마세요. 축약어나 심벌로 시작하는 문장은 시작이 모호해 보일 수 있기 때문에 독자가 글을 읽기 어려워집니다. 문장을 시작할 때는 축약어나 심벌을 쓰지 않는다는 걸 명심하세요.

결과 섹션 점검 사항

결과Result 섹션은 논문의 핵심으로 독자가 연구의 중요성과 결론을 이해하는 데 중요한 역할을 합니다. 독자가 쉽게 이해할 수 있도록 다음 사항을 점검하세요.

첫째, 주장의 근거 명확화입니다. 내가 주장하는 내용이 결과를 통해 명확히 입증되는지, 아니면 다양한 가능성 중 하나를 제시하는 것인지 명확히 구분해야 합니다. 근거가 불충분하면 독자에게 혼란을 줄 수 있습니다.

둘째, 독자의 이해 수준 고려입니다. 논문을 읽는 독자가 어떤 선행 지식을 가질 가능성이 높은지 예측하세요. 필요한 경우 독자의 이해를 돕는 추가적인 설명을 제공하세요.

셋째, 논리적 흐름 확인입니다. 논리적인 비약이 없는지 점검하세요. 앞 문단에서 다음 문단으로 자연스럽게 연결되는지, 논리가 두 단계씩 비약하여 독자가 따라가기 어렵지 않은지 확인이 필요합니다.

넷째, 문단의 독립성입니다. 각 문단은 하나의 내용만 전달하도록 구성하세요. 한 문단에서 두세 가지 내용을 동시에 다룬다면 각각의 문단으로 분리하세요. 반대로 두 문단이 같은 내용을 반복하거나 하나의 주제를 분산해서 다루고 있다면 하나로 통합해야 합니다.

다섯째, 논문의 완결성입니다. 실험 방법론이 이미 발표된 연구에서 가져온 경우 기본 원리는 간단히 설명하고 세부 사항은 관련 문헌을 인용하세요. 예를 들어 특정 방법론을 사용해 결과를 얻었다고 단순히 언급만 하고 끝내지 마세요. 그 방법론을 모르는 독자도 논문을 읽고 이해할 수 있도록 기본적인 원리와 작동 방식을 간략히 설명하세요.

예시: 'XX 테크닉을 사용하여 결과를 도출했다.' → (불완전)

예시: 'XX 테크닉을 사용하여 결과를 도출했다. 테크닉은 [기본 원리 설명]. 자세한 실험 조건은 [방법론, 보충 자료, 또는 참고문헌]에서 확인할 수 있다.' → (완전)

이렇게 작성하면 독자가 추가적인 논문을 찾아보는 불편을 겪지 않고 논문만으로 충분히 내용을 이해할 수 있습니다. 논문은 하나의 독립된 글이라는 점을 항상 염두에 두세요.

텍스트와 문법 점검 사항

첫째, 약어 정의. 약어는 처음 사용 시 반드시 정의하고 이후에는 통일성 있게 사용하세요. 약어를 3번 이상 사용하는 경우에만 약어로 줄이는 것이 좋습니다. Ctrl+F 기능을 이용해서 약어가 처음에 제대로 정의되었는지 꼭 검토하세요. 초록과 본문은 별개의 문서이기 때문에 초록에서 약어를 정의했어도 본문에서 처음 사용하는 경우에는 다시 정의해야 합니다.

둘째, 숫자와 단위 간격. 영어로 논문을 작성할 때는 숫자와 단위 사이에는 반드시 스페이스를 넣어야 합니다. '100mm'는 틀린 표현이고 '100 mm'가 맞는 표현입니다. 대학원생 열 명 중에 아홉 명이 실수합니다. 예외는 딱 세 가지 경우가 있습니다. 퍼센트(%), 각도(°), 온도(°C).

셋째, 그리스 문자 심벌 입력. 워드에서 그리스 문자를 입력할 때

그림 44. 워드에서 특수기호 삽입하기

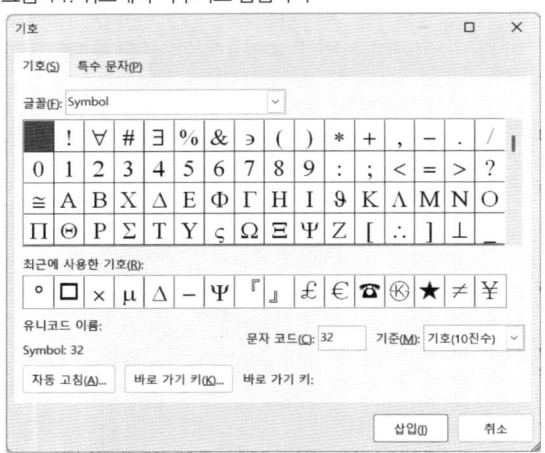

는 '삽입' 메뉴에서 '기호'를 선택한 뒤 글꼴을 'Symbol'로 바꾸어서 기호를 입력하세요(그림 44). 이렇게 해야 깔끔하게 편집됩니다.

넷째, 하이픈 사용법. 영어에서 쓰는 하이픈 개념에 어색해서 자주 실수를 합니다. 영어에서는 명사들을 연결해서 형용사로 쓸 때 하이픈을 붙입니다. 명사로 쓸 때는 하이픈을 안 씁니다. 'word pairs that function as adjectives when they occur before a noun.' 이런 경우에는 하이픈을 붙여줍니다. 예를 들어 '4-mm-long gas cell'과 같은 형용사 형태에서는 하이픈이 필요하지만 '4 mm in length'에서는 하이픈을 넣지 않습니다. 다른 예로 'x-ray illumination' 같은 경우 'x-ray'가 'illumination'을 꾸미는 형용사이기 때문에 하이픈을 써야 합니다.

그리고 미국식 영어에서 접두어 다음에는 하이픈을 안 쓰는 것이 일반적입니다. 미국식 영어에서는 'super-resolution'보다 'superresolution'이 더 일반적이고 현대적인 표현입니다. 하지만 특정 문장에서 명확성을 높이기 위해서 'super-resolution'이라고 쓸 수도 있습니다. 학술지의 스타일 가이드를 따르면 됩니다. 『사이언스Science』『IEEE』 등의 학술지에서는 'superresolution'이라는 표기가 더 일반적입니다.

다섯째, 전치사 사용. 특정 표현에 적합한 전치사를 선택하세요. 예를 들어 'study on' 'findings on' 'effects on'과 같이 전치사를 올바르게 사용해야 합니다.

여섯째, 미국식 영어 vs 영국식 영어. 대부분의 학술지는 미국식 영어 표현을 따르지만 네이처 출판 그룹은 영국식 영어를 따르기 때문에 주의해야 합니다. 예를 들어 미국 논문에서는 'color'라고 쓰고 영국 논문에서는 'colour'라고 씁니다. 논문에서 주로 사용되는 미국식 영어 대 영국식 영어 표현은 부록에 정리해 놓았습니다.

참고문헌 점검 사항

두 가지를 점검해야 합니다.

첫째, 중복 확인. 같은 논문이 여러 번호로 중복 나열되지 않았는지 확인하세요. 엔드노트와 같은 소프트웨어를 사용하더라도 실수가 발생할 수 있으니 꼼꼼히 점검해야 합니다. 둘째, 형식 오류 점검. 학술지에서 요구하는 형식에 맞는지, 권수와 호수 번호, 페이지 번호, 연도 등이 빠지지 않았는지 확인하세요. 이를 소홀히 하면 투고 과정에서 불필요하게 시간을 낭비할 수 있습니다.

논문을 투고하고 한 달 정도가 지나면 '이제는 리뷰가 진행되고 있겠지.'라고 생각할 수 있습니다. 하지만 어느 날 갑자기 이런 이메일이 도착할 수 있습니다. "편집자가 보기 전에 학술지 편집부 직원들이 사전 검토를 진행했는데 참고문헌에 페이지 번호가 빠져 있더군요. 페이지 번호를 추가해서 다시 제출해주세요. 아직 리뷰는 시작하지 않았습니다."

이처럼 사소한 실수로 한 달을 허비하는 일이 생길 수 있습니다.

이를 방지하려면 논문 제출 전에 반드시 꼼꼼히 검토해야 합니다. 최종 출판 과정에서는 편집부 직원들이 다시 한번 확인하겠지만 제출 단계에서도 완성도를 높이려는 프로다운 태도가 중요합니다.

작은 실수 하나로 귀중한 시간을 낭비할 수 있음을 기억하며 제출 전에 철저한 확인과 세심한 준비를 하길 바랍니다.

표현의 정확성과 객관성 점검 사항

다섯 가지를 점검해야 합니다.

첫째, 명확한 단어 선택. 논문 작성 시 사용한 단어의 뜻이 의도와 일치하는지 점검하세요. 단어를 잘못 선택하면 심사위원들은 논문의 논리성과 전문성을 의심할 수 있습니다. 예를 들어 특정 샘플에 여러 파장의 레이저를 조사한 경우 '다양한 파장'이라는 의미로 'various wavelengths'라고 써야 합니다. 하지만 많은 학생이 'different wavelengths'라고 잘못 쓰곤 합니다. 'different'는 'A와 B가 다르다.'라는 비교를 나타낼 때 사용하므로 이 맥락에서는 부적절합니다.

또한 과거 연구를 언급하며 기존 기술적 단점을 표현할 때 'drawbacks'라고 객관적으로 서술해야 하지만 종종 'concerns'라는 단어를 잘못 사용하는 경우가 있습니다. 'concerns'는 가치 판단을 내리는 뉘앙스를 줄 수 있어 기술적 단점을 객관적으로 서술한 비판이 아닌 것으로 오해할 수 있습니다. 단어를 선택할 때는 의도와 문맥에 맞는지 신중히 검토하세요.

둘째, 애매한 표현 금지. 논문 문장은 명확하고 정량적이어야 하며 독자가 동일한 정보를 해석할 수 있어야 합니다. 흔히 대학원 신입생이 작성한 초안에서 자주 볼 수 있는 예로 'Measured a lot of holograms'와 같은 표현이 있습니다. 'a lot'은 독자에게 구체적인 정보를 제공하지 않으므로 'Measured 600 holograms'처럼 정확한 수치를 제시하세요.

또한 '~'와 같은 기호는 사용하지 말고 'approximately'를 사용하세요. 예를 들어 'measured ~1000 cells' 대신 'measured approximately 1000 cells'로 작성하세요. 학술 논문 (특히 국제 저널학술지 및 공식 문서) 범위를 표현할 때는 '4 to 10 times' 또는 '4—10 times'(긴 하이픈em dash 사용, 중간에 띄어쓰기 없음)를 쓰고 '4~10 times'와 같은 일상적 한국어 문서 표현을 피해야 합니다.

다른 예로 논리적인 이유를 나타내는 연결어로 'since'를 자주 사용하는 경우가 있습니다. 물론 'since'는 'because'의 의미로 사용될 수 있으므로 문법적으로 틀리지는 않습니다. 하지만 'since'에는 '~부터'라는 시간적 의미도 있어 문맥에 따라 오해를 불러일으킬 가능성이 있습니다. 이러한 오해를 방지하고 이유를 명확히 전달하려면 'because'로 대체하는 것이 더 적합합니다.

셋째, 부정적인 표현 자제. 과거 연구를 비판할 때는 'serious limitations'와 같은 공격적이고 부정적 표현을 피하고 'has not considered'처럼 객관적이고 중립적인 표현을 사용하세요. 아무리 과거 연구에 비해서 내 연구 결과가 좋다고 하더라도 과거 연구는 'meaningless' 'has serious problems' 'terrible performances' 같은 표현을 쓰는 것은 절대 금물입니다. 그 연구자들은 당신을 평생 적으로 생각할 것이고 논문을 읽는 독자도 당신을 오만하다고 판단할 것입니다. 지나친 비판은 모든 사람의 반감을 살 수 있으므로 항상 신중하게 서술해야 합니다.

넷째, 비격식 표현 자제. 논문의 문장은 항상 격식을 갖춰 작성해야 하며 비공식적 표현은 피해야 합니다. 예를 들어 'isn't' 대신 'is not'과 같이 축약형을 풀어 쓰세요. 또한 'We found a bunch of interesting results.'와 같은 표현은 지나치게 비격식적이므로 'We observed three noteworthy results.'처럼 격식을 갖춘 표현으로 바꾸세요. 똑똑하게 보이려고 사람들이 안 쓰는 어려운 단어를 쓰라는 뜻이 아닙니다. 격식을 갖추면서도 쉬운 단어로 명확하게 작성하는 것이 중요합니다.

다른 예로 한국 사람들이 자주 쓰는 영어 표현으로 강조하기 위해서 문장을 'Especially'로 시작하는 경우가 많습니다. 학술 논문과 같은 형식적인 글에서는 문장을 'Especially'로 시작하는 것을 피하는 것이 일반적입니다. 'Especially'가 회화적이고 구어체로 느껴질 수 있기 때문입니다. 대신 더 격식 있는 연결어로 'In particular,' 'Specifically' 등을 사용하여 문장을 시작하는 것이 좋습니다.

다섯째, 지시어 사용 시 구체화. 논문 작성에서 'This'와 'That'과 같은 지시어를 사용하면서 지칭 대상을 명확히 하세요. 그렇지 않으면 독자가 혼란스러워할 수 있습니다. 애매한 지시어는 독자가 저자의 의도를 추측하게 만들어 논문의 신뢰성과 논리적 흐름을 방해합니다. 따라서 'This'와 'That'과 같은 지시어를 사용할 때는 반드시 지칭 대상을 구체적으로 밝혀야 합니다.

예를 들어 지시어 뒤에 명사를 붙여 'This result' 'That observation'처럼 구체적으로 표현하거나 필요시 지시어를 생략하고 바로 명사를 사용하는 것이 좋습니다. 예를 들어 'This is significant.' 대신 'The result shown in Fig. 2 is significant.'라고 쓰거나 'The results in Fig. 2 suggest that the model is robust.'처럼 명확하게 작성하세요. 이를 습관화한다면 논문의 가독성이 높아지고 독자가 내용을 쉽게 이해할 수 있을 것입니다.

영문법 점검 사항

두 가지를 점검해야 합니다.

첫째, Countable과 Uncountable 명사의 올바른 사용. 영어에서는 명사가 Countable(셀 수 있는 명사)과 Uncountable(셀 수 없는 명사)로 나뉘므로 이 차이를 올바르게 이해하고 사용하는 것은 학술 논문 작성의 기본입니다. Countable 명사는 단수와 복수형이 있으며 예로 algorithm, technique, cell 등이 있습니다. 반면 Uncountable 명사는 단수형으로만 사용되며 microscopy, research, information과 같은 단어가 해당합니다. 특히 현미경 물품은 일반적으로 'microscope'으로 쓰고 학분 분야를 지칭할 때는 uncountable인 'microscopy'를 일반적으로 사용합니다. 하지만 '장비'를 의미할 때는 'microscopy'를 countable로 쓰는 경우도 있습니다.

이러한 구분은 문맥에 따라 달라질 수 있으므로 단어 사용이 애매할 경우 반드시 사전을 참고하세요. 예를 들어 'reconstruction'은 과정 전체를 지칭할 때는 Uncountable로, 개별 사례를 나타낼 때는 Countable로 사용됩니다. 논문의 품질을 높이기 위해서는 이러한 차이를 숙지하고 자주 실수하는 단어를 정리하며 필요시 학술 자료와 사전을 활용해 정확성을 유지해야 합니다.

학생들이 자주 실수하는 것들을 모아보았습니다. 다음은 모두 countable입니다. An algorithm, a technique, a reconstruction, an implication, a system, an illumination(일반적으로는 uncountable이나 의미에 따라 조명 방식을 뜻하는 경우 countable), a solution(용액을 의미하는 경우 예를 들면 prepare 10 mL of PBS solution은 uncountable이나, 해결책을 뜻하는 경우에는 countable로 예를 들면 a possible solution to the problem), a process, an introduction, a description, a mixture, a property, a cell.

둘째, 반복하는 실수 줄이기. 자신이 자주 하는 실수를 기록해두는 습관을 들이세요. 학문적 글쓰기에서 실수를 줄이는 가장 좋은 방법은 자신의 약점을 파악하여 교정할 때 이를 집중적으로 점검하는 것입니다.

이번 장에서는 논문의 완성도를 높이기 위한 교정 작업과 이를 효과적으로 수행하기 위한 체크리스트를 소개했습니다. 명심할 것은 독자 입장에서 글이 쉽게 읽히는지 깊게 고민하면서 검토해야 한다는 점입니다. 여러분이 고생스럽게 논문을 개선할수록 독자는 쉽게 논문을 읽을 수 있습니다.

논문을 검토할 때는 가능한 한 많은 사람에게 보여주고 의견을 받아 반영하는 과정을 거치세요. 이 과정에서 반복적으로 발생하는 실수를 기록하여 자신의 실수 패턴을 파악하는 것이 중요합니다. 학생들을 지도하다 보면 학생마다 특정 실수를 반복하는 경향이 있음을 자주 확인합니다. 이는 누구에게나 해당하는 문제로 저 역시 예외가 아닙니다. 자신이 자주 하는 실수를 인식하고 적극적으로 개선하려고 노력한다면 논문의 완성도가 높아질 것입니다.

최근 인공지능 기술의 발달로 영어 문법 교정과 같은 작업은 챗GPT 등을 활용해 전문가 수준으로 처리할 수 있게 되었습니다. 때로는 인공지능이 전문가보다 더 정확하게 교정하는 경우도 있습니다. 이러한 혁신적인 기술을 연구와 논문 작업에 빠르게 적용해보길 권장합니다. 제가 이 책에서 세세한 영어 문법이나 다수의 영어 예문을 다루지 않은 이유도 여기에 있습니다. 앞으로 이러한 작업은 대부분 인공지능이 대체할 것입니다.

이 책의 5장에는 인공지능을 활용해 논문을 편집하고 교정하는 방법에 대해 별도로 정리해두었으니 참고하기 바랍니다. 다음 장에서는 완성된 논문을 투고하는 방법과 심사 과정에서 효과적으로 참고문헌을 정리하고 대응하는 방법에 대해 설명하겠습니다.

10장

참고문헌 정리하기

: 연구를 학문적 세계와 연결하면서 끝내기

이번 장에서는 참고문헌의 조사와 정리가 왜 중요한지와 어떻게 효율적으로 할 수 있는지에 대해 이야기하겠습니다. 문헌 검색은 단순히 연구를 시작하기 전에 한 번 하고 끝내는 작업이 아닙니다. 여러분은 새로운 연구를 시작할 때 당연히 문헌 검색을 할 것입니다. 해당 분야에서 어떤 선행 연구들이 수행되었는지 살펴보며 연구의 최전선을 확인해야 하니까요. 그런데 문헌 검색은 연구 수행 과정과 논문 작성 과정 내내 이어가야 하는 필수적긴 작업입니다.

1
왜 문헌 검색을 해야 하는가

연구 수행 과정과 논문 작성 전 과정에서 문헌 검색Literature Search을 멈추지 말아야 하는 이유는 크게 세 가지입니다.

1. 연구의 독창성 주장
2. 효율적인 방법론 학습
3. 연구 결과의 타당성 검증

첫째, 논문에서 가장 중요한 요소 중 하나는 참신성novelty입니다. '내 연구는 새로운 것이다.'라는 주장을 하려면 먼저 그 분야에서 기존에 어떤 연구가 이루어졌는지를 정확히 파악해야 합니다. 예를 들어 '기존 연구에서는 A라는 실험 방법을 통해 B라는 결과를 얻었지만 내가 새롭게 도입한 방법은 C라는 현상을 발견했다.'라고 주장하려면 기존 연구와 내 연구를 명확히 비교해야 합니다. 문헌 검색은 독창성을 주장하는 데 필수적인 근거를 제공합니다.

둘째, 다른 연구자들이 개발한 실험 방법론이나 분석 알고리즘을 활용하는 것도 문헌 검색의 중요한 이유 중 하나입니다. 좋은 방법론이나 도구를 활용하면 연구를 더 효율적으로 수행할 수 있습니다. 해당 방법론을 연구에 직접 적용하지 않더라도 이를 알고 이해하고 있으면 논문 작성 시 깊이 있는 논의를 할 수 있습니다. 심사위원과 의견을 주고받을 때도 훨씬 설득력 있고 효과적으로 대응할 수 있습니다.

셋째, 문헌 검색은 내 연구 결과가 타당한지 비교하고 검증하는 데 필수적입니다. 논문에서 결론을 작성할 때는 내가 얻은 결과가 기존 연구와 비교했을 때 말이 되는지, 또는 어떤 차이가 있는지를 다양한 관점에서 분석해야 합니다. 예를 들어 앞 장에서 언급한 카이스트 오리들의 도로 횡단 패턴에 관한 연구를 진행하는 상황을 떠올려봅시다. 다른 학교 오리들은 어떻게 길을 건너는지 문헌을 조사해볼 수 있겠죠. 논문들을 찾아보니 서울대학교에도 오리들이 도로를 건너는 관찰을 한 논문을 발견할 수도 있겠죠. 그 선행 논문에서는 서울대학교 오리들이 오전과 오후 각각 두 번씩 길을 건넌다는 결과가 있으면 내가 발견한 결과와 비교해서 분석하는 것입니다. 이렇게 기존 연구를 언급하고 비교하고 그 원인과 이유까지 고찰하면 논문에 깊이를 더할 수 있습니다.

문헌 검색과 정리는 논문의 시작과 끝을 잇는 중요한 과정입니다. 이는 연구의 독창성을 뒷받침하고 효율적인 방법론을 도입하며 결과를 비교하고 검증하는 데 반드시 필요합니다. 적절한 참고 문헌을 바탕으로 논문을 작성하면 깊이 있는 통찰과 설득력이 있는 논문으로 완성할 수 있습니다.

2
문헌 검색의 흐름
: 질문에서 검색으로

질문-검색-질문의 피드백

문헌 검색의 첫 단계는 질문search question을 설정하는 것입니다. '이 주제를 다른 사람들이 연구했을까?' '비슷한 결과가 있었을까?'와 같은 질문이 생긴다면 이에 답하기 위해 검색 키워드를 설정하고 여러 검색 도구를 활용해 필요한 정보를 수집해야 합니다. 이 과정은 단방향으로 끝나는 작업이 아닙니다. 질문과 검색 결과의 정보를 바탕으로 마인드맵을 그리듯이 머릿속에서 해당 연구 분야에 대한 큰 그림이 그려져야 합니다(그림 45). 검색 결과를 바탕으로 다시 질문을 교정하여 원하는 정보를 얻을 수 있도록 반복하는 과정입니다.

그림 45. 문헌 검색의 흐름

주요 문헌 검색 도구

1. 구글 스칼라 Google Scholar
가장 많이 사용되는 문헌 검색 도구로 최신 논문과 기존 연구 결과를 빠르고 신속하게 제공합니다. 검색 결과는 중요도와 관련성에 따라 정렬되며 인용 횟수가 높은 논문이 상위에 표시됩니다.

2. 웹 오브 사이언스 Web of Science
톰슨 로이터에서 운영하는 검색 도구로 검증된 문헌 정보가 정리되어 있는 장점이 있습니다. 하지만 최신 문헌 자료의 업데이트는 구글 스칼라보다 느립니다. 논문의 신뢰성과 정리가 잘되어 있으며 학술적 네트워크를 시각적으로 분석할 수 있는 기능을 제공합니다. 논문 간 인용 관계를 시각화한 네트워크 다이어그램은 특정 주제의 연구 흐름을 이해하는 데 매우 유용합니다.

3. 펍메드 PubMed
의학, 약학, 생물학 분야의 논문 검색에 최적화된 데이터베이스로 미국 보건복지부가 운영합니다. 생명과학 관련 논문을 체계적으로 정리하고 검색할 수 있는 강력한 도구입니다.

구글 스칼라는 학술 논문을 검색할 때 가장 널리 사용되는 도구 중 하나입니다(그림 46). 방대한 데이터베이스와 강력한 검색 알고리즘을 통해 최신 논문뿐만 아니라 기존에 발표된 중요한 논문도 신속하게 찾아줍니다. 구글 스칼라에서 'quantitative phase imaging(정량 위상 영상)'이라는 키워드를 넣어 논문을 검색한 결과 화면을 보며 구체적으로 설명하겠습니다.

그림 46. 구글 스칼라 검색 결과 화면

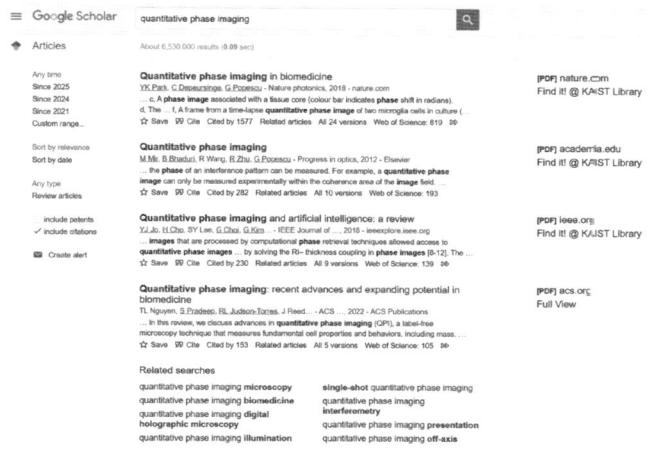

검색 결과 화면 읽는 법

구글 스칼라 검색 결과 화면에는 논문의 주요 정보와 유용한 기능들이 표시됩니다. 그림 46을 보면 4개의 논문 검색 결과가 나오는데 각 논문의 주요 정보는 다음과 같이 구성되어 있습니다.

1. 제목: 각 논문의 제목이 가장 상단에 표시됩니다. 제목을 클릭하면 해당 논문이 실린 페이지로 이동합니다.
2. 저자 및 학술지 정보: 제목 아래 초록색으로 표시된 부분은 논문의 저자, 학술지, 그리고 발표 연도입니다.
3. 초록 프리뷰: 논문의 초록 일부가 세 줄 정도 요약되어 있습니다. 이를 통해 논문의 주요 내용을 간략히 파악할 수 있습니다.
4. 인용 횟수: 파란색으로 표시된 맨 아랫줄에서 'Cited by 1577'이라는 수치는 해당 논문이 발표된 이후 다른 연구자들이 1,577번 인용했다는 것을 의미합니다. 이 수치는 논문의 중요도와 영향력을 가늠하는 데 유용한 지표가 됩니다.

인용 횟수로 논문 평가하기

구글 스칼라는 검색 결과를 중요도와 관련성에 따라 정렬합니다. 인용 횟수가 많을수록 해당 논문이 주제와 관련성이 높거나 영향력이 큰 논문일 가능성이 높습니다.

1. 1,000번 이상 인용된 논문: 해당 분야에서 매우 중요한 논문으로 간주됩니다.
2. 100번 이상 인용된 논문: 대부분의 연구자가 알고 있는 핵심 논문입니다.
3. 30번 이상 인용된 논문: 꽤 주목받는 논문입니다.

이 수치들은 절대적인 기준이 아니며 논문의 발표 시점에 따라 다르게 해석해야 합니다. 최근 발표된 논문은 인용 횟수가 적을 수 있으나 시간이 지나면서 점점 늘어날 수도 있습니다.

유용한 기능들

그밖에 유용한 기능들로는 인용 논문 보기, 연도별 정리하기, 관련 논문 찾기를 들 수 있습니다. 각 논문의 맨 아랫줄에 표시된 'Cited by'를 클릭하면 해당 논문을 인용한 모든 논문 목록이 표시됩니다. 이를 통해 특정 논문이 이후 연구에 어떤 영향을 미쳤는지 확인할 수 있습니다. 검색 화면 왼쪽에서 논문 검색 범위를 연도별로 설정할 수 있습니다. 예를 들어 '2011년 이후' 또는 '2014년 이후'와 같이 설정해 최신 논문에 초점을 맞출 수 있습니다. 각 논문의 맨 아랫줄에 표시된 'Related articles'를 클릭하면 검색한 논문과 주제가 유사한 논문들을 추천받을 수 있습니다.

그림 47은 웹 오브 사이언스 사이트에서 똑같은 키워드로 검색

그림 47. 웹 오브 사이언스 검색 결과

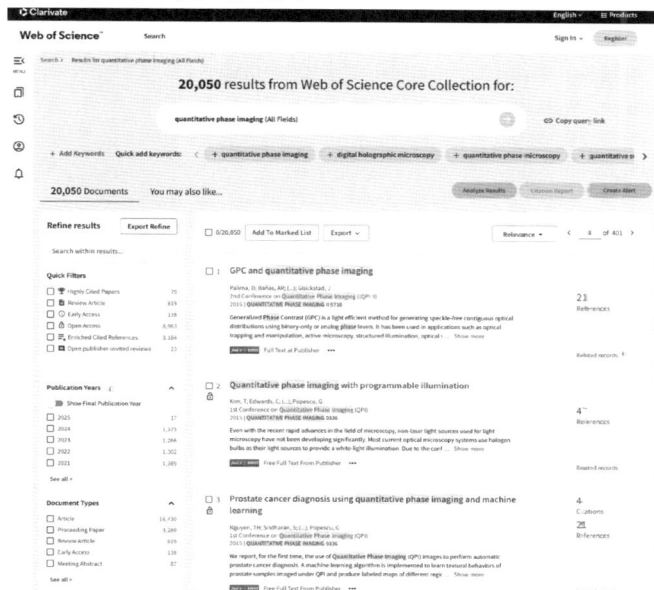

했을 때 나온 검색 결과 화면입니다. 디자인은 구글 스칼라와 약간 다르지만 내용은 비슷합니다. 제목, 저자, 게재된 학술지 등이 정리되어 있습니다.

3
문헌 검색의 혁신: 인용 맵핑 도구와 인공지능 기반 접근법

최근에는 구글 스칼라와 같은 전통적인 키워드 검색뿐만 아니라 인용 맵핑 및 인공지능 기반 도구를 활용하여 문헌 검색의 효율성을 극대화하는 다양한 도구들이 등장하고 있습니다. 여기서는 대표적인 인용 맵핑 도구인 '커넥티드 페이퍼스Connected Papers' '리트맵스Litmaps' '언더마인드Undermind'를 통해 문헌 검색을 혁신적으로 접근하는 방법을 소개합니다.

인용 맵핑이란?

인용 맵핑citation mapping은 논문 간의 인용 관계와 유사성을 시각적으로 보여줌으로써 학술 문헌을 탐색하고 연구 동향을 이해하며 핵심 논문과 저자를 식별할 수 있도록 돕는 기술입니다. 인용 맵핑을 통해 연구 주제의 발전 과정을 한눈에 파악할 수 있습니다. 인용 맵핑 도구에 핵심 논문seed papers을 입력하면 이와 관련된 논문들을 시각적 맵으로 나타냅니다. 논문들은 직접적인 인용 관계, 공동

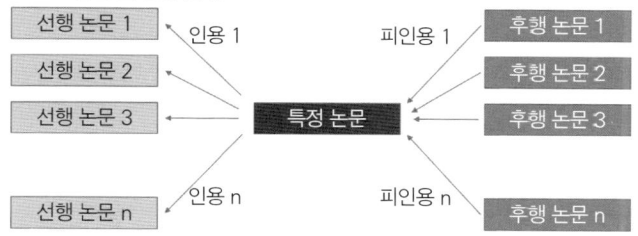

그림 48. 논문 간 인용 관계도

인용co-citation, 서지결합bibliographic coupling 기반으로 연결됩니다.

그림 48은 논문 간 관계를 나타낸 것입니다. 여러분이 관심을 가지고 찾은 하나의 논문을 생각해봅시다. 그 논문에서 인용한 선행 논문들이 여러 개가 있겠죠. 논문의 참고문헌Reference에 선행 논문들이 잘 정리되어 있을 것입니다.

이 논문이 출판된 뒤 시간이 흐르면 이 논문을 인용한 많은 후행 논문들이 생겨납니다. 피인용 횟수가 많아질수록 파급을 크게 끼친 논문이라고 생각할 수 있습니다. 또 어떤 후행 논문을 읽어보면 그 논문에 인용한 수많은 선행 논문이 있을 것입니다. 이렇게 논문 간에는 복잡한 지도가 그려집니다. 과거에는 연구자들이 논문을 하나하나 검색해가면서 머릿속에 논문 간 인용 관계도를 직접 그려야 했었는데 최근에는 기술 발달로 다양한 인용 맵핑을 해주는 서비스들이 등장했습니다.

주요 인용 맵핑 도구

대표적인 맵핑 도구로는 커넥티드 페이퍼스, 리트맵스, 언더마인드가 있습니다. 각 도구의 특징은 다음과 같습니다.

1. 커넥티드 페이퍼스Connected Papers

사용이 간단하면서도 강력한 시각화 도구입니다. 하나의 논문(핵심 논문)이나 연구 주제를 입력하면 해당 논문과 유사한 논문들의 네트워크를 생성합니다.

- 노드 크기: 인용 횟수를 나타냅니다. 크기가 클수록 인용 횟수가 많습니다.
- 맵 구조
- 노드node: 각 노드는 논문 하나를 의미합니다.
- 노드 색상: 논문의 출판연도를 나타냅니다. 색이 어두울수록 최근 논문입니다.
- 주요 기능
- 선행 연구Prior works: 그래프 내에서 가장 많이 참조된 논문(선행 연구)
- 후속 연구Derivative works: 그래프 내에서 가장 많이 인용된 논문(후속 연구)

2. 리트맵스Litmaps

커넥티드 페이퍼스와 비슷하지만 보다 세부적인 분석 기능과 맞춤형 옵션을 제공합니다.

- 특징
- 논문들을 타임라인으로 시각화하여 연구의 시간적 흐름을 이해할 수 있습니다.
- 노드 크기와 위치를 개인 맞춤화하여 인용 횟수나 참고문헌 수 등 다양한 정보를 표시할 수 있습니다.

3. 언더마인드Undermind

대규모 언어 모델LLMs과 같은 최신 인공지능 기술과 인용 맵핑을 결합한 강력한 도구로 깊이 있는 문헌 검색을 지원합니다. 방대한 논문 데이터와 인공지능 기반 분석을 통해 연구 주제와 관련된 핵심 논문뿐만 아니라 연구 공백을 신속하게

그림 49. 커넥티드 페이퍼스를 이용한 인용 맵핑 검색 결과 화면

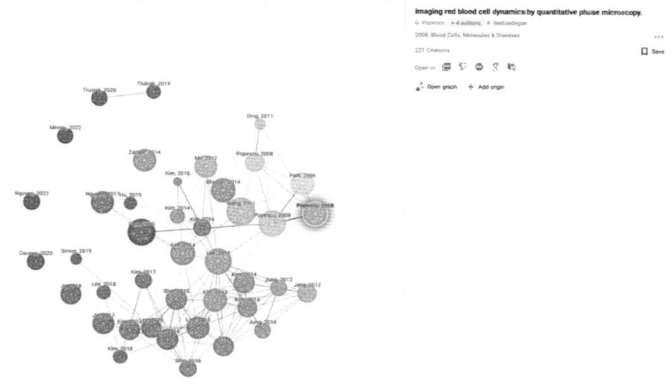

파악할 수 있도록 도와줍니다.
- 특징
- 하나의 상세한 질문을 입력하면 주제와 관련된 논문 100개를 초기에 제안합니다.
- 논문들을 'topic match score(주제 일치 점수)'를 기준으로 정렬합니다.
- 시각화한 맵에서 논문의 'relative citation influence(상대적 인용 영향력)'을 확인할 수 있습니다.

그림 49는 커넥티드 페이퍼스 앱에서 'Quantitative Phase Imaging in biomedicine, Nature Photonics, 2018'을 중심으로 인용 매핑을 생성한 화면입니다.

리뷰 논문: 새로운 분야를 탐구하는 효율적인 길잡이

연구를 시작하거나 새로운 분야를 탐구할 때 리뷰 논문Review Paper은 방대한 정보를 빠르고 효율적으로 정리할 수 있는 도구입니다. 특히 이미 충분히 확립된 분야established field에서는 개별 논

문을 하나씩 찾아보려면 시간과 노력이 많이 듭니다. 이럴 때 한 분야를 종합적으로 요약한 리뷰 논문은 시간을 절약하고 연구 동향을 한눈에 파악할 수 있는 훌륭한 가이드가 되어 줍니다.

리뷰 논문은 특정 주제에 대해 기존 연구를 정리하고 연구 동향과 발전 방향을 제시하는 종합적인 자료입니다. 일반 학술지에서 '리뷰' 형식으로 출판되기도 하고 리뷰 전문 학술지에 게재되는 경우도 있습니다. 『네이처 리뷰Nature Reviews』시리즈와 『애뉴얼 리뷰Annual Reviews』시리즈, 『트렌즈Trends』시리즈, 『커런트 오피니언Current Opinion』시리즈 같은 리뷰 전문 학술지에 논문을 게재한다는 것은 그 분야에서 대가로 인정받은 것으로 굉장히 명예로운 일이 될 뿐더러 이런 리뷰 논문들은 그 분야를 집대성한 자료가 됩니다.

『네이처 리뷰』와 『애뉴얼 리뷰』 같은 전 분야를 다루는 학술지 외에도 각 분야별로 세부적인 리뷰 학술지와 잡지들이 존재합니다. 예를 들면 물리학에서는 『피직스 투데이Physics Today』『현대물리총설Review of Modern physics』『피직스 리포트Physics Reports』가 있고, 재료공학에서는 『머트리얼스 투데이Materials Today』『재료연구학회 회보MRS Bulletin』 등이 있습니다. 이런 매체들은 특정 주제의 리뷰 논문뿐만 아니라 대중과 연구자 간의 연결을 위한 최신 연구 동향을 다루기도 합니다.

리뷰 논문은 단순히 논문들을 요약한 자료가 아니라 연구의 큰 그림을 이해하고 학문적 맥락을 파악하는 데 필요한 중요한 자료입니다. 새로운 분야에 대한 연구를 시작하거나 특정 주제의 발전 방향을 살펴보고 싶다면 리뷰 논문과 리뷰 학술지를 활용해보세요. 시간을 절약하면서 더 깊이 있는 연구를 진행할 수 있을 것입니다.

4
서지 관리 소프트웨어의 활용
: 엔드노트로 쉽게 논문 작성하기

학술 논문을 작성하면서 가장 고된 작업 중 하나는 참고문헌을 정리하는 일입니다. 과거에는 이 모든 것을 손으로 일일이 입력해야 했습니다. 이제는 그럴 필요가 없습니다. 이런 번거로운 작업을 대신해주는 다양한 서지 관리 소프트웨어들이 있습니다. 그중에서도 엔드노트와 구글 스칼라는 특히 유용한 도구 조합입니다.

왜 서지 관리 소프트웨어를 써야 할까?

논문을 작성하다 보면 다양한 연구 논문을 참고하고 그중 중요한 것들을 인용해야 합니다. 문제는 학술지마다 요구하는 인용 형식이 다 다르다는 점입니다. 한 학술지에서 제출한 논문이 거절된 후 다른 학술지에 제출하려면 참고문헌 형식을 새로 맞춰야 하는데 이 작업이 꽤 번거롭습니다. 또는 수작업으로 인용 자료를 다 입력했다고 합시다. 그런데 논문 최종 검토 작업에서 중간에 새로운 인용을 추가할 일이 발생하면 모든 서지 정보를 하나하나 수정해야 합니다. 매우 피곤한 작업이죠. 엔드노트Endnote와 같은 서지 관리 소프트웨어를 사용하면 이런 수고를 덜 수 있습니다. 클릭 몇 번으로 참고문헌 형식을 원하는 학술지에 맞춰 자동으로 변경할 수 있고 새로운 문헌을 추가할 수 있습니다. 엔드노트와 검색 엔진을 연결하는 방법은 다음과 같습니다.

1. 엔드노트 설치하기

엔드노트 홈페이지(endnote.com)에서 프로그램을 다운로드해서 설치합니다. 기관에서 라이선스를 제공하는 경우 기관 안내를 통해 프로그램을 설치합니다. 카이스트는 도서관 홈페이지 (library.kaist.ac.kr)의 전자자료-데이터베이스에서 프로그램을 다운로드할 수 있습니다.

2. 구글 스칼라와 연동하기

엔드노트에 참고문헌을 추가하는 가장 간단한 방법은 구글 스칼라를 활용하는 것입니다(그림 50). 구글 스칼라(scholar.google.com)에 접속하여 상단 메뉴에서 'More(더보기)'를 클릭하고 'Settings(설정)'를 선택합니다. 설정 화면에서 'Search results(검색 결과)' 항목을 클릭하여 기본 서지 관리 도구를 엔드노트로 설정하고 저장 버튼을 누릅니다.

그림 50. 구글 스칼라와 엔드노트 연동하기

논문 검색하고 가져오기

구글 스칼라에서 인용하고 싶은 논문을 검색한 다음 논문 옆의 'Import into Endnote(엔드노트로 불러오기)' 버튼을 클릭하면 해당 논문의 서지 정보가 자동으로 엔드노트로 전송됩니다(그림 51).

그림 51. 엔드노트로 논문 검색 결과 불러오기

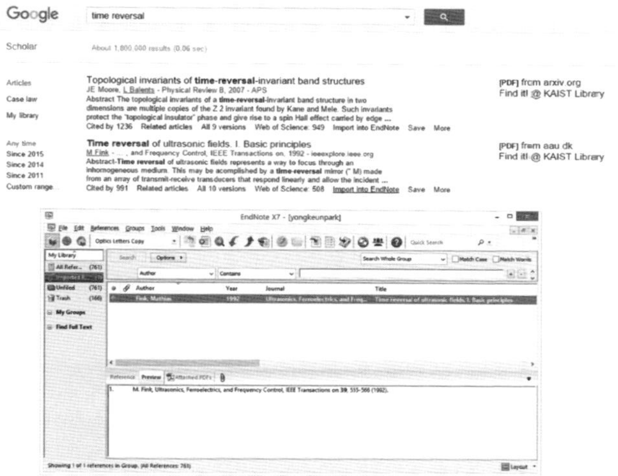

워드와 엔드노트 연동하기

논문 작성 중에 인용을 추가하는 방법은 다음과 같습니다.

1. 워드에서 엔드노트 탭이 생성된 것을 확인합니다.
2. 인용을 추가하려는 위치에 커서를 놓고 엔드노트 탭에서 'Insert Citation(인용 삽입하기)'를 클릭합니다(그림 52).
3. 인용하려는 논문을 선택하면 해당 참고문헌이 자동으로 추가됩니다.
4. 참고문헌 리스트도 자동으로 생성되며 인용 번호 역시 자동으로 업데이트됩니다.

그림 52. 워드에서 엔드노트 연동하기

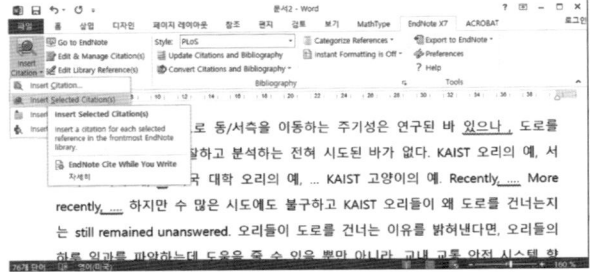

1. Fink M. Time reversal of ultrasonic fields. I. Basic principles. Ultrasonics, Ferroelectrics, and Frequency Control, IEEE Transactions on. 1992;39(5):555-66.

참고문헌 형식 변경하기

엔드노트의 가장 큰 장점 중 하나는 참고문헌 형식을 클릭 한 번으로 변경할 수 있다는 점입니다. 예를 들어 『네이처 메디신Nature Medicine』 스타일로 설정된 참고문헌을 다른 학술지 형식으로 바꾸고 싶다면 엔드노트 탭에서 해당 학술지를 선택하기만 하면 됩니다(그림 53). 번호 매기기 역시 자동으로 관리되므로 인용 위치를 변경해도 일일이 번호를 수정할 필요가 없습니다.

실습을 권장합니다! 이 글을 읽고 '좋은 툴이네!'라고 하면서 넘겨버리면 금방 잊어버립니다. 엔드노트를 직접 설치하고 구글 스칼라에서 논문을 불러와 인용 추가까지 해보세요. 한 번만 실습해도 엔드노트의 편리함을 체감할 수 있을 것입니다.

저도 대학원생 때 처음으로 엔드노트 사용법 강의를 들었습니다. 강의를 들을 땐 '그래, 이 정도면 할 수 있겠는데?'라며 자신만만했지만 막상 일주일이 지나니 머릿속에 남은 게 없더군요. 다 잊

그림 53. 참고문헌 형식 변경하기

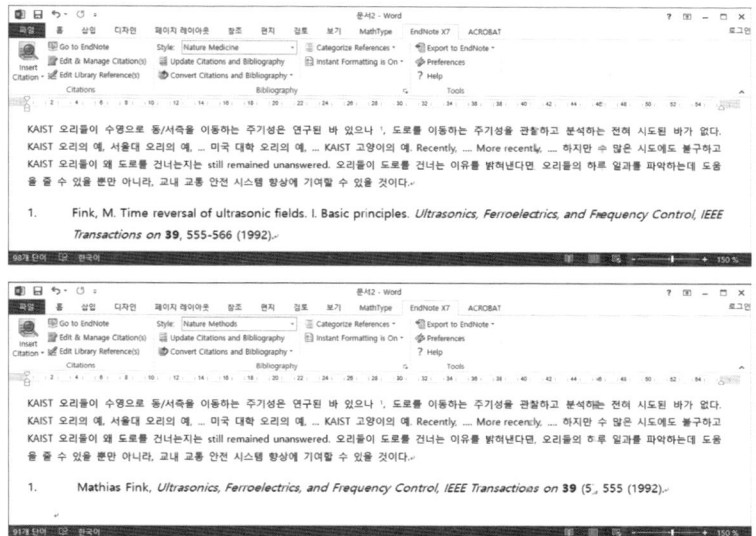

어버렸습니다. 그래서 이 장을 읽고 있는 지금 바로 엔드노트를 다운로드하고 실습해볼 것을 권유합니다. 한 번만 손으로 직접 해보면 체화되어 잊어버리지 않습니다.

이번 장에서는 참고문헌을 어떻게 검색하고 엔드노트와 같은 서지 관리 소프트웨어를 활용해 효율적으로 인용 작업을 할 수 있는지에 대해 구체적으로 알아보았습니다. 최근에는 엔드노트와 비슷한 다양한 서지 관리 소프트웨어들이 출시되었습니다. 조테로Zotero, 멘델레이Mendeley, 페이퍼파일Paperpile, 리드큐브ReadCube 등이 있으니 본인에게 맞는 소프트웨어를 취사선택하시면 되겠습니다. 다음 장에서는 논문의 제출 과정과 대응 전략에 대해 다루겠습니다.

11장

투고와 심사 결과 대응하기
: 논문의 가치와 정확성을 높이는 시스템 이해

학문적 연구 성과를 공식적으로 인정받는 가장 대표적인 방법은 학술지에 논문을 게재하는 것입니다. 그러나 '좋은 연구 결과'가 곧바로 '좋은 논문'을 의미하는 것은 아닙니다. 논문 투고 이후에는 전문 심사위원들이 그 연구 결과를 철저히 검증하고 학문적으로 의미가 있는지 평가하는 과정을 거쳐야 하죠. 이를 '동료 평가Peer Review'라고 부릅니다.

동료 평가는 그 분야를 잘 아는 동료 연구자들이 논문의 가치와 정확성을 평가하는 제도입니다. 만약 검증되지 않은 연구 결과가 무분별하게 공개된다면 학계에 혼란이 생길 수 있으므로 여러 전문가의 면밀한 평가가 반드시 필요합니다. 이 장에서는 논문을 준비하고 투고한 뒤 동료 평가 과정을 거쳐 최종적으로 게재하기까지의 전반적인 과정을 살펴보겠습니다.

1
동료 평가 시스템의 이해

동료 평가 시스템은 일반적으로 다음 단계로 진행합니다(그림 54).

그림 54. 동료 평가 과정

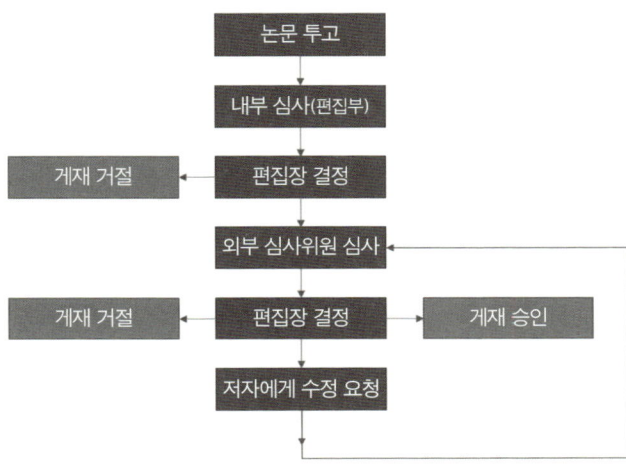

1. 논문 투고 결정
- 학술지 선택: 연구자는 어떤 학술지에 논문을 투고할지 결정해야 합니다. 이 과정은 연구 책임자(지도교수 등)와 충분히 상의하는 경우가 많습니다.
- 온라인 투고: 과거에는 인쇄본을 우편으로 보냈지만 현재는 대부분 온라인 시스템을 통해 쉽게 논문을 제출할 수 있습니다.
- 중복 투고 금지: 가장 중요한 윤리 규정 중 하나는 '동시에 여러 학술지에 같은 논문을 제출해서는 안 된다.'라는 점입니다. 투고한 학술지에서 거절된다면 다른 학술지에 투고할 수 있습니다. 이를 어기면 학계 신뢰도에 심각한 손상을 입게 되니 유의해야 합니다.
- 초기 심사 (편집부 검토)
  - 서류 검토: 제출한 서류들의 기본적인 요건을 검토합니다.
  - 편집자의 1차 평가: 투고된 논문은 우선 학술지의 편집자가 형식과 주제 범위의 적합성을 확인합니다.
  - 즉시 거절·수정: 이 단계에서 문제가 발견되면 바로 거절되거나 간단한 수정 요청을 받게 됩니다.

2. 심사위원 선정
- 분야 전문가 위촉: 초기 검토를 통과하면 편집자가 해당 분야의 전문가를 심사위원으로 지정합니다.
- 커버 레터 활용: 저자는 커버 레터cover letter를 통해 심사위원을 추천하거나 배제를 요청할 수 있습니다. 단 이해충돌 관계가 있거나 전문성이 부족한 인물을 제안하면 저자 신뢰도가 떨어질 수 있으므로 주의해야 합니다.

3. 본 심사(동료 평가)
- 심사 기간: 보통 두세 명의 심사위원이 3주~3개월 정도에 걸

쳐 논문을 평가합니다.
- 평가 요소: 연구의 독창성, 결과의 타당성, 학문적 기여도 등을 종합적으로 검토하고 편집자에게 의견서를 제출합니다.
- 심사 결과: 심사위원들이 서로 다른 의견을 내면 편집자는 '수정 후 재심사'를 권고하거나 논문 게재 여부를 결정하게 됩니다.

4. 편집자의 최종 결정
- 종합 평가: 심사위원 평가 결과가 모두 도착하면 편집자는 이를 종합하여 논문을 수락할지 accept, 거절할지 reject, 혹은 수정 revision 을 요청할지 결정합니다.
- 편집자의 전문성 이슈: 편집자는 논문 관리와 최종 결정을 내리는 역할을 합니다. 하지만 반드시 해당 분야의 전문가는 아닐 수 있으므로 심사위원 의견에 크게 의존합니다.
- 긍정 혹은 부정 평가: 예를 들어 심사위원 A, B, C 모두 긍정적이면 편집자는 즉시 출판 결정을 내리기도 합니다. 반면 한 명이라도 부정적 의견을 내거나 영향력이 부족하다고 판단하면 거절하거나 수정 요청을 할 수 있습니다. 수정 요청을 받은 저자는 지적된 부분을 보완하여 다시 제출해야 합니다.

5. 수정 후 재심사
- 재투고 평가: 편집자는 다시 투고된 논문을 보고 심사위원의 지적 사항이 잘 해결되었는지 판단합니다. 충분히 해결되었다면 수락하고 그렇지 않다면 거절합니다. 많은 경우 편집자는 심사위원들에게 수정된 논문을 다시 보내어 재심사를 요청합니다. 심사위원들은 논문을 재심사하고 편집자는 그 의견을 바탕으로 최종 결정을 내립니다.
- 여러 차례 반복 가능: 때로는 3회 이상의 수정 요청을 하는 경우도 있습니다. 특히 『네이처』와 같은 영향력 높은 학술지일수

록 수정 요구가 까다롭습니다. 하지만 논문이 매우 잘 작성되었다면 추가 수정 없이 바로 게재되기도 합니다.

이런 일련의 과정을 통틀어 '동료 평가 시스템'이라고 부릅니다. 이 시스템에서 편집자가 어떤 심사위원을 선정하느냐에 따라 심사 결과가 크게 달라질 수 있습니다. 따라서 논문을 전략적으로 작성하여 편집자가 우호적인 심사위원을 선택하도록 유도하는 것도 중요한 전략입니다.

블라인드 리뷰 시스템

동료 평가에서 또 하나 중요한 요소는 '블라인드 리뷰 시스템 Blind Review System'입니다. 대다수의 학술지는 심사 과정에서 심사위원의 신원을 비밀에 부치는 방식을 채택합니다. 두 가지 이유 때문입니다. 첫 번째는 객관성 강화입니다. 심사위원이 익명성을 보장받으면 논문에 대해 보다 솔직하고 객관적인 평가를 내릴 수 있습니다. 두 번째는 부정적 영향 방지입니다. 심사위원 이름이 공개될 경우 부정적인 의견을 솔직히 제시하기 어려워지므로 학문적 교류가 왜곡될 수 있습니다.

편집자의 역할

편집자는 논문 심사 과정에서 중심적인 위치를 차지합니다. 편집자는 대개 다음 두 유형 중 하나로 운영됩니다. 첫 번째 유형은 교수(연구자) 겸임 편집자입니다. 대부분의 학술지는 해당 분야의 교수나 연구진이 창간하여 편집자 업무를 병행합니다. 그들은 해당 분야에 대한 깊이 있는 지식을 갖춘 상태에서 논문을 관리하기 때문에 전문성이 뛰어납니다. 하지만 연구와 강의 등 다른 일정과 병행해야 하므로 신속한 처리에 어려움을 겪기도 합니다. 두 번째 유형은 전업 편집자입니다.『네이처』와 그 자매지처럼 전업 편집자들이 논문을 편집하는 학술지도 있습니다. 이들은 보통 해당 분야에서 박사학위를 받은 뒤 연구가 아니라 논문 편집에만 집중합니다. 이 시스템에서는 편집자들이 충분한 시간을 갖고 논문을 관리하기 때문에 프로세스가 더 체계적일 가능성이 높습니다.

실제로는 이 두 유형이 혼합된 형태로 운영되는 경우가 많습니다. 어느 쪽이 더 낫다고 단정하긴 어렵습니다. 자신이 투고한 학술지의 편집자가 어떤 유형인지 파악해두면 심사 과정이나 소통 전략을 세우는 데 도움이 됩니다.

2
논문 투고 전 준비할 것들

저자 결정하기

논문이 완성된 후 맨 먼저 해야 할 일 중 하나는 저자를 최종 확정하는 것입니다. 보통 지도교수나 책임연구자가 저자 배열을 결정합니다. 대학원생이나 참여 연구자도 자신의 기여도를 논리적으로 어필하고 상의할 수 있습니다.

1저자First Author는 연구의 대부분(주로 90% 이상)에 기여했음을 인정받는 사람으로 실험과 분석, 논문 작성까지 책임지는 핵심 인물입니다. 교신저자Corresponding Author(혹은 시니어 저자)는 연구를 대표하고 전체 과정을 책임지는 인물로 보통 저자 목록의 마지막에 위치합니다. 그 외 저자는 연구에 일정 부분 기여했지만 1저자와 교신저자가 가장 큰 공헌과 책임을 갖고 있는 경우가 대부분입니다.

공저자 선정의 기본 원칙

공저자로 포함되려면 의미 있는 기여를 해야 합니다. 명확한 공식 규정이 있는 것은 아닙니다. 연구 수행과 논문 작성 과정에 중요한 역할을 한 사람들만 공저자로 포함하는 것이 일반적인 원칙입니다. 단순한 도움은 사사Acknowledgements로 처리합니다. 예를 들어 시편만 제공했거나 데이터 분석 과정에서 최소한의 도움만 준 경우에는 공저자로 포함하기보다는 사사에 감사 표현을 하는 정도가 적절합니다. 친분이 있다고 해서 실적을 만들어주려는 목적으로 논문 공저자에 이름을 올리는 것은 연구 윤리에 어긋납니다.

공저자 선정 시 고려할 사항

제가 개인적으로 적용하고 있는 원칙은 두 가지입니다.

1. 논문 내용을 충분히 설명할 수 있다.
2. 연구에 충분한 시간과 노력을 투입했다.

먼저 논문 내용을 충분히 설명할 수 있어야 합니다. 공저자가 될 정도로 기여했다면 그 논문을 다른 사람에게 처음부터 끝까지 설명할 수 있어야 합니다. 이 정도 이해도가 없다면 해당 연구에 충분한 기여를 했다고 보기 어렵습니다.

다음으로 연구에 충분한 시간과 노력을 투입해야 합니다. 제 경우에는 단순히 '논문에 들어간 데이터 비중'만으로 기여도를 평가하지 않습니다. 연구에 투입한 '시간과 노력'을 평가해 공저자 여부를 결정합니다. 예를 들어 A라는 기술 개발을 시도하기 위해 공동연구자 X와 협력했다고 합시다. X가 헌신적으로 시간을 투자했지만 결과적으로 A 기술은 구현이 어렵다는 사실만 확인하고 끝납니다. 그 후 B라는 새로운 기술을 개발하여 논문이 완성됩니다. 정작 B 기술 자체에는 X가 기여하지 않았다고 해도 X의 노력 덕분에 B

기술이 탄생했다면 X를 공저자로 포함합니다.

프로젝트를 위해 충분한 시간과 노력을 들였고 결과적으로 프로젝트의 성공(또는 방향 전환)에 크게 기여했기 때문입니다. 논문 결과물에 직접 반영되지 않은 시행착오나 부정실험도 연구 과정에서 매우 중요한 자산이 될 수 있으므로 그 기여를 정당하게 인정하는 것이 바람직하다고 생각합니다.

위와 같은 원칙을 준수하면 공정하고 합리적으로 저자를 결정할 수 있습니다. 무엇보다 중요한 점은 모든 참여자가 자신이 기여한 범위를 명확히 이해하고 공유하는 것입니다. 이를 위해 논문 작성 초기부터 지도교수 또는 책임연구자와 꾸준히 소통해야 합니다. 또한 사사로 감사해야 할 대상을 구분하는 것도 연구 윤리와 투명성을 지키는 방법입니다.

커버 레터 작성하기

대다수 학술지에서는 논문과 함께 간단한 커버 레터cover letter 제출을 요구하는데 다음과 같은 목적이 있습니다.

첫째, 논문의 핵심 내용과 중요성을 요약합니다. 핵심 내용(What)은 이 논문에서 다루는 연구 주제와 주요 결과를 압축적으로 정리합니다. 중요성(Why)은 해당 연구가 왜 중요한지, 왜 투고하려는 학술지에 적합한지를 강조합니다.

둘째, 주제 범위에 부합하는지 여부를 제시합니다. 각 학술지는 특화된 연구 분야와 목표를 갖고 있습니다. 따라서 논문이 해당 주제 범위scope에 적절히 부합한다는 사실을 밝히는 것이 좋습니다.

셋째, 심사위원의 추천 또는 배제를 요청합니다. 추천reviewers to include은 해당 분야에서 전문성을 갖춘 연구자 또는 논문이 인용한 문헌의 저자 등을 제안할 수 있습니다. 배제reviewers to exclude는 경쟁관계에 있거나 이해관계가 얽혀 객관성을 잃을 가능성이 있는 연구자를 명시할 수 있습니다.

심사위원을 추천할 때는 그 분야의 전문가를 추천하기 바랍니다. 이해관계가 있는 심사위원을 추천하면 여러분의 신뢰를 손상할 수 있습니다. 최근 공동연구를 했던 동료, 같은 기관에 속한 동료, 얼마 전 지도를 받았던 학위 지도교수님 등은 제외하는 것이 맞습니다. 그리고 다양한 지역과 국가의 전문가를 두루 추천해서 다양성을 확보하는 것이 좋습니다. 또한 논문에서 인용한 참고문헌의 저자들 중에 전문가를 추천하는 것이 좋습니다. 그 논문 분야의 전문가이고 관련 연구를 했다면 여러분이 쓴 논문에서 인용되어 있어야겠죠.

심사위원을 추천할 때는 그 분야에서 제일 영향력 있는 연구자들을 고려하세요. 일단 여러분이 훌륭한 연구를 하고 논문을 잘 쓴 다음에는 제일 잘하는 연구자에게 연구를 소개해야 합니다. 그러면 저명한 심사위원들이 여러분의 논문을 읽고 좋은 인상을 받게 됩니다. 두세 번 그런 좋은 인상을 주고 나면 여러분의 존재가 그들에게 인상적으로 박혀 긍정적인 학술 네트워크를 형성하게 됩니다. 이를 통해 주요 국제 학회에서 발표를 해달라고 초청받게 되고 교수 채용, 승진, 수상 추천 등 다양한 기회를 얻게 됩니다. 국제 학회에 참석해서 복도에서 만나 악수한다고 해서, 네트워킹 식사 자리에서 같이 이야기했다고 해서 되는 것이 아닙니다. 본질에 집중하고 정면 승부하세요.

커버 레터는 편집자가 가장 먼저 읽는 문서이므로 간결하면서도 설득력 있게 작성하는 것이 중요합니다. 편집자는 바쁜 일정 속에서 많은 논문을 처리해야 하므로 저자가 제안하는 심사위원 추천 목록을 상당 부분 활용하는 경우도 자주 있습니다.

다음은 제가 최근에 사용했던 커버 레터입니다.

14 November 2022

Dear Editor:

We are submitting a paper entitled 'Single-shot stand-alone holographic camera using reciprocal diffractive imaging' by Oh et al. for consideration to be published in Nature Communications.

Holographic image sensors provide volumetric information about a 3D object by measuring the complex amplitude. This unique capability of holographic cameras is utilized in various fields. However, interferometry introducing an additional reference arm makes the acquisition of an optical field vulnerable to ambient noise or air turbulence and requires a bulky setup. This hindrance to the stable recovery of a light field inspires the need for a reference-free holographic modality, leading to the development of unhackneyed imaging systems.

Although various non-interferometric holographic methods have been developed, in many cases, special assumptions were made for an imaging sample or illumination, such as conventional coherent diffractive imaging, differential phase contrast microscopy, and a transport intensity equation method. In particular, the weak scattering assumption has hindered the application of a holographic camera for diffusive samples.

On the other hand, the proposed holographic camera can image strongly scattering samples from a simple configuration using the reciprocal version of coherent diffractive imaging. Reciprocal coherent diffractive imaging does not impose restrictions on a diffusive sample and does not cause missing information in the vicinity of the DC term, unlike conventional coherent diffractive imaging. In this paper, we demonstrate the proposed method for diffusive objects that have optically rough surfaces in reflection geometry.

Via the proposed method, we envision that the stand-alone holographic camera will be utilized in vividly capturing our real life. We believe the paper merits consideration and publication in Nature Communications.

Suggested Reviewers to include:

Prof. XXX XXX (Massachusetts Institute of Technology, USA, XXX@mit.edu).

Prof. XXX XXX (Harvard University, USA, XXX@harvard.edu).

We look forward to hearing from you.

Sincerely,
YongKeun (Paul) Park
On behalf of the authors

3
동료 평가 심사 후 대응하기

심사 결과의 유형

동료 평가를 거친 논문은 보통 다섯 가지 결정으로 귀결됩니다.

1. 수정 없이 게재Accept without revision: 매우 드물게, 논문이 거의 완벽하다고 판단될 때 즉시 게재가 결정됩니다.
2. 소폭 수정 후 게재 가능Minor revision: 사소한 오류 수정이나 간단한 보완만 진행하면 최종 게재가 가능하다는 의미입니다.
3. 재심사 후 게재 재검토Major revision: 문제 제기가 많아 좀 더 많은 수정이 필요합니다. 수정된 논문은 다시 심사위원들의 검토를 거칩니다.
4. 거절Rejection: 연구 내용이 학술지의 주제 범위에 맞지 않거나 데이터 해석이 부정확하거나 혹은 논문의 기여도가 부족하다고 판단될 경우 거절됩니다.
5. 투고 철회Withdrawal: 저자가 자진 철회를 요청하는 경우로 상

대적으로 드문 편입니다.

수정하고 반박자료 작성하기

심사위원들의 코멘트를 반영해 수정한 논문을 다시 제출할 때는 보통 다음 자료를 함께 준비합니다.

1. 수정한 커버 레터(새 버전)
2. 반박자료Rebuttal 또는 대응자료Response
3. 수정본 논문Revised Manuscript

수정한 커버 레터에는 편집자를 향해 '귀중한 심사를 해주어 감사하다.'라는 인사를 전하고 전체적인 수정 사항의 핵심을 간략히 요약합니다.

반박자료 또는 대응자료는 심사위원 코멘트에 대한 저자의 답변을 포인트별로 작성합니다. 가능한 한 겸손하고 성실한 태도로 응대하는 것이 중요합니다. 심사위원이 오해했다 싶을 때도 바로 '심사위원의 지식이 부족하다.'라는 식으로 쓰지 말고 객관적인 자료와 인용을 제시하여 편집자가 합리적으로 판단하게끔 유도해야 합니다.

수정본 논문은 어떤 부분을 어떻게 고쳤는지 직관적으로 확인할 수 있도록 변경 추적 기능을 사용하거나 강조 표시(하이라이트)를 활용합니다. 단 본문 수정은 최소화하는 것이 좋습니다. 수정 사항이 많아질수록 편집자와 심사위원에게 '초고 자체에 결함이 많았구나.'라는 인상을 줄 수 있습니다. 반박서신rebuttal letter은 최대한 자세히 근거 자료를 가지고 설명하되 본문 수정은 최소화 하는 것을 추천합니다.

심사위원 코멘트에 응답하는 요령

먼저 답변은 핵심부터 명확히 제시하세요. 예를 들어 '동의합니다We agree.' 또는 '제안한 대로 저희가 XXX를 개정했습니다As suggested, we revised XXX.'와 같이 답변하고자 하는 모든 내용의 핵심을 먼저 언급한 후 필요하면 세부적인 설명을 덧붙입니다.

둘째, 인용을 충분히 활용합니다. 기존에 출판된 논문이나 교과서를 근거로 제시하면 설득력이 높아집니다. 객관적인 자료를 활용해 답변을 구성하면 심사위원이 더 쉽게 수긍합니다.

셋째, 심사위원 간 의견 차이를 전략적으로 활용합니다. 심사위원들이 상반된 의견을 제시할 때 서로 다른 심사위원의 코멘트를 활용해 설득하는 것도 효과적인 전략입니다. 예를 들어 한 심사위원이 '실험 데이터가 부족하다.'라고 지적했지만 다른 심사위원이 '현재 데이터만으로 충분하다.'라고 언급한 경우 후자의 의견을 근거로 논리적으로 답변할 수 있습니다.

넷째, 감정적인 대응은 금물입니다. 심사위원이 잘못된 정보를 바탕으로 비판하더라도 감정적인 표현은 절대 피해야 합니다. 대학원 후반에 논문의 교신저자로 활동하기 시작했을 때 경험 부족으로 큰 실수를 한 적이 있습니다. 한 논문을 제출한 후 결과를 받았는데 다행히도 소폭 수정minor revision이었습니다. 어렵지 않게 논문이 받아들여질 것으로 생각했습니다. 그러나 심사위원의 코멘트 중 하나를 확인하는 과정에서 문제가 생겼습니다. 해당 심사위원이 특정 개념을 잘못 이해하고 있다는 것을 발견했고 저는 답변에서 이렇게 대응했습니다. '심사위원님, 이렇게 말씀하셨는데 이건 당신이 개념을 잘못 알고 있는 것입니다. 실제로는 이렇게 이해하는 것이 맞습니다.' 강의하듯이 지적한 것이었습니다. 결과는 참담했습니다. 두 번째 심사에서 그 심사위원이 무려 5페이지 분량의 의견서를 제출했고 저는 그 때문에 예상보다 더 큰 고생을 해야 했습니다.

이 경험을 통해 중요한 교훈을 얻었습니다. 심사위원에게 감정적으로 대응하거나 그들의 무지를 지적하는 태도는 절대 금물이라는 것입니다. 설령 심사위원의 질문이 잘못되거나 오해에서 비롯된 것이라 해도 정중하고 겸손하게 답변해야 합니다.

'심사위원님이 틀렸습니다.'라고 하는 것은 잘못된 접근입니다. '심사위원님께서 이렇게 생각하신 점은 이해가 됩니다. 하지만 저희 연구에서 의도한 바는 이와 약간 다릅니다. 이에 대한 추가적인 설명은 다음과 같습니다.'라고 접근하는 것이 바람직합니다.

심사위원도 사람입니다. 그들의 감정을 상하게 하면 심사 과정이 불필요하게 길어질 뿐만 아니라 논문 승인까지 더 험난해질 수 있습니다. 겸손하고 논리적인 소통이야말로 논문 심사 과정을 성공적으로 마무리하는 지름길이라는 점을 명심해야 합니다.

다섯째, 심사위원의 제안은 수용하는 것이 좋습니다. 심사위원이 논문에서 수정하거나 추가하라고 제안한 사항은 반드시 따라야 합니다. 특히 참고문헌을 인용하거나 언급하라는 요청이 있을 경우 수용하세요. 심사위원이 다음과 같이 언급할 수 있습니다. '이 논문에서 관련 연구를 인용하지 않았는데 아래 논문들을 참고하세요.' 이때 심사위원이 자신의 논문을 추천할 수도 있고 다른 연구자의 논문을 언급할 수도 있습니다. 어떤 경우든 심사위원이 요청한 사항을 반영하는 것이 중요합니다. 심사위원이 추가를 권고한 논문이 인용되지 않으면 심사위원의 의견이 무시당했다고 느껴 기분이 상할 수 있습니다.

또한 심사위원이 요청한 추가 실험이나 분석은 가능한 한 모두 적극적으로 대응해야 합니다. 만일 부득이하게 수행할 수 없는 경우라면 차선책을 택해 대응하는 노력이라도 보여야 합니다. 아무런 설명 없이 의견을 무시하고 넘어가면 더 어려운 심사 과정으로 이어질 수 있습니다.

원활한 심사 과정을 위해 심사위원이 제안한 인용이나 수정 사항은 빠짐없이 반영하세요. 이러한 적극적인 대응이 논문의 최종 승인에 긍정적인 영향을 줄 수 있습니다.

여섯째, 과거 연구 논문을 활용합니다. 답변 과정에서 기존 연구 논문을 인용하면 설득력이 더욱 높아집니다. 사실 출판된 모든 논문이 완벽하게 옳은 것은 아닙니다. 잘못된 내용을 포함한 논문도 상당한 비율로 존재합니다. 하지만 동료 평가를 거쳐 출판된 논문은 학계에서 과학적 사실scientific truth로 인정받습니다. 따라서 기존에 출판된 논문을 근거로 제시하면 설득력이 크게 높아집니다. 심사위원들도 이러한 논문을 근거로 한 주장은 쉽게 반박하기 어렵습니다. 그 때문에 답변 작성 시 기존 연구를 적극적으로 활용하는 것이 효과적입니다.

수정한 커버 레터 예시

May 1, 2023

Dear Editor:

We thank you for your time and consideration of our previous submission (NCOMMS-22-47809). Thanks to the constructive comments by the reviewers, we have improved the quality of the manuscript

In the attached rebuttal letter, we address the referee comments and changed our revised manuscript according to their reports. The original referee comments are provided in black color, whereas our answers are given in blue. The appropriate changes made in the revised manuscript are highlighted. We have also taken the opportunity to make some other changes in order to refine the quality of the manuscript; these are also highlighted. We believe that these modifications have strengthened the manuscript and hope that the revised manuscript is suitable for publication in Nature Communications.

Sincerely,

YongKeun (Paul) Park
On behalf of authors.

반박자료 예시
Point-by-point response to the reviewers' comments

We thank the reviewers for their constructive comments, which were very helpful in improving our manuscript. We have addressed all the reviewers' points, and the revised sections are summarized in the table below. The original referee comments are provided in black color, whereas our responses are given in blue. The appropriate changes made in the revised manuscript are highlighted. We have also taken the opportunity to make some other changes in order to refine the quality of the manuscript; these are also highlighted.

Sections revised	
Title	Addition of the term Noninterferometric to the title
Abstract	Modification to a more appropriate word
Introduction	Discussion for related works Discussion for propagation-based diffraction tomography
Results	Elaboration on the role of the designed mask in the recording and the numerical reconstruction Explanation for the phrase 'to best fit experimental requirements' Clarification of the parameter s regarding the Fourier mask Elaboration on the process of the numerical refocusing Addition of information on the computational time and capacity in the reconstruction Addition of information on the required coherence properties of a light source Description for the spatial resolution of the optical system Revision of Fig. 2 Modification of the subtitle Addition of information on the experimental parameters Clarification of the term theoretical standard deviation
Discussion	More detailed discussion for prospective usage and possible benefits of the proposed method Explanation for the employment of the proposed method in other electromagnetic spectra
Supplement	Dissemination of the code and data

Reviewer #1 (Remarks to the Author):

The authors report about a method for single-shot holographic imaging, without a separate interferometric reference wave for hologram recording, in which the object wave is reconstructed iteratively from laser light illuminated specimens that are imaged via a non-symmetric phase mask within the Fourier plane of a 4-f telescopic imaging system onto digital image recording device. After an introduction to the underlying principles, the performance of the proposed method is illustrated by experimental results from test targets, dice, and dolls.

In general, the work is motivated organized and includes adequate references. The experimental investigations appear to be accurately performed. The presented results are plausible and novel. The authors address an important topic in digital holography: The single-shot recording, reconstruction, and refocusing of scattered wave fields / images of investigated specimens in a simplified setup without the need of an interferometric reference wave, which thus is insensitive of mechanical vibrations. The content of the manuscript may thus be of high interest for the field of digital holography and related areas such as non-destructive testing.

We sincerely appreciate the reviewer for the careful evaluation and consideration of our work.

However, the authors may consider revisions:

1. Title: An essential aspect of the proposed method seems to be that no interferometric reference wave is utilized in the experimental setup. For clarity, the authors may consider this topic in the title.

Thank you for the suggestion. We have changed the previous title to 'Non-interferometric stand-alone single-shot holographic camera using reciprocal diffractive imaging.'

2. Abstract: Line 15: Instead of 'complicated' 'complex' appears to be more appropriate.

Thank you for the comment. We have changed 'complicated' to 'complex' in the abstract.

3. Introduction: The authors should consider describing their work in relation with further work that appears to be closely related to the content of the manuscript, e.g., Nat. Commun. 7, 10820 (2016), Optica 5, 976-983 (2018), and should briefly discuss differences/similarities and advantages/limitations to the proposed singleshot concept in context of this earlier reported work.

We appreciate the reviewer for the recommendation of useful references. We would like to discuss the differences/similarities and advantages/limitations of the previous methods as follows.

(1) Nature Communications 7, 10820 (2016): This study exploits a similar idea to the paper 'Proposal for phase recovery from a single intensity distribution (doi.org/10.1364/OL.1.000010).' The authors successfully reconstructed the complex field scattered from separated objects. However, the method still has the limitations of conventional coherent diffractive imaging (CDI). The acquisition of intensity is conducted in Fourier space, which makes the reconstruction vulnerable to the signal-to-noise ratio and saturates the intensity around the DC term. Also, separated objects can be regarded as a kind of a support. Although the imaging system requires a loosened support condition for each object, the method can still image only certain types of samples corresponding to separated objects.

(2) Optica 5, 976-983 (2018): The authors conducted single-shot phase im-

aging using a lens array and the Fourier ptychographic algorithm. The method is promising and well demonstrated, but it has several disadvantages. Because the Fourier ptychographic method is used, overlapping in Fourier space (redundant data) is required, and the reconstruction is vulnerable to misalignment and only works for thin samples. Also, for the sake of imaging with a single frame, the field of view should be significantly decreased along with the requirement of redundant data. In the paper, the authors divided the camera plane into 21×21 tiles. Moreover, the method has the same pitfalls as imaging methods using a lens array: limited spatial resolution; complex configuration; requiring sophisticated manufacturing and alignment; significant aberration; crosstalk between contiguous lens elements.

We have added the recommended references and related discussion to the introduction.

(…중략…)

논문 게재 거절 시 연구자가 갖춰야 할 바람직한 태도

마무리하면 논문 작성은 단순히 '연구 결과를 정리해 적는 것'이 아니라 '내 연구를 학계에 설득하는 과정'입니다. 동료 평가 시스템에서 편집자와 심사위원은 저자의 연구 성과를 객관적으로 평가하려고 노력합니다. 하지만 그들도 결국 사람이기에 심사 태도나 기준이 서로 조금씩 다를 수 있습니다. 따라서 연구자가 갖춰야 할 바람직한 태도는 '좋은 연구 결과를 논리적이고 매력적인 글로 표현하고 피드백을 겸허하게 수용하며 발전시키는 태도'입니다.

거절되더라도 낙담할 필요가 없습니다. 지나고 보면 한 번의 거절이 인생의 큰 장애물이 되지 않습니다. 오히려 건설적인 피드백을 받아 논문을 한층 더 개선할 기회가 될 수도 있습니다. 학문적 연구는 '주어진 문제에 대한 해결 과정' 자체에서 의미를 찾을 수 있는 긴 여정이므로 투고와 심사 과정 또한 그 여정의 일부임을 기억하기 바랍니다.

논문 게재가 거절되면 내용을 보완해서 다른 학술지에 투고하면 됩니다. 이때 논문을 거절한 학술지에서 받은 심사위원의 의견은 최대한 반영하여 논문을 수정한 후 다른 학술지에 투고하는 것이 중요합니다. 어떤 연구자는 '같은 심사위원이 걸리겠어? 그냥 대충 똑같은 논문으로 제출하지 뭐.' 이렇게 생각할 수도 있습니다. 그런데 같은 심사위원이 걸립니다. 그러면 이런 심사평을 받게 되겠죠. '이 논문은 내가 얼마 전에 다른 학술지에서 심사했던 논문입니다. 그때 내가 이런저런 수정을 하라고 했었는데 하나도 수정을 안 하고 이곳에 제출했네요. 게재를 추천하지 않습니다.' 그러니 같은 심사위원이 걸린다고 가정하고 수정해서 제출하기 바랍니다.

끝으로 이번 장에 담긴 내용은 어디까지나 전형적인 논문 투고와 심사 과정을 다룬 사례일 뿐 학술지마다 규정과 분위기가 조금씩 다릅니다. 무엇보다 실험실에서 탄탄한 실험과 분석을 쌓는 것이 우선이며 그 결과를 어떻게 글로써 세상에 알릴지 고민하는 과정이 바로 논문 작성과 동료 평가 대비의 핵심이라고 할 수 있습니다.

이 장에서 다룬 주요 내용을 정리하면 다음과 같습니다.

- 동료 평가 시스템: 동료 연구자가 논문의 독창성, 정확성, 학문적 기여도를 평가하는 시스템
- 편집자의 역할: 제출 논문의 초기 평가, 심사위원 선정, 최종 게재 결정 등에서 중심적 역할을 담당한다.
- 커버 레터: 논문의 핵심(What)과 중요성(Why)을 강조하고 심사위원의 추천이나 배제를 제안하는 문서

- 심사위원 대응: 겸손하면서도 논리적으로 답변해야 하며 인용과 기존 연구 결과를 충분히 활용하여 설득한다.
- 거절에 대한 태도: 피드백을 바탕으로 논문을 더 발전시킬 기회로 삼는다.

대학과 대학원 생활의 목표 중 하나가 좋은 연구를 남기는 것이라면 이 과정을 명확히 이해하고 능숙하게 대응하는 역량이 앞으로의 연구 활동에 큰 힘이 될 것입니다.

이것으로 제 논문 작성법 강의를 마치겠습니다. 논문의 학술적인 내용과 세부 실험 방법은 각 연구실에서 지도교수님과 동료들과 함께 깊이 탐구해야 할 부분입니다. 제가 이 책에서 강조하고 싶었던 점은 좋은 연구 결과가 있는데도 논문 작성 과정에서 시간과 노력을 비효율적으로 쓰는 경우가 많다는 것입니다.

제가 학생들을 지도하면서 그리고 제 스스로 논문을 쓰면서 겪은 시행착오를 토대로 어떻게 하면 조금 더 유려하게 논문을 쓸 수 있을지에 대해 고민해왔습니다. 그 내용을 정리한 결과물이 바로 이 책입니다. 곳곳에 젊은 연구자에게 도움이 될 만한 팁들을 함께 담았습니다.

물론 이 책에 담긴 모든 내용이 정답은 아닙니다. 하지만 저를 비롯한 여러 연구자의 시행착오와 경험을 바탕으로 도움이 될 만한 핵심들을 모은 것이니 여러분이 상황에 맞게 취사선택하여 활용하길 바랍니다. 더 나아가 여러분만의 프레임워크로 발전시키는 과정도 중요하다고 생각합니다. 이 책이 여러분의 연구 성과에 조금이라도 도움이 되어 좋은 연구 결과를 많이 내길 바랍니다. 더불어 뜻깊고 풍성한 연구 생활을 누리길 진심으로 응원합니다.

부록

부록 A. 미국식 영어와 영국식 영어 표현의 차이

미국식 영어와 영국식 영어는 철자, 단어 선택, 문법과 표현에서 여러 차이점이 있습니다. 논문을 작성할 때 투고 대상 학술지가 미국식 영어를 사용하는지 영국식 영어를 사용하는지 확인하고 이에 맞게 작성해야 합니다. 다음은 미국식 영어와 영국식 영어에서 흔히 실수하는 단어와 표현을 정리한 목록입니다.

철자

미국식 영어	영국식 영어	예시 문장
color	colour	'The color of the sample was analyzed.'
optimize	optimise	'The algorithm was optimized for speed.'
analyze	analyse	'The data was analyzed thoroughly.'
fiber	fibre	'The optical fiber was installed.'
center	centre	'The center of the graph represents the mean.'
meter	metre	'A 5-meter-long tube was used.'
modeling	modelling	'The modeling process was computationally intensive.'

fulfill	fulfil	'The study fulfilled its objectives.'
practice	practise practice	영국식 영어는 practice는 명사, practise는 동사로 구분하세요.

단어

미국식 영어	영국식 영어	예시 문장
aluminum	aluminium	'The aluminum sample was tested for conductivity.'
gasoline	petrol	'The gasoline consumption was measured.'
program	programme	'A Python program was developed for analysis.'
check	cheque	금융 관련 언급 시 주의하세요.

문법

미국식 영어	영국식 영어	설명
Collective nouns: 단수형	Collective nouns: 복수형	미국식 영어에서는 집단명사(committee, team 등)를 단수로 취급하고, 영국식 영어에서는 복수로 취급합니다.
The team is winning.	The team are winning.	
The data is correct.	The data are correct.	

인용 부호

미국식 영어	영국식 영어	설명
'Double quotes'	'Single quotes'	미국식 영어는 더블 쿼트를 기본으로 사용하고, 영국식 영어는 싱글 쿼트를 선호합니다.
"The experiment worked."	'The experiment worked.'	

날짜 형식

미국식 영어	영국식 영어	설명
Month-Day-Year (MM/DD/YYYY)	Day-Month-Year (DD/MM/YYYY)	논문 내 날짜 언급 시 형식 차이를 준수하세요.
November 25, 2025	25 November 2025	'The study commenced on November 25, 2025.'

부록 B. 이 책에서 언급한 추천 도서와 자료

내면의 성장에 도움이 되는 책

에픽테토스. 에픽테토스의 자유와 행복에 이르는 삶의 기술. 사람과책 (2008).

스티븐 코비. 성공하는 사람들의 7가지 습관. 김영사 (2023).

이나모리 가즈오. 왜 일하는가. 다산북스 (2021)

빅터 프랭클. 빅터 프랭클의 죽음의 수용소에서. 청아출판사 (2000).

게리 켈러, 제이 파파산. 원씽. 비즈니스북스 (2013).

월터 아이작슨. 일론 머스크. 21세기북스 (2023).

레이 달리오. 원칙. 한빛비즈 (2018).

데일 카네기. 인간관계론. 현대지성 (2019).

제니퍼 헤이스. 운동의 뇌과학. 현대지성 (2023)

피터 틸, 블레이크 매스터스. 제로 투 원. 한국경제신문 (2014)

논문 작성법 관련 동영상

Jeffrey Fredberg. Jeffrey Fredberg, Harvard University: Writing for Impact. 유튜브 동영상 https://youtu.be/3APbVasHvO8?si=Tgf5HaFm8ie69I4a

박용근. 학술논문작성법. 카이스트 무료 동영상
https://online.kaist.ac.kr/courses/66d16fb38004c3e1b006ae26

Kristin Sainani. Writing in the Sciences. Online Course. 스탠퍼드대학교 무료 동영상
https://www.coursera.org/learn/sciwrite

Whitesides, George M. 'Whitesides' group: writing a paper.' Advanced Materials 16.15 (2004): 1375-1377.
https://advanced.onlinelibrary.wiley.com/doi/10.1002/adma.200400767

논문 작성에 도움이 되는 책

Day, R. A. How to write a scientific paper. Philadelphia: ISI (1983)

Strunk Jr., W. & White, E. B. The Elements of Style. (1999)

Schimel, J. Writing science: how to write papers that get cited and proposals that get funded. OUP USA (2012)

Alley, M. The Craft of Scientific Writing (1996)

기노시타 고레오. 과학 글쓰기 핸드북. 사이언스북스 (2006)

카미테 요스케. 영어 과학논문 쓰기와 논문심사 대처요령. 시그마프레스 (2015)

김규태 외. 이공계 글쓰기 달인. 에쎄 (2010)

원병묵. 원병묵 교수의 과학 논문 쓰는 법. 세로톡스 (2021)

참고문헌

1. Frankl, V. E. *Man's search for meaning*. (Simon and Schuster, 1985).
2. 에픽테토스. 에픽테토스의 자유와 행복에 이르는 삶의 기술. 사람과책 (2008).
3. Cao, X. E. & Ngetich, G. C. The need to normalize failure. *Nature Reviews Chemistry* 7, 69-70 (2023).
4. 이나모리 가즈오. 왜 일하는가. 다산북스 (2021).
5. Csikszentmihalyi, M. Flow and the psychology of discovery and invention. *HarperPerennial, New York* 39, 1-16 (1997).
6. Gardner, H. *Creating minds: An anatomy of creativity seen through the lives of Freud, Einstein, Picasso, Stravinsky, Eliot, Graham, and Ghandi*. (Civitas books, 2011).
7. Housman, M. & Minor, D. Toxic workers. *Harvard Business School Strategy Unit Working Paper* (2015).
8. Spear, S. & Bowen, H. K. Decoding the DNA of the Toyota production system. *Harvard business review* 77, 96-108 (1999).
9. Company, M., Mining, M. & Company, M. *A century of innovation: The 3M story*. (3m Company, 2002).
10. Sapolsky, R. M. *Why zebras don't get ulcers: The acclaimed guide to stress, stress-related diseases, and coping*. (Holt paperbacks, 2004).
11. Sies, H. A new parameter for sex education. *Nature* 332, 495-495 (1988).
12. Höfer, T., Przyrembel, H. & Verleger, S. New evidence for the theory of the stork. *Paediatric and perinatal epidemiology* 18, 88-92 (2004).
13. MacMahon, B., Yen, S., Trichopoulos, D., Warren, K. & Nardi, G. Coffee and cancer of the pancreas. *New England Journal of Medicine* 304, 630-633 (1981).
14. Day, R. A. How to write a scientific paper. *Philadelphia*: ISI (1983).
15. Keynes, J. M. in *Essays in persuasion*. 321-332 (Springer, 1930).
16. Sollaci, L. B. & Pereira, M. G. The introduction, methods, results, and discussion (IMRAD) structure: a fifty-year survey. *Journal of the medical library association* 92, 364 (2004).
17. Hirsch, J. E. An index to quantify an individual's scientific research output. *Proceedings of the National academy of Sciences* 102, 16569-16572 (2005).
18. Guterman, E. L. & Braunstein, L. Z. Preprints during the COVID-19 pandemic: public health emergencies and medical literature. *Journal of*

Hospital Medicine 15, 634 (2020).

19. https://www.science.org/content/article/preprint-server-removes-inflammatory-papers-superconductor-controversy

20. Garisto, D. LK-99 isn't a superconductor—how science sleuths solved the mystery. *Nature* 620, 705-706 (2023).

21. Kim, H., Oh, S., Lee, S., Lee, K. & Park, Y. Recent advances in label-free imaging and quantification techniques for the study of lipid droplets in cells. *Current Opinion in Cell Biology* 87, 102342 (2024).

22. Kim, K. & Park, Y. Tomographic active optical trapping of arbitrarily shaped objects by exploiting 3D refractive index maps. *Nature communications* 8, 15340 (2017).

23. https://www.evalueserve.com/blog/making-the-leap-from-insights-to-wisdom-a-collaborative-approach/

24. 1Park, J. H. et al. Subwavelength light focusing using random nanoparticles. *Nature photonics* 7, 454-458 (2013).

25. Yoon, J. et al. Optogenetic control of cell signaling pathway through scattering skull using wavefront shaping. *Scientific reports* 5, 13289 (2015).

26. Lin, Z. Techniques for supercharging academic writing with generative AI. *Nature Biomedical Engineering*, 1-6 (2024).

27. Kim, Y. et al. Profiling individual human red blood cells using common-path diffraction optical tomography. *Scientific reports* 4, 6659 (2014).

28. Park, Y. et al. Metabolic remodeling of the human red blood cell membrane. *Proceedings of the National Academy of Sciences* 107, 1289-1294 (2010).

29. Cho, S. et al. Simple super-resolution live-cell imaging based on diffusion-assisted Förster resonance energy transfer. *Scientific reports* 3, 1208 (2013).

30. https://www.pnas.org/pb-assets/authors/digitalart-1675347574760.pdf

논문 쓸 때 알았더라면 좋았을 것들
: 막막한 학술논문 즐겁게 쓰는 법

초판 1쇄 발행 2025년 8월 11일
초판 2쇄 발행 2025년 11월 10일

지은이 박용근
펴낸이 안현주

기획 류재운 **편집** 안선영 김재열 **브랜드마케팅** 이민규 **영업** 안현영
디자인 표지 정태성 본문 장덕종

펴낸곳 클라우드나인　　**출판등록** 2013년 12월 12일(제2013-101호)
주소 우) 03993 서울시 마포구 월드컵북로 4길 82(동교동) 신흥빌딩 3층
전화 02-332-8939　**팩스** 02-6008-8938
이메일 c9book@naver.com

값 29,000원
ISBN 979-11-94534-34-1 03320

* 잘못 만들어진 책은 구입하신 곳에서 교환해드립니다.
* 이 책의 전부 또는 일부 내용을 재사용하려면 사전에 저작권자와 클라우드나인의 동의를 받아야 합니다.
* 클라우드나인에서는 독자 여러분의 원고를 기다리고 있습니다.
  출간을 원하시는 분은 원고를 bookmuseum@naver.com으로 보내주세요.
* 클라우드나인은 구름 중 가장 높은 구름인 9번 구름을 뜻합니다. 새들이 깃털로 하늘을 나는 것처럼 인간은 깃펜으로 쓴 글자에 의해 천상에 오를 것입니다.